滤镜世界

人文视野下的算法推荐

Filterworld: How Algorithms Flattened Culture

［美］凯尔·柴卡（Kyle Chayka）著

宋迪帆 译

中国出版集团
中译出版社

FILTERWORLD: HOW ALGORITHMS FLATTENED CULTURE
by Kyle Chayka
Copyright ⓒ 2024 by Kyle Chayka
Published by arrangement with Frances Goldin Literary Agency, Inc., through The Grayhawk Agency Ltd.
The simplified Chinese translation copyright ⓒ 2025 by China Translation & Publishing House
ALL RIGHTS RESERVED

著作权合同登记号：图字01-2024-3694号

图书在版编目（CIP）数据

滤镜世界：人文视野下的算法推荐 /（美）凯尔·柴卡（Kyle Chayka）著；宋迪帆译. -- 北京：中译出版社，2025. 4. -- ISBN 978-7-5001-8185-9

Ⅰ. K02

中国国家版本馆CIP数据核字第2025RT6910号

滤镜世界：人文视野下的算法推荐
LÜJING SHIJIE: RENWEN SHIYE XIA DE SUANFA TUIJIAN

| 作　　者：[美]凯尔·柴卡
| 译　　者：宋迪帆
| 责任编辑：于建军
| 策划编辑：周晓宇
| 排版设计：远·顾、北京杰瑞腾达科技发展有限公司
| 封面设计：张珍珍
| 地　　址：北京市西城区新街口外大街28号普天德胜主楼四层
| 电　　话：（010）68359287
| 邮　　编：100088
| 电子邮箱：book@ctph.com.cn
| 网　　址：http://www.ctph.com.cn
| 印　　刷：中煤（北京）印务有限公司
| 经　　销：新华书店
| 规　　格：710 mm×1000 mm　1/16
| 印　　张：22.75
| 字　　数：303千字
| 版　　次：2025年4月第1版
| 印　　次：2025年4月第1次
| ISBN 978-7-5001-8185-9
| 定　　价：78.00元

版权所有　侵权必究
中译出版社

献给杰丝

你也许没在利用社交媒体,但社交媒体一定在利用你。

——艾琳·迈尔斯(Eileen Myles)

当今美国众多事物的中心思想都是:"要么点赞,要么去死。"

——乔治·W. S. 特罗(George W. S. Trow)

目录

引　言·欢迎来到滤镜世界　001

第一章·算法推荐的兴起　015

第二章·个人品位的瓦解　053

第三章·算法影响的全球化　107

第四章·网红经济　157

第五章·对滤镜世界进行监管　223

第六章·寻求重由真人进行内容筛选展示　273

结语　341

致谢　351

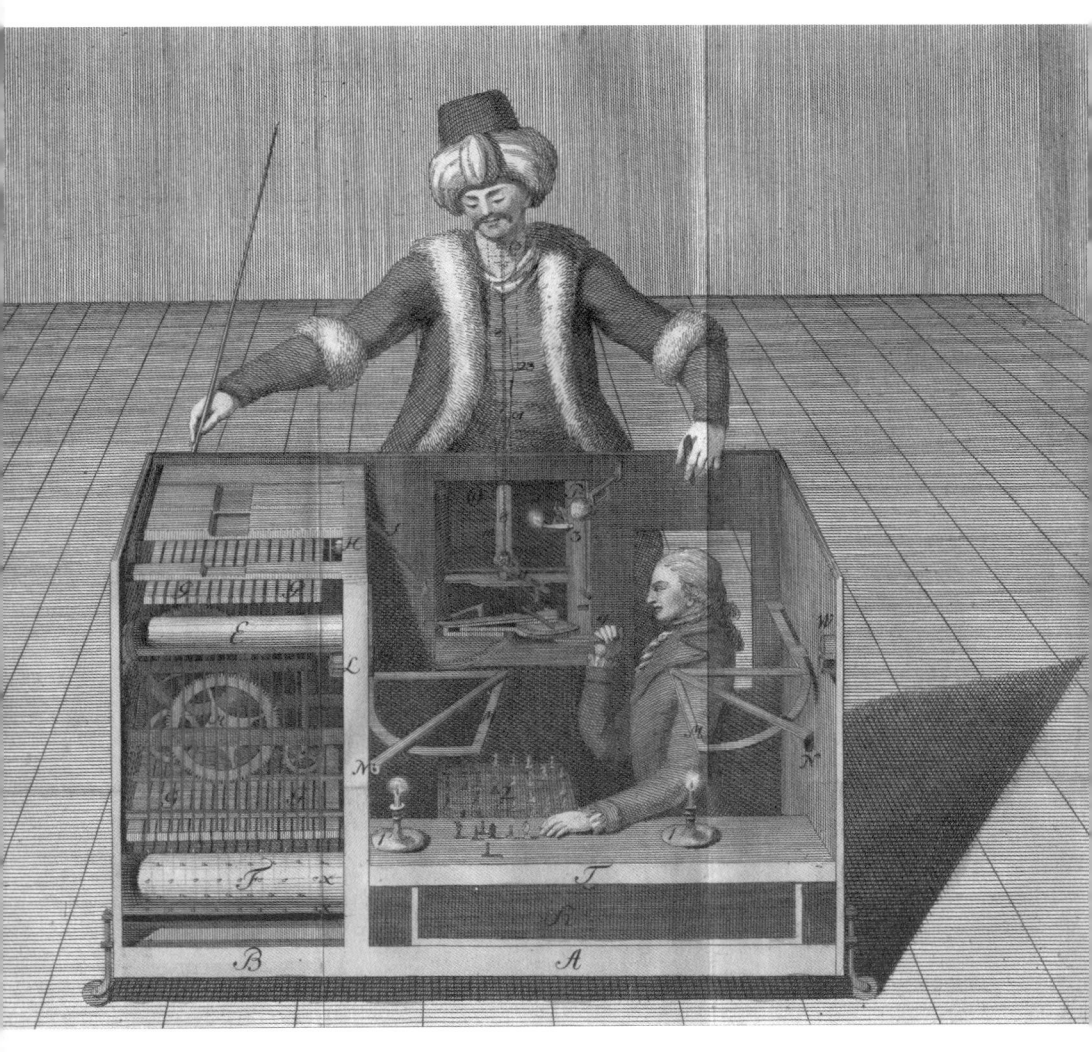

土耳其行棋傀儡假想图

由约瑟夫·拉克尼茨(Joseph Racknitz)于1789年绘制

引言

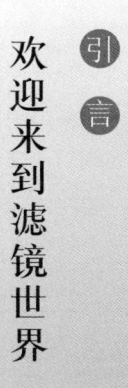

欢迎来到滤镜世界

土耳其行棋傀儡①

1769年,一位名叫沃尔夫冈·冯·肯佩伦(Wolfgang von Kempelen)的哈布斯堡王朝职员,制造了一台绰号"土耳其行棋傀儡"的装置,它是为取悦哈布斯堡女皇玛丽亚·特蕾西娅(Maria Theresa of Austria)而专门打造的礼物。冯·肯佩伦发明的这台机器近乎拥有魔法一般,可以仅凭内部发条齿轮与皮带的传动,与人类棋手对弈国际象棋并取胜。历史上的蚀刻画显示,土耳其行棋傀儡的底座是一个大约宽1.2米、高0.9米、进深0.75米的大木柜,打开柜门,内部精巧的机械结构便露出。底座顶部配有一个儿童尺寸的人形坐姿机器,穿着长袍、包着头巾并留着夸张的胡须,俯身对着棋盘(基于欧洲视角构建的东方异域形象模板,将异国人物与异国机械的意象合二为一)。人形机器的左臂悬在棋盘上方抓取并移动棋子,机器在每一步行棋时蜂鸣作响,在人类对手作弊时明察秋毫并能展现出种种面部表情。冯·肯佩伦的土耳其行棋傀儡是如此令人难以捉摸,因而它屡屡受邀出国展示,并在1783年与本杰明·富兰克林(Benjamin Franklin),在1809年与拿破仑·波拿巴(Napoleon Bonaparte)这样的名人过招——这两位大政治家都输给了机器。

然而,土耳其行棋傀儡实际上并不能自动下棋。它既没有驱动机器的人工智能,也没有用机械逻辑决定棋局下一步的齿轮,而是有一位身材矮小的人类操作员蜷曲在底座木柜里面进行操作。这位操作员也是专

---

① 一种自动下棋装置,后来被证明是一场骗局。——译者注

业棋手,通过棋盘背面与正面棋子相对应的磁力标记观察棋局走势,了解每一个兵、马、王等棋子的位置。通过杠杆与拉线,操作员可以控制土耳其行棋傀儡的左手,抓起棋子并走出下一步,同时改变棋盘背面磁铁标记的位置。只有操作员用来照明的烛台从机器背后的隐藏洞口不时冒出轻烟,而所有机器内部的发条机构都只是摆设,没有任何实际作用。如果有观众想要一窥机器内部的真容,操作员便会在柜门打开时利用移动座位来回躲藏,制造"坦诚相见"的假象,就像魔术道具中的假门活动地板一样。

土耳其行棋傀儡制造了一种令人印象深刻的假象——机器可以自行决策,可以胜过人类的智力,虽然最终还是人类在实际操控。也有一些观众怀疑过它是一场骗局,例如抱持怀疑论的英国怪才菲利普·西克尼斯(Philip Thicknesse)在他1784年出版的书中表示:"称之为自动机器纯属强人所难,为了证实这样的宣称,应该进行一次公开的检查。"西克尼斯试图论证,机器是由"隐形同盟"[①]所控制,而他接下来又写道:"自动机器棋手是类人的外壳下真实的人类,无论其外部形态表现是什么样子,其内部一定还有一个生机勃勃的灵魂。"西克尼斯当然猜对了谜底,但整个秘密直到1860年才完全揭晓,当时行棋傀儡在美国巡回展出,并最终由埃德加·爱伦·坡(Edgar Allan Poe)的私人医生约翰·基尔斯利·米切尔(John Kearsley Mitchell)收藏。土耳其行棋傀儡的本体后来毁于一场火灾,而米切尔的儿子在《象棋月刊》(Chess Monthly)上发表了一篇全面坦白其中奥秘的文章。然而,揭露土耳其行棋傀儡是一场赤裸裸的骗局,反而进一步提升了它的知名度。

自发明两个世纪以来,土耳其行棋傀儡已经成为形容技术操弄人心的惯用隐喻。它既代表了躲藏在先进技术表象下的人为操纵,也代表了与土耳其行棋傀儡类似的装置隐瞒其真实工作原理的欺骗性。举例来说,

---

[①] 隐形同盟,即 Invisible confederates,18世纪英国文学政治中常见的比喻,形容在幕后操纵事态的大反派团体形象。——译者注

2005年，亚马逊（Amazon）便将其数字化工作的服务机器（类似图片标记和数据清洗等），命名为"亚马逊土耳其机器人"。亚马逊土耳其机器人就像《绿野仙踪》当中幕布背后的人一样——起初看似一个全知全能、不可思议的存在，最终当真相被揭示则要平庸易懂得多。① 机器本身及其操作伎俩相辅相成，通过这样的双重障眼法，土耳其行棋傀儡可以像瓦尔特·本雅明（Walter Benjamin）在1940年一篇对它进行回顾思考的文章当中所写的那样："总是赢家。"

最近我常常想到土耳其行棋傀儡，因为它让我联想到徘徊在我们所处时代——21世纪早期——的技术幽灵。这个幽灵的名字叫作"算法"。算法（Algorithm）通常是"算法推荐"（Algorithmic recommendations）机制的简称，所指的是吸收成堆的用户数据，将其代入一系列运算公式，并产出被视为与预设目标最为相关的结果。算法决定了我们从谷歌搜索（Google Search）得到的网页结果；决定了我们在脸书（Facebook，现改名为Meta）信息流（feeds）中看到的快拍（stories）；决定了在声田（Spotify）永无尽头的媒体流（streams）中播放的歌曲；决定了我们在约会软件上看到的潜在匹配对象；决定了奈飞（Netflix）首页推荐的电影条目；决定了抖音（TikTok）海外版呈现的个性化视频信息流；决定了推特（Twitter，现改名为X）和照片墙（Instagram）发布内容的展示顺序；决定了我们的电子邮件自动归类到哪个文件夹；决定了上网过程中如影随形跟踪我们的广告内容。算法推荐通过分析我们过往的举动并选择最符合我们行为模式的内容，塑造了我们在数字世界的绝大部分体验，而对我们想要看到的内容加以解读和呈现是它们应该起到的作用。

今时今日，我们持续陷入与算法的纠葛之中，每一种算法都试图在我们可能知晓答案之前，预先猜中我们在想什么、找什么、要什么。当我写邮件时，我的谷歌邮箱（Gmail）程序会预测我正在打出哪些单词和

---

① 《绿野仙踪》中，主角寻找一位法力无边的大魔法师奥兹，最终发现他只是一个普通人，躲在幕布后面通过光影效果等制造魔法的假象。——译者注

短语，并像读懂我的心思一样替我补全还没写完的部分。Spotify 的程序界面上充满我可能会感兴趣的音乐人和专辑，我也常常会习惯性地在首页推荐中选择一个。当我解锁手机时，我可能想看的老照片——标记为"回忆"，仿佛已经在我潜意识里排练好了一样——通过预加载立刻呈现在眼前，同时出现的还有对我可能想要打开的程序和可能想要联系的朋友的建议。Instagram 会提供一张情绪板（mood board），拼贴了算法认为我会感兴趣的主题：大广角俯拍的食物图片、建筑物快照、经典美剧的循环片段。TikTok 莫名其妙地塞给我铺天盖地的浴室重贴瓷砖的短视频，而我莫名其妙地身不由己只好照单全收，根本停不下来。对于我作为文化消费者的身份，明显应该不止于此吧？

所有这些微小的决策过程，曾经都是人类逐次进行的：报纸编辑决定头版上放哪些报道；杂志图片编辑挑选发表的影像；电影节目策划选择影院放映季的片目；独立电台 DJ[①] 根据自己的情绪和时间地点的氛围组合不同的播放列表。虽然这些决策也要受到种种社会与经济因素的影响，但最终负责的人类还是可以保障最基础的质量，甚至可以说是安全性，而这些特点在互联网的大加速信息流中可能已经不复存在。

算法推荐就是土耳其行棋傀儡的最新迭代版本：将一系列人为决策包装成自动化的技术决策，并以人力所不能及的规模和速度推广出去。算法推荐技术由垄断性科技巨头旗下的工程师设计和维护，再以我们普通用户每日登录所持续提供的数据作为运行的养料，它既由我们集体创造，也支配着我们的生活，任意操纵我们对世界的感知和注意力的分配。算法永远是赢家。

[①] 又称"唱片骑师"，负责选曲为听众播放。——译者注

揭秘滤镜世界

　　本书的标题"滤镜世界",是我造的新词,用来形容如今对我们生活产生持续影响的算法网络,这些算法网络规模巨大、盘根错节而无边无际,对文化传播和文化消费的方式造成了尤其显著的冲击。虽然滤镜世界也对诸如政治、教育和人际关系等社会其他方面产生了影响,但本书的讨论将聚焦在文化层面。无论是视觉艺术、音乐、电影、文学或舞蹈,算法推荐和由算法推荐构成的信息流已经成为横亘于我们与文化之间的中间商,将我们的注意力导向最适配数字平台架构的内容。自动推荐系统既过滤筛出了受关注内容与被忽略的内容,也微妙地扭曲了受关注内容的形象,例如 Instagram 中的照片滤镜,夸大内容的某些特质而淡化其他。滤镜世界在文化层面的成功是显而易见的,在以下这些传播现象中都有体现:利尔·纳斯·X(Lil Nas X)2018 年的歌曲《乡村老街》(*Old Town Road*)通过 TikTok 上的土味配舞火遍全球;在 Instagram 上单调乏味到接近精神污染程度的设计潮流,例如极简风格室内装潢,以及时尚品牌近年纷纷采用的无衬线字体商标;还有那些为吵而吵的推特口水战,泛滥成灾到令人抓狂。

　　算法推荐通过在信息流中推广特定风格的作品,支配不同文化内容流派的传播,推广的标准取决于哪些内容可以即刻吸引到最多的关注。2018 年,作家丽兹·佩利(Liz Pelly)总结出了她称为"流媒体诱饵"(Streambait)的音乐风格:具备"柔和、节奏适中、忧伤的流行音乐风格"特点的歌曲会更容易出现在 Spotify 自动推荐的播放列表当中。

2019年，另一位作家吉娅·托伦蒂诺（Jia Tolentino）以相似的逻辑总结出了"Instagram脸"的特质——在平台上愈发流行的是这种"兼具明显白人特征和难以定义的其他种族特征"的整容手术成果："像猫咪一样巨大的双眼、卡通人物式的超长睫毛、小巧精致的鼻子和饱满到夸张的嘴唇。"大量TikTok网红视频中急促而缺乏声调变化的配音方式，也带来了"TikTok嗓"这一新名词。每个平台都在发展各自的风格模板，影响这些模板的因素不只是审美偏好，更有种族、性别、政治观点的倾向性，以及拥有平台的企业自身基础的商业模式。

在滤镜世界中发展壮大的文化内容通常具备的特性包括易于获取、容易复制、方便参与和能够形成背景氛围。这类文化可以在广大受众群体间共享，在各个群体根据自身需求微调的前提下仍能保留其原有特质。在滤镜世界中，所有事物都如同迷因（meme）一样传播，类似能让读者自行脑补要素的笑话，或精心设计让人忍不住转发的图片。这类文化同时也要令人愉悦而足够普通，因此可以轻松忽略融入背景，常常直到专门寻找才会注意到。但在你注意到之后，你可能会发现它们无处不在，例如2018年冬天突然火爆的一件单品"亚马逊外套"，一件在线上卖场——又一个算法主导的虚拟空间——推荐给亚马逊Prime会员（金牌会员）的长羽绒外套。在接下来几年当中，原创厂家欧绒莱（Orolay）的这件外套启发了几十种复刻品和仿品，连亚马逊自己都下场制作了一款。滤镜世界中的文化最终都是同质化的，即使具体的创造物并不如字面意义上那样完全一致，也以这种无孔不入的千篇一律为共性特征。像这样经过算法过滤的文化是如此坚不可摧，它不断自我加固，直至令人生厌。

在2015年前后的若干咖啡馆里，我开始观察到滤镜世界对现实的作用。当我作为自由撰稿记者，于21世纪头十年间前往各个城市出差的时候，无论是在京都、柏林、北京、雷克雅未克还是洛杉矶，都可以找到一家和世界其他地方我去过的无数家看起来几乎一样的咖啡馆，让我遭遇突发的幻觉记忆症。我试图提取这类"通用咖啡馆"（The Generic Coffee Shop）的主要特征，包括墙面的纽约地铁式瓷砖、由回收木材打造的宽大工业风桌台、有着细长轻盈支撑腿的 20 世纪中叶现代风格椅子、装有爱迪生灯泡的老式吊灯，总体上就是"Instagram 风"审美格调。不管在哪座城市，不管处于一天中哪个时段，咖啡馆总能坐满与我类似的顾客：敲击笔记本键盘的自由职业者，通常也在浏览社交媒体。为什么明明跨越了如此夸张的地理距离，咖啡馆内部装潢的样式和功能却都如此一致？这种严格的重复性已经不能用普通的全球化现象解释，我希望能找到其根本原因。

一位频繁出差的年轻商业咨询师，来自柏林的伊戈尔·施瓦茨曼（Igor Schwarzmann），也注意到了通用咖啡馆的存在，并在与我的对话中以"跨国界的品位一致化"来描述这一现象。通过像 Instagram、Yelp[①] 和 Foursquare[②] 这样的算法平台，全世界越来越多的消费者，渐渐学着在线下生活中，为类似的产品和体验买单并持续寻找下一家店。借由软件提供给他们的信息流，用户无论身处何方都在消费同样的数字内容，这些内容形成的图景也塑造了他们的偏好。算法是玩弄人心的高手，各个软件通过算法过滤出符合数字平台审美的店家，让这些店家赢得其他用户的关注和好评，更高的评分会带来更多的算法推广并因此引来更多消费者。然而虽然算法推荐的效果如此国际化，其底层的平台大多来自西方，以美国硅谷一小块区域作为基地占了其中很大一部分比例，并由寥寥数名富可敌国的白人男性所掌控——完全是多元化的反义词。

印度文学理论家佳亚特里·斯皮瓦克（Gayatri Spivak）在 2012 年写道："真正实现全球化的只有资本和数据，在其他的一切层面都只能试图减轻损害。"在滤镜世界的时代，像脸书、Instagram 和 TikTok 这样的平台在世界范围内以用户活动的形式累积和扩散数据，以服务器群和算法

---

① 类似大众点评网的商家评分网站。——译者注
② 一款利用手机进行地点签到的软件。——译者注

技术的形式累积和扩散资本，并收获了数十亿用户。同质化的文化是对这种扩散所造成的损害无可避免的反馈，可以看作一种应对或适应机制。长久以来，我都以为通用咖啡馆风格的审美会渐渐式微，认为这可能只是昙花一现的潮流，但事实上这种审美风格日益根深蒂固。在数字平台不断扩张的同时，其同质化现象也传播得更广。

滤镜世界及其千篇一律的做作可以触发一种令人呼吸困难、四肢无力的焦虑感。这样的千篇一律让人感到无路可逃，即使算法给它们贴上了吸引人的标签，但最终仍产生了拒人千里的疏离感。学者肖莎娜·祖博夫（Shoshana Zuboff）提出了"监视资本主义"（Surveillance capitalism）的概念，作为注意力经济的加强版本，科技巨头们将持续收集用户个人信息的过程进行商业变现。然而在如此海量数据下，算法信息流也常常会产生错误的理解，把我们推荐给不合适的网友或发送我们不需要的内容，试图让我们形成毫无益处的习惯。算法网络替用户做了如此之多的决定，而我们几乎没有表达异议或改变其运作方式的途径。这样的失衡常态导致一种被动状态：用户囫囵吞枣地接受信息流推荐的内容而不对其进行更深入的了解。我们也会根据信息流的激励手段调整在网上自我呈现的方式，用我们认为可以抓人眼球，博得更多点击点赞的风格发表推文、脸书帖子和Instagram图片，并因此为科技巨头带来更多收入。科学研究表明，社交网络点赞可以刺激大脑分泌多巴胺，也就意味着顺从算法信息流追求更多点赞的行为是令人上瘾的。

算法焦虑的背后实则是彻底麻木的状态。当多巴胺刺激不再能带来满足，信息流更新的速度和带来的杂音会变得不堪忍受，我们的本能反应是寻求一种拥抱虚无的文化，以柔软的安抚代替强有力的艺术作品引发的刺激与惊奇。我们产生情感共鸣的能力，乃至仅仅产生兴趣、感到好奇的能力，都将消耗殆尽。

文化扁平化

要理解滤镜世界如何塑造了我们的生活体验，首先要理解滤镜世界从何而来。算法信息流执掌大权是相对近期发生的现象，而在社交网络的早期发展阶段，像推特、脸书、Instagram 和汤博乐（Tumblr）这样的平台，信息流大致是按时序排布的。用户自主选择将哪些人设为关注或添加为好友，他们的发帖便会以发表时间的顺序出现。到 21 世纪头十年，这些平台发展到数百万乃至数十亿用户规模之后，每个用户关联的人数逐渐增多，完全按时间排序的信息流开始变得臃肿繁复，不再总是有趣——你可能会仅仅因为没有在正确的时间打开信息流推送，就错过一条大受欢迎或十分精彩的帖子。因此，信息流中渐渐增加了不按时间排序的推荐帖子，而这些由算法选出的帖子可能来自你并未关注的账号或毫无兴趣的话题，只为了让你在打开程序的时候有内容可看就被植入信息流。

这种转变背后的动机主要是利润而非用户体验，因为用户使用软件的时间越长，产生的数据越多，也就越容易跟踪其偏好，从而可以将他们关注的内容更高效地卖给广告商。信息流随时间推移变得算法浓度越来越高，21 世纪初中期成为算法获得主导地位的分水岭。

2018 年在美国发布的 TikTok 所实现的主要创新卖点，便是几乎完全由算法决定的主页"推荐"（For You）信息流。这个软件的使用体验，与用户自主选择关注的创作者关系不大，而主要由算法推荐为用户选择的内容所决定（也正是算法决定用浴室贴砖视频轰炸我的主页）。TikTok 迅速成为史上用户增长最快的社交网络，在 5 年之内便达到了超过 15 亿的用户规模，而疲于追赶的竞争对手们，也纷纷萧规曹随地选择拥抱算法。Instagram 在 2020 年增加了基于算法推荐的"Reels"视频信息流功能，而推特在 2022 年被埃隆·马斯克（Elon Musk）收购之后，也推出了个性化推荐的推文栏目。至少对于构成了互联网绝大部分内容的各家巨头企业来说，算法大潮完全没有退潮的迹象。

曾经由编辑和 DJ 等人类担当的文化内容把关监理工作，现在改由一系列算法负责。虽然这一转变打破了进入文化领域的诸多壁垒（毕竟任何人都可以在网络上发布作品），但这同时也造就了一种由实时数据一统天下的专制局面。受关注成为评判文化的唯一标准，而什么内容才能得到关注，全由硅谷工程师开发的一组算法公式决定。这样由算法进行内容把关的结果，是多种文化中无处不在的扁平化现象。我用"扁平"这个词所指的不只是同质化，更指一种让事物变得肤浅的退化：受到最多推崇的，正是最简单明了缺乏深意、最不具突破性，可能也是最没有意义的文化创意。扁平是"你好我好大家好"的最大公约数，代表的是庸人的平均水平，却从来就不是人类最引以为傲的文化成果该具备的特征。

我在 1980 年日本作家田中康夫（Yasuo Tanaka）的小说《总觉得，水晶样》(*Somehow, Crystal* 或なんとなく、クリスタル）当中，恰好碰到了对滤镜世界的一个比喻。这本小说与其说是对戏剧情节的描述，还不如说是时尚标签、品牌商标、高级餐厅和精品店名称的堆砌。它以丰富的细节再现了围绕在主人公——一位名叫由利的东京年轻女子——身边的消费主义环境，详细记述了她的购物清单与拥有的科技产品，这本小说可以算是网红 Instagram 账号在文学领域的镜像。小说开篇，由利一觉醒来打开床边的立体声音响，按下调频按钮，把收音机跳转到播放美国摇滚乐的 FEN 电台。在脚注中[1]，作者对这个按钮涉及的技术进行了认真点评：这一按钮具有"能够预先设定想听电台频率的不错功能"，但

---

[1] 该小说有数百个脚注，有评论家认为脚注部分才是体现作者真正意图精髓的小说本体。——译者注

"丧失了一些手动调台的发烧友乐趣"。

作者观察到了按下按钮直达目标频率，和来回摆弄旋钮、在静电噪声干扰中不断调试、最终找到接收模拟信号的完美位置之间的区别。后者可能没那么精确，也没那么方便，但还是稍稍显得更加人性化，并兼具一点神奇色彩——没有预先设定，没有提前确定的正确答案。滤镜世界的文化就是预先设定的文化，一遍又一遍地重复制造已有的图样。技术限制了我们接受文化的方式，不允许游离于划定的边界之外。"发烧友的乐趣"，就像由里所说，已经属于历史，也就是说，在某种程度上，独特性、前所未见性、创新性和超出预期的惊喜因素，都会随着文化对算法信息流传播的依赖而消失。

本书的目标，不仅要对滤镜世界加以剖析描绘并展现它造成的后果，更要讨论破解之道。如此一来，我们便可以找出逃离滤镜世界的方法，并消解算法信息流产生的普遍焦虑和生无可恋情绪。只有通过理解其工作原理我们才能驱除它们的不良影响——这需要打开土耳其行棋傀儡的木柜底座，找出藏在里面的操作员。

第一章 算法推荐的兴起

算法的早期历史

"算法"作为一个名词只限于描述一种公式:任何产出期望结果的方程或运算规则。最早的算法案例,来自位于现代伊拉克境内的古巴比伦遗址:可追溯至公元前1800—前1600年的楔形文字泥板,上面记录了用于各种用途的算法,例如利用建造蓄水池过程中挖出的泥土体积和水池深度,推算水池的长度与宽度。计算机科学家高德纳(Donald E. Kruth)表示,巴比伦人"用逐步列明的计算步骤来代表每一个公式,也就是计算公式的算法",他们拥有记录计算过程的特殊系统,使用"代表公式的'机器语言'而非通常的象征性语言"。每个巴比伦算法的书面说明均以同一句话结尾:"过程如上所示。"这一行字强调了算法的本质属性:在每一个特定场合,都可重复使用,带来同样适用、同样有效的结果。当代的硅谷创业者一般用"可扩展"(Scalable)一词来描述这些特征。

算法是理解早期数学的关键所在。大约公元前300年,古希腊数学家欧几里得在他的著作《几何原本》(The Elements)中记录了被后世称为欧几里得算法(Euclidean algorithm)的辗转相除法,用来求得两个或更多正整数的最大公约数。欧几里得算法和来自公元前2世纪的另一种算法——从一组数字中寻找素数的埃拉托斯特尼筛法(Sieve of Eratosthenes)——一直到今天仍在广泛使用,尤其是在密码学领域。但英语中的"算法"(Algorithm)这个词的词源,来自一个人的名字——或者说这个人的出生地。

阿尔·花剌子米(Muhammad ibn Musa al-Khwarizmi)是一位在公元

780 年前后出生在花剌子米（Khwarazm）的波斯学者，大致位于如今的土库曼斯坦和乌兹别克斯坦一带。虽然人们对他的早期生平了解不多，但大致信息是，花剌子米从遥远的中亚来到了巴格达，这座城市自从阿拉伯帝国阿拔斯王朝（Abassid caliphate）在 7 世纪征服波斯之后，便成为地区的学术中心。花剌子米就职于"智慧宫"（House of Wisdom）——又被称为巴格达大图书馆——并在此研究天文学、地理学和数学。智慧宫像它的前身古埃及亚历山大图书馆一样，也是一个多学科兼容并蓄的学术机构，高度重视科学研究，大量希腊、罗马、印度和波斯的学术古籍被翻译成阿拉伯文。公元 820 年前后，花剌子米完成了《论印度数字计算法》（On the Calculation with Hindu Numerals），这本书最终被引入了后来欧洲数学采用的印度 – 阿拉伯数字系统。他后来还完成了《代数学》（The Rules of Restoration and Reduction，直译为"还原与对消计算概要"）——一本讨论方程解法的专著。该书的阿拉伯文名被简称为 Al-jabr（意为还原，将方程一侧减去的项转移到方程的另一侧作为加上的项），并成为英文"代数学"（algebra）名称的来源。《代数学》论述的内容包括一元二次方程的解法、面积与体积的计算方法和近似求解圆周率的问题。

12 世纪中叶，切斯特的罗伯特（Robert of Chester），一位通晓阿拉伯语的英格兰学者，居住在西班牙。当时的西班牙是穆斯林、犹太教徒和基督徒的多种文化的交汇地，这些群体有时和平共处，有时相互争斗，促进了思想在不同文明间的交流和传播。1145 年，罗伯特将《代数学》翻译成拉丁文，阿拉伯语的 Al-jabr 被转写为"algeber"，而花剌子米的姓氏 al-Khwarizmi 被转写为"Algoritmi"。在那个时代，任何与印度 – 阿拉伯数字相关的数学运算都被笼统地称为"algorismus"，而进行这些运算的人则被称为算法艺术家[①]（algorist）。对"算法"一词漫长的溯源过程，充分展现了计算既是可重复的科学法则，也是人类劳动和技艺的结晶。

---

① "算法艺术家"这个名词也被 20 世纪 60 年代开始利用算法进行视觉艺术创作的大师们采用，但这个头衔看起来同样适合任何能操作当今复杂算法的技术人员。

计算机编程的发明历史

所有计算机都是基于一系列不断重复的公式打造的，运算输出被编为 0 和 1 组成的代码，并输入后续的公式，直到得到最终的结果。1822 年，英国发明家查尔斯·巴贝奇（Charles Babbage）提出了关于"用机器算出天文和数学用表所需数据"的概念——制造由齿轮与标有数字的轮圈组合，来进行自动运算的"差分机"（Difference Engine）。这台机器没有完全按计划的计算能力制造出来，但后期完成的几台样机看起来像是钢琴的内部结构，区别在于展示给观众的是长排的数字圈而非音锤。巴贝奇的原始设计如能完成，将高达 2.4 米，重达 4 吨。而他后来不断对设计反思迭代的产物"分析机"（Analytical Engine），如果能够制造出来，将可以通过读取打孔卡片编写的指令，来完成诸如循环（loop）和条件（condition）的简易编程功能。巴贝奇之子亨利在 1888 年写道："只要有足够的卡片和时间，分析机就能完成一切。"

诗人拜伦（Lord Byron）的女儿阿达·洛芙莱斯（Ada Lovelace）如今被公认为是第一个计算机程序员，她在巴贝奇设计机器的同时为机器编写算法，包括计算伯努利数（Bernoulli numbers）的计算程序等。洛芙莱斯也意识到，运算机器的出现，使得重复的机械过程带来的运算结果可以应用于不止于数学的领域。1843 年，她表示分析机"能够作用于数字以外的事物，只要这些事物的相互基本关系可以用抽象的科学运算表达，并能改写成符合分析机运行机制的格式"。换句话说，任何能被转化为某种数据的事物——只要用一串数字表示——都可以通过公式进行处理。

这可以包括文字、音乐、艺术，甚至是国际象棋这样的竞技项目。洛芙莱斯设想了其中一种自动化运算形式："举例来说，假设和声学中的音调可以被改写成符合机器运算机制的表达格式，那么分析机就有能力谱写科学悦耳的曲目，无论多复杂都可以。"她设想中的作品与作曲家布莱恩·伊诺（Brian Eno）于 1995 年创作并推广的"生成式音乐"（generative music）十分类似，生成式音乐是一系列由音乐软件自动产出的合成器氛围音乐，而每次软件运行都会产出不同的曲调。洛芙莱斯正确地预言了新技术塑造和延续文化的方式，这也正是算法信息流如今产生的效果。

洛芙莱斯很早就发现操纵机械指令本身就是一种自我表达形式。在 20 世纪 90 年代和 21 世纪，计算机编程已经与基本的数学和科学课一道，共同构成了儿童全面教育的一部分。2002 年前后，我在中学"计算机教室"的台式机上初次接触了编程课，当时我们通过益智电子游戏体会编程语言的逻辑。但让我真正学会编程的，是在高级数学课上必须用到的得州仪器 TI-83 型大块头塑料计算器。这些计算器自带使用 TI-BASIC 语言的编程功能，能够实现简单的条件判断循环（if-then loops）和变量函数功能。起初，我编写了一些自动计算考试所需方程的简易程序，而当对编程语言更加熟稔之后，我开发了自己版本的井字棋（tic-tac-toe）和四子棋（Connect Four）。这部计算器是我实现创意的好伙伴，它像有魔力一般。

在洛芙莱斯的时代过去一个世纪之后的第二次世界大战期间，英国数学家、计算机科学家阿兰·图灵（Alan Turing）负责为政府破译密码——他协助破解了德国的恩尼格玛（Enigma）加密机。到 1946 年，战争已经结束，图灵向国家物理实验室（National Physical Laboratory，原文误作 Library）提交了一份报告，提议开发一台"自动计算机器"（Automatic Computing Machine），这是人工智能第一次从理论概念化为实际可行的描述。图灵表示，用于在具体任务中进行计算和分类的机器已经存在，但他的提议不止于此："人类操作员一次次将运算结果从机器中取出，再择机放回机器进行下一次运算的过程，应该改由机器自行处理。"

根据图灵的描述，这台设备应该能够在不需要重新调整配置的前提下，执行任何种类、任何规模的运算。机器拥有自己的内部逻辑语言，可以调整适配不同的用途，来解决所有类型的问题。图灵继续写道："怎么能指望一台机器，完成如此千差万别的工作呢？答案是我们要理解，机器实际上是在完成简单的底层任务，也就是执行用机器能理解的标准格式交代给它的任务。"机器将会运行一系列算法。图灵暗示了如今机器学习算法随时间推移进化的方式——在没有人为干预的情况下，自行不断完成调整。

这样一个系统，可以以更快的速度完成更复杂的运算，远超人类的能力。图灵表示："机器的运行速度，可以不再受限于人类操作员的反应速度。"不过，图灵并不把这类机器看作乌托邦式的完美工具，机器的自动化，并不意味着它们总会自动得出正确的答案。图灵继续阐述道："人为的出错因素可以消除，但某种程度上，会被机械造成的出错因素取代。"图灵的报告预测了如今人们耳熟能详的个人计算机组成要素，从可擦除的内存组件到输入机制，再到二进制语言转换和防止机器过热的温度控制。然而对于图灵来说，"进行计算的主体"一词并不是指代机器，而是操作机器的人，再次体现出他对计算过程中人为因素的强调。

早在1936年，图灵就构思出如今被称为"图灵机"（Turing machine）的概念，他在1948年的论文《智能机器》（"Intelligent Machinery"）当中，讨论了进一步的细节。图灵机的基础是"一条无限长，印有小方格的纸带，每个方格中印有一个标记"，纸带通过一个阅读器，它每次扫描一个方格，并根据方格中内容的指示完成相应的操作，方格中的指示标记也可以擦除或覆盖。在传统数学过程意义下的任何算法，都可以通过这样的图灵机完成运算，而任何一个可以计算图灵机所能计算问题的系统，都被称作是"图灵完备"（Turing-complete）的。举例来说，任何编程语言，只要它可以完整表达所有公式，都是图灵完备的（连电子表格软件 Excel 都在 2021 年实现了图灵完备）。图灵所正确得出的结论是，任何计算机器都可以完成其他机器的工作——哪怕是巴贝奇在 19 世纪设计的分析机，也可以完成如今笔记本电脑完成的复杂运算，只要造出无限大的机器和能够运行无限的时间。

在图灵的个人生活中，也发生了机械规则与人性因素之间的冲突。1952 年，图灵在他的住宅遭窃报案后复杂的法律流程中，被检方以"同性恋行为"的严重猥亵罪名——对于与另一名男性发生性行为的法律术语——提起控告。两名成年人双方同意下发生的同性性行为直到 1967 年在英国都属于违法——法律本身也可以视为一种算法，通过一套毫不留情的规则导出判决。图灵最终选择认罪，并以检方提出的罪名被定罪。图灵没有因此入狱，而是被迫接受荷尔蒙治疗。1954 年 6 月，41 岁的图灵被管家发现已经过世，死因是氰化物中毒。长期以来，图灵都被认为是死于自杀，最可能的服毒方式是他床边没有吃完的苹果。

我们谈论"那些算法"时，常常感觉这是近年的社交媒体时代刚刚出现的新生力量，然而实际上我们提到的技术源远流长，经过了很多个世纪缓慢成型的过程，远早于互联网。对算法历史的全貌进行还原，可以帮助我们更好地了解算法如今拥有的统治力。当然，不管多么复杂，算法本质上仍然是一个公式：一种求得预期结果的方式，无论这结果是用来记载平均分配谷物的苏美尔文字，还是决定用户打开网站所见第一条帖子的脸书信息流。所有算法都是自动化的机器，而就像洛芙莱斯预测的那样，这样的自动化进程所影响的范围已经远超纯数学领域，涉及我们生活的方方面面。

由算法主导的决策制定

1971 年，智利首都圣地亚哥市区一栋办公楼里建成了一个六边形房间，作为整个国家的总控制室。房间的木板墙面上装点着监控屏幕和背光显示器，展示诸如全国原材料供应和劳动参与率等数据指标。七张座椅在房间正中面对面排列，座位的造型如同科幻小说中星际战舰舰长指挥椅，通体白色的玻璃钢框架，带有从两侧延伸的半包围式靠背。每张座椅都在右手边装有可以选择各个屏幕信息的控制面板，还配有烟灰缸和杯架，可能适合放一杯威士忌。这个房间，作为"赛博协同控制工程"（Project Cybersyn）的组成部分被命名为作战室（Operations Room），而整个工程在来自左翼阵营的智利总统萨尔瓦多·阿连德（Salvador Allende）的主持下开展，由来自英国的斯塔福德·比尔（Stafford Beer）担任顾问，后者在英国本土以将"控制论"（cybernetics）应用于商业管理而闻名。比尔将控制论形容为"让事物变得可控的科学"，它的内容包括分析复杂系统——无论是企业还是生物界——并试图找到它们运作的方式，从而更好地模拟或复刻这类具备智能和自我纠错能力的系统。在美国，由兰德公司（RAND Corporation）于 20 世纪 50 年代带头尝试了类似的复杂系统分析。赛博协同控制工程的本意，是提供一种理想模型，从而帮助智利政府的决策者们，在作战室里享受香烟威士忌的同时实时做出决策——又一个严肃科技与混乱人性的交汇时刻，掌权者们从作战室通过算法显示的数据，监视着整个国家。

由德国顾问古伊·博斯佩（Gui Bonsiepe）领导的赛博协同控制工程

外观实体设计，创造了一种20世纪中叶风格的现代主义乌托邦形象。监视屏幕悬浮在墙面上，将它们与座椅相连接的线缆全部隐藏在视线之外。操控指挥的座椅本身设计时尚而统一，从一个模子里打造出流畅的曲线。整个作战室象征性地将政府的功能简化为对数据的操纵，就像赢得一局电子游戏一样简单。赛博协同控制工程许诺的愿景，是以技术监督代替人类管理，通过寥寥几块屏幕，便可覆盖最高领导层所需的一切信息，只需要安坐观察，自然通晓全国情况。

与先进的表象相反，赛博协同控制工程的技术只是一个幌子，类似于一种"虚构幻想设计"——基于或能成真的愿望，搭建的互动式假想模型。赛博协同控制工程所许诺的功能，对于当时的计算机网络来说还没有办法实现。作战室内的数据幻灯片都是手工制作而非自动生成的，负责运算的电脑也只有一台，遍布全智利的工厂只能通过电话线，用电报向这台电脑传输信息。最关键的是，虽然作战室最终建成了，但从来没有投入使用。1973年9月11日，在美国中央情报局（CIA）的支持下，阿连德政府被军事政变推翻，奥古斯托·皮诺切特（Augusto Pinochet）执掌政权。

赛博协同控制工程的照片仍然有着毋庸置疑的魅力，它们反反复复地出现在以设计为主题的Instagram情绪板上，投射出一种即使已经时过境迁数十载，未来感却丝毫不减当年的审美风格。也许这些图像之所以如此影响深远，是因为我们依然保有前人的梦想——来自现实世界的原始数据经过处理，输入电子图表，进行分析评估并得出结论，就能够直接指出正确的行动方向。赛博协同控制工程透着一股绝对不会犯错的气息，虽然像图灵这样发明计算机的人，都明白计算机不可能如此完美准确无误地运行。控制论先驱斯塔福德·比尔也提出了相应的观点，人类总是用机器来自动执行已有的架构和程序，而这些经过自动化改良的事物起初也是由人类创造的。比尔在他1968年出版的著作《管理科学》（*Management Sciences*）中指出了这一矛盾："我们将双手、眼睛和大脑的局限性固化在组成计算机的钢铁、玻璃和半导体中，而计算机的发明恰恰是为了超越这些局限。"和土耳其行棋傀儡一样，人类的特质持久留存于人类所造的机器之中。

如今我们确实拥有了一些版本的算法主导政府行政和算法主导日常生活：银行使用机器学习来判断哪些用户可以获批贷款；Spotify利用用户过去的行为数据，来决定推荐最符合用户鉴赏品位的曲目。不过，成就这些自动化应用的技术与赛博协同控制工程看起来毫不相干，过程中既没有六边形房间也没有夸张的星舰指挥椅。算法已经变得既无形无影又无处不在，它们一方面存在于我们随身携带的手机上的程序当中，但实际数据的物理存储地点可能在遥远的地方，某个位于自然风光中不起眼角落的巨型服务器群，全天用空调保持常温。赛博协同控制工程对于数据掌控的世界给出的设想可能是通俗易懂的，一个房间就已包含所有，而我们现在知道实际形成的数据世界是抽象而发散的，既遮天蔽日又无迹可寻。算法怂恿我们忘记它的存在。

新技术注定要创造新的行为模式，但这些行为很少在新技术发明者的预期范围之内。技术具有一种自身内在的意义，而这些意义最终总会凸显出来。马歇尔·麦克卢汉（Marshall McLuhan）在他1964年出版的《理解媒介：论人的延伸》（Understanding Media: The Extensions of Man）当中提出了"媒介即讯息"（the medium is the message）的著名论断。他的意思是，新传播方式的架构本身——无论是电灯、电话还是电视——比通过他们传播的内容更加重要：电话拉近人与人之间距离的能力，远超过任何具体通话内容的意义。"任何媒介或技术的'讯息'是它为人类事务带来的，诸如规模、节奏、模式等因素的改变"，麦克卢汉如此总结道。在我们的具体案例中，这一媒介便是算法信息流，它将全球人类间相互产生连接的规模和速度提升到了一个难以想象的高度。算法信息流给出的讯息则是，在某种程度上，人类的集体消费习惯转化为数据之后，汇总成了千篇一律的雷同。

算法推荐的运作方式

算法就像工厂中的传送带，可以理解为一种将一系列输入转化为特定内容输出的虚拟机器，各个算法之间的区别主要体现在搭建材料而非搭建方式上。所有算法推荐的运作方式都基于集合大量原始数据，对这些数据的总称叫作信号（signal），作为收集整理完成，由传送带推进机器的输入信息。信号数据可以包括用户过去在亚马逊上的购物记录，或某首歌曲在 Spotify 上的用户收藏次数。这些数据由于必须能方便机器处理，因而都是定量的而非定性的，即使是描述像音乐收听偏好这样主观的事物也要先行转换成数字：x 个用户对 y 乐队打出了平均 z 分，或者 x 个用户总共收听了 y 乐队 z 次。许多社交媒体推荐机制的主要信号输入是互动量（engagement），这个指标是对用户与待定内容交互情况的描述。互动量的体现方式包括点赞数、转发量或播放量等——任何在内容旁边能找到的按钮都可以纳入统计。高互动量意味着内容获得了高出平均的点赞、观看或转发次数。

信号在准备好经过各种算法处理之前，要先通过数据转换器（data transformer）将其转化为易于分析的形式。互动量数据可能需要与评分数据或者关于内容主题本身的数据分开处理。特定平台还可能会使用社交计算器（social calculator）来添加有关平台内部用户之间关系的数据——举例来说，我经常在好友安德鲁的 Instagram 发布内容下面参与互动，那么推荐系统就会更倾向于在我的个性化信息流中，优先展示安德鲁发布的内容。

接下来的问题便是各个算法的具体公式了，然而在如今的网络平台上总是由多个算法共同运作，很少出现只涉及一组算法的情况。通常的过程，是由一系列不同的公式将数据变量纳入考虑，并以多种方式处理。一组公式只根据互动量来计算得出结论，可能会选出平均互动量最高的内容，而另一组公式更看重内容与特定用户社交情境的相关度，再在这些不同算法之间进行权重分配。这样利用多种途径选择推荐内容的方法就是混合过滤（Hybrid filtering），最终形成的推荐内容本身被称为结果（output）——自动播放列表中的下一首曲目或是排好顺序的帖子列表。再举个具体的例子，算法会决定是要在你的脸书信息流展示一条好友日常生活动态，还是加入一条时政新闻。

音乐分类推荐电台服务 Pandora（潘多拉）的一位高管在介绍该公司业务时，将 Pandora 的音乐推荐系统比喻为由算法组成的"管弦乐团"，由"乐团指挥"算法负责统领。每一个成员算法都会利用不同的推荐策略寻找候选曲目，再由指挥算法最终决定在特定时刻给出的推荐结果（对于 Pandora 的电台播放形式来说，就是列表中的下一首曲目）。根据不同时刻的具体情形，需要匹配相应的算法推荐技巧。

由于平台各有其独特的运营方式，在运算公式中加入自行设计的参数，因而并不存在铁板一块的单一"通用算法"。作为用户我们务必牢记，像脸书信息流如何运作这样的决策，和食品公司选择添加的食材一样，均出自商业考虑。算法也会随时间推移产生变化，通过机器学习不断进步，用它们吸收的数据逐渐自我完善，从而进一步提高互动量；机器不断调整以适应用户，用户反过来也不断调整以适应机器。21世纪初中期，随着社交媒体和流媒体服务纷纷对算法信息流加倍投入，算法信息流开始主导这些平台上的用户体验，平台间的区别也变得更加突出，更具显著意义。

用户对于算法推荐的日常运作方式根本无从了解，它们内部的公式、参数和权重从不对外公开，因为科技巨头们缺乏公开其运作方式的动机。这些算法就像核弹密码一样被紧密保护起来，因为它们对公司业务太过重要，连暗示透露的只言片语都很少出现。造成这一现象的原因之一是，如果算法公开，那么用户便有机会抓住系统漏洞，推广自己的内容。而另一个因素是对竞争对手的担忧：其他数字平台可能通过分析公开算法，偷走公司的独门秘方来开发更好的产品。然而这些商业价值无限的算法工具，在发明之初并不是用来盈利的产品，就像许多其他数字技术一样。

作为一种对信息进行自动处理和分类的方法，算法推荐最初在20世纪90年代投入实际应用。其中一个早期案例是邮件分类系统——时至今日，整理邮件还是一件恼人的杂务。早在1992年，施乐（Xerox）公司帕洛阿尔托研究中心（Palo Alto Research Center，通常称之为PARC）的工程师们就已经对整理邮件感到不堪重负。他们试图解决的问题是"电子邮件的用量增加，使得大家纷纷淹没在新消息的滚滚洪流之中"，在1992年发表的一篇题为"Using Collaborative Filtering to Weave an Information Tapestry"的论文[①]对当时的情况进行了如上描述（虽然这些作者当年并不知道21世纪的用户面临的数字通信信息量将有多大）。他们将自创的电子邮件分类系统称为"壁毯"（Tapestry），并行使用两种不同的算法："基于内容的过滤"（content-based filtering）和"协同过滤"（collaborative filtering），前者已经在数个电子邮件系统中投入使用，对邮件文本进行分析——比方说，你可以将所有包括算法字段的内容优先显示。但协同过滤是一种更具开创性的新技术，它取决于其他用户的行为——谁打开了某封特定的邮件并进行了哪些后续操作，会影响到系统对邮件的优先排序。论文对此的描述如下：

> 用户相互合作，通过记录各自对所读文件的反馈行为，帮助彼此完成筛选过滤。这些反馈行为可能显示一份文件特别有趣（或特别无趣）。所有其他用户的过滤器都可以访问这些通

[①] 作者为David Goldberg, David Nichols, Brian M. Oki 以及Douglas Terry。——译者注

称为标注（annotations）的反馈行为。

壁毯邮件系统的组件，包含对一组文件反复执行查询操作的"过滤筛"、将用户可能感兴趣的内容收集汇总的"小礼盒"、将文件进行优先排序和分类的"评估器"。从概念上来说，壁毯系统呈现的结果非常接近我们如今所见的算法信息流：壁毯的目标是找出对用户最重要的内容并加以突出显示。但这个系统比起当今的算法推荐，需要用户进行多得多的前期准备活动，用户需要明确编写查询规则来确认他们更想看到哪些内容，这些规则或是基于内容，或是基于其他用户的行为。对于系统的其他参与用户来说，也需要采取大量刻意的行动，来将内容标记为吸引力十足或通过相反的操作将内容标为无关紧要。这样一个系统必须在一小群相互了解的用户之间才能运作，他们能够理解彼此使用电子邮件的方式——例如，你需要知道杰夫只会回复非常重要的邮件，因此你想让你的过滤规则把所有杰夫回复的邮件放到突出的位置。壁毯系统只在非常密切的社交关系尺度上，才能实现最佳的运行效果。

1995年，麻省理工学院媒体实验室（MIT Media Lab）的乌彭德拉·沙尔丹南（Upendra Shardanand）和帕蒂·梅斯（Pattie Maes）发表了一篇描述"社会信息过滤"的论文①，表示它是一种"根据用户的兴趣特征与其他用户之间共同点的比较，基于任何种类的数据库向该用户进行个性化推荐的技术"。社会信息过滤的概念，是在壁毯邮件系统的理念基础上继续发展形成的，它的出现是为了应对网络上的信息爆炸："内容的总量已经大大超出了任何一个人过滤筛选能力的上限，人们无法穷尽这些内容来找到自己需要的部分。"作者得出的结论是，自动化过滤筛选系统是必不可少的："人类需要技术的帮助，在浩如烟海的信息中替我们

---

① 题为《社会信息过滤：将"口口相传"进行自动化的算法》（"Social Information Filtering: Algorithms for Automating 'Word of Mouth'"）。——译者注

找到真正想要、需要的内容，并替我们摆脱毫无兴趣的内容。"[1]沙尔丹南和梅斯主张，只基于内容的过滤机制存在明显缺陷，它首先需要将原始材料转化为机器能够理解的数据，例如纯文本；由于受到用户输入关键词的限制，基于内容的过滤机制无法取得超出字面意思的意外收获；同时它也无法区分内容的内在品质。基于内容的过滤机制没有能力"在两篇文章使用了相同术语时，将文笔出色的作品与质量拙劣的作品区分开来"。对品质把控的无能为力让人联想到人工智能，像 ChatGPT 这样的新工具看起来似乎能够理解并形成有意义的对话，但实际上它们只是重复表达训练数据中业已存在的套话。品质是需要主观判定的，只凭数据而没有人类判断的加持，对内容品质的好坏只能停留在猜测阶段。

　　社会信息过滤因为改由人类用户的行为驱动，便可以绕过上述问题，人类用户会自行评估内容的好坏——同时采用定量和定性的判断方式。这更像是口口相传形成的口碑，我们从偏好相似的朋友那里听取建议，决定听什么或是看什么。论文对此的表述是："推荐给一位用户的内容，要基于品位相近的其他用户给予的分值判定。"用户之间品位的相似程度是根据统计相关性进行计算的。麻省理工学院的研究者们设计了一个名为 Ringo 的音乐推荐系统，通过电子邮件列表进行音乐推荐。在用户从最初 125 位音乐人中按 1—7 分对其音乐进行打分的同时，便会形成代表他们偏好的图表。接下来，系统通过比较不同用户的偏好，向用户推荐他们可能喜欢的音乐——要求推荐讨厌的音乐也是一个选项。Ringo 给出的推荐都是带有置信度分数的，它表示建议正确的可能性有多大，也让用户能够更进一步地考虑算法给出的选择。到 1994 年 9 月，Ringo 拥有 2100 个用户，每天产生 500 封对音乐进行打分的邮件。

　　Ringo 对诸多具体的算法进行了测试，试图从音乐评分出发提供正确的推荐。第一种算法检测各个用户的品位差异，并根据品位最相近用户

---

[1] 当然，直到现在的网络上，这依然是一个没能解决的大问题。

的数据进行推荐。第二种算法检测用户品位的相似性，然后利用与其他用户数据的正相关性和负相关性来进行推荐。第三种算法发现了不同艺术家之间的数据相关性，向用户推荐与他们打高分的艺术家高度相似的其他艺术家。第四种算法，也是研究人员发现效果最好的，即将用户通过他们共同喜爱或共同排斥的特点进行配对。换句话说，这些用户在音乐喜好上堪称志同道合。相近性被证明是最佳的参数，系统中的用户数量越多，用户预先给出的信息越多，Ringo 的推荐准确率就越高——有些用户甚至表示它"准确到令人发指"。Ringo 的创新在于，它发现最准确的推荐结果，或者说最准确的相关性指标，更大可能是来自其他人类用户的反馈，而非对内容本身进行分析。Ringo 代表了将人类鉴赏能力扩大到可以自动化复制的规模。

早期互联网算法的设计用途，是从海量的原始资料中筛选出用户认为重要的信息，再以清晰易读的方式呈现出来。当时的目标就是进行推荐：推荐一则信息、一首歌曲、一幅图片，或者一条社交媒体更新。算法信息流往往更多地在形式上和字面上被打上"推荐系统"（Recommender systems）的标签，表示选择一则内容的简单操作。

第一个完全走向主流的互联网算法，也是几乎每个互联网用户都曾打过交道的，便是谷歌搜索（Google Search）算法。在 1996 年就读于斯坦福大学（Stanford University）期间，谷歌创始人拉里·佩奇（Larry Page）和谢尔盖·布林（Sergey Brin）开始开发网页排名（PageRank）的前身，这个系统持续抓取互联网内容（当时的页面总数可能也不过是 1 亿数量级），并识别哪些网站和页面的实用价值更高或信息含量更加丰富。网页排名的工作原理，是计算出一个网站被其他站点链接的次数，和学术论文引用关键历史研究成果的方式类似。网页的被链接次数越多，它的重要性可能就越高。引用数这一指标"与人们对于重要性的主观认知有着良好的相关性"，佩奇和布林在 1998 年的论文《对大型超文本搜索引擎的剖析》（"The Anatomy of a Large-Scale Hyper-textual Web Search

Engine"）中表示。网页排名将内容过滤和一种形式的协同过滤结合起来，通过与大量页面形成链接，人类用户已经形成了一幅推荐内容的主观地图，而算法可以加以利用。网页排名同时也将一系列其他因素纳入计算范围，包括页面上链接的数量、这些链接的相对品质，甚至还包括文字尺寸——尺寸越大，可能对于一个特定的搜索关键词来说价值就越高。如果页面的网页排名数值越高，那么它出现在谷歌搜索列表顶部的概率也就越大。

佩奇和布林正确地预测到了后来的发展，随着互联网规模的扩张，他们的系统一直能够正常运作并随之扩大规模。几十年后，网页排名已经成了说一不二的存在，支配着网站能否被访问，与何时能被访问到。对于任何企业或组织来说，适应网页排名算法的要求，并力争出现在谷歌搜索结果的第一页上，都是生死攸关的重要事项。21世纪早期，我需要连翻几页谷歌搜索结果，才能确定我真正要找的内容。而最近，我基本上不需要点开第二页，部分原因是谷歌搜索现在会把它认为相关的内容截取文本提前加载，从网站中抽出这些内容，直接为用户呈现在搜索页面的顶端，之后才按顺序显示实际的搜索结果。因此像是"我能不能给狗喂胡萝卜？"这样的查询——我在刚开始养小狗的时候没完没了地搜索这类问题——会直接显示答案，并不需要用户再打开任何一个其他网页，而这又进一步强化了谷歌的权威性。弗朗西斯·培根（Francis Bacon）在16世纪留下了名言"知识就是力量"，但在互联网时代，对知识进行排序可能具有更大的力量。海量的信息如今唾手可得，但理解这些信息，知道哪些信息有用，却要困难得多。

佩奇和布林希望他们的系统是相对中立的，仅根据每个网站与关键词的相关性给出它的排名。谷歌给算法的指令是优先为用户提供最有用的信息，而为特定的网站或企业量身定做的搜索结果会毁了这一切。两位创始人在1998年表示："我们认为依赖广告收入的搜索引擎会本质上偏向于广告商，而偏离用户的需要。"然而到了2000年，他们推出了谷歌广告关键字（Google AdWords）作为公司面向广告商的试水产品。今天再回顾他们当年对广告收入的批评不禁令人莞尔，因为如今谷歌的绝大部分收入是广告带来的——2020年占比超过80%。在网页排名吸引数十亿用户使用谷歌搜索的同时，公司也可以跟踪用户搜索的内容，并据此向广告商出售对应特定关键词的广告栏位。用户看到的广告和搜索结果一样，都是由算法产生的，而建立在搜索算法之上的精准广告业务，将谷歌变成了巨无霸企业。

21世纪初期，我们的虚拟世界体验已经在听命于算法过滤。亚马逊网站早在1998年就采用了协同过滤来向消费者推荐要购买的产品。亚马逊的系统没有选择像Ringo一样，试图通过计算相似用户的特征参数来估测他们的品位，而是通过判断用户更可能同时购买哪些商品来进行推荐——举例来说，买了一个婴儿奶瓶的用户应该再配一个摇铃。亚马逊员工在2017年参与发表的一篇论文，描述了网站用这些购物建议对客户进行饱和轰炸的情景：

> 主页在显著位置，突出展示基于用户过去购买和浏览记录推荐的商品……购物车页面会推荐其他可供加入购物车的商品，可能是最后时刻用来捆绑凑单的冲动消费，也可能是与用户已经在考虑购买的物品相搭配的补充。在下单页面底部，还会出现更多推荐，对下次购物的商品提出建议。

这些算法推荐结果，与刚好摆在Trader Joe's①收银台旁边的货架颇为类似——在顾客离店结账之前，最后推销一次可能需要的商品。但在亚马逊这里，推荐的商品内容为每个网站用户量身打造，形成论文描述的"每位客户拥有自己独特的个性化商店"。亚马逊发现，个性化商品推荐与非个性化的营销策略相比，从点击和成交等维度都有着强得多的效

---

① 美国一家口碑良好的平价连锁超市。——译者注

果，传统营销策略包括广告条幅和畅销商品榜单等，都无法像个性化商品推荐一样精准。算法推荐提升了销售业绩，也看似为消费者提供了便利——用户可能会通过商品推荐，发现一些他们自己都不知道自己需要的东西。①

以上这些早期算法对个人电子邮件、音乐人（而非具体的歌曲）、网页和商品进行了分类排序。随着数字平台不断扩张，推荐系统也进入了更复杂的文化领域，并以快得多的速度和高得多的容量运行，将数以百万计的推文、电影、用户上传视频甚至潜在约会对象进行分类排序。算法过滤已经成为默认的网络用户体验。

这段历史也提醒着我们，推荐系统并不是全知全能的实体，而是一群又一群技术研究者或技术工作者打造的工具，是可能出现故障的产品。社会学家尼克·西弗（Nick Seaver）是塔夫茨大学（Tufts University）教授，从事推荐系统相关研究。他的研究聚焦于算法中的人为因素，例如制造算法的工程师对算法推荐的看法。在与他讨论的过程中，西弗一直在努力澄清算法的模糊多义性，将个别算法公式与其设计背后的企业经营动机，以及它最终对用户的影响分开看待。他对我表示："算法就是公司整体的代名词，不存在所谓的脸书算法，只存在脸书这家公司，当我们讨论算法的时候，我们实际讨论的是脸书这家公司做出的决策。"

技术本身并不是问题——因为不良推荐内容责怪算法本身，就像是因为工程设计失误而迁怒于建成的桥梁一样，纯属迁怒于人。而为了让数字平台上海量的内容更加易于了解，也有必要进行一定程度上的重新排序。滤镜世界的负面影响，可能来自技术应用的范围太过广泛，对向用户进行精准营销的广告商关心太多，而对用户的体验关心不够。算法推荐的现状已经不再为用户增进福祉；反之，算法推荐正让用户彼此愈发疏离。

---

① 此时此刻，我的亚马逊首页推荐包括一个无线高压清洗机和一个日式煎蛋卷平底锅。

早期社交媒体

我对社交媒体最早的实际体验来自脸书,当时我被塔夫茨大学的本科新生录取,并注册了脸书账号。当时是 2006 年夏天,新用户都需要一个".edu"后缀的学校官网邮箱地址,才可以访问平台上面与大学相关的全部内容。相较于当年的早期版本,如今的脸书可以说是面目全非。那个时候,脸书的触达范围是极其有限的,我主要只是用它来与其他塔夫茨大学新生建立联系。如果如今的脸书是一条车水马龙、出入口不断交替出现的繁忙高速公路,那么它的原始形式更像是中学课外活动室,一次仅供寥寥几个朋友共同消磨时光。你可以完善用户资料,发几条状态更新,再加入几个兴趣小组——除此之外,几乎没什么别的事情可做了。

脸书也并不能算是网络社交的先驱,Friendster 和 MySpace[①] 都算是脸书的前辈。美国在线(AOL)旗下的 AIM 即时通(Instant Messenger)和谷歌 GChat[②] 打开了在虚拟世界与朋友们实时互动的大门,令用户无法自拔。2006 年之前,我也已经在老式论坛上花费了数百小时,讨论电子游戏和音乐相关话题。马克·扎克伯格(Mark Zuckerberg)创立的脸书与先行者最大的不同在于,这个平台将线上与线下世界中的身份进行了清晰

---

① 创立于 2004 年的社交网站,曾以"聚友网"的名称在中国展开业务,在脸书等新竞争者挑战下发展陷入停滞,于 2011 年被此前花 5.8 亿美元收购网站的新闻集团以 3500 万美元甩卖,此后逐渐式微。——译者注
② 谷歌 Talk 即时通信服务整合在 Gmail 邮件系统的聊天功能当中,被用户昵称为 GChat,但谷歌官方并不认可这一名称,谷歌在 2016 年终止了谷歌 Talk 服务,现由谷歌 Chat 服务取代。——译者注

连续的绑定。脸书鼓励用户使用真名而非故弄玄虚的化名，并在大学校园的小社会中影响到了真实生活中的计划安排：用脸书策划派对、用脸书相约自习、用脸书寻找伴侣。这些与真实生活的连接，让脸书为线上社交的主流化铺平了道路，并先后影响到了数百万乃至数十亿用户。

在我刚刚加入脸书不久的 2006 年 9 月，脸书开展了它最大的变革之一，带来了一项为它通往互联网一站式万能大卖场的道路明确方向的功能。动态消息（News Feed，后于 2022 年改名简化为"Feed"），是一列不断滚动的状态更新、帖子和提醒列表，成为脸书平台的核心特色功能。用户无法对动态消息置之不理，就像一条穿过安静乡村的新建高速公路一样。"现在，无论你何时登录，你都会看到来自好友和社交群组活动所产生的最新头条信息"，脸书的官方更新说明如是说。

脸书在动态消息推出同时就针对这一功能申请专利，虽然直到 2012 年才获得批准。在专利申请中，对它的功能有如下描述："一种向在社交媒体环境中使用电子设备的用户，提供动态筛选的媒体内容的系统与方法。"换句话说，动态消息是一种由算法判定给用户展示哪些信息的信息流。另一个专利申请声称其具有"在线上社交网络中，为用户动态生成基于用户间关系的个性化内容"的能力。最初版本的动态消息只是一连串分手恋爱官宣或账户头像更新，看起来没什么大不了，毫无威胁。

动态消息专利申请的详细描述表明，它也是一个协同过滤系统，只是要比 20 世纪 90 年代的电子邮件过滤系统运行规模大得多。在这里值得引用这段描述的全文，因为它预测了接下来十年间，线上生活的方方面面将会发生的改变，从社交网络到流媒体服务和电子商务：太多的自动化信息流听命于企业而非用户，使得用户与内容信息流之间逐渐形成一种被动接受的关系。

为用户筛选的各项媒体内容，取决于目标用户和一个或更多其他用户的关系。目标用户与其他用户的关系在选中的媒体内容与其形式中有所体现。举例来说，首先，根据各项媒体内容对目标用户重要性的预测，为这些内容指定顺序。其次，按顺序将内容呈现给目标用户，目标用户可以自行操作改变各项媒体内容的顺序。最后，监控系统记录目标用户与社交网络环境中所有媒体内容的交互行为，而这些交互行为会用来为目标用户进一步筛选更多的媒体内容。

算法信息流的所有要素，都在以上这段话中有所体现——这样一个系统会通过对过去与内容互动行为的监视，预判一则内容对特定用户的相对重要性，并将系统认为最可能吸引用户的内容推上列表顶端。系统的目标是对内容进行过滤，来选出用户最感兴趣的部分，从而鼓励用户消费更多内容并关注更多账号。激发用户更频繁地使用社交媒体的动力，让用户在页面上停留更长时间，是社交媒体商业可行性的根本。[①]

一开始，动态消息完全是按时间顺序排列的，最近更新的消息最先出现，不过它逐渐改为按照算法推荐的逻辑运行。随着脸书业务不断增长，用户不断添加更多关注，将关注网络从人际关系扩展到出版物和品牌专页，消息更新的数量也不断提升。随着时间推移，这些更新不再只是朋友间的日常留言，更包括了群组通知、新闻链接和打折通知。非重度用户完全无法指望按时间顺序看完数量如此巨大、种类如此繁杂的发帖，哪怕他们尝试这样做，也会要么不堪重负，要么错过重要内容，总会导致对平台的不满。归根结底，脸书生产内容的规模和速度，使得激进的算法过滤不可或缺。

脸书标志性的竖起大拇指点赞（Like）按钮于2009年上线，提供了衡量用户对特定内容感兴趣程度的一项新数据。信息流的排序决定因素当中，现在纳入了通过点赞数、评论数和用户账户先前与其他用

---

① 如果朋友们都不再那么积极使用脸书，比如最近几年我就遇到了这个情况，那么我们自己可能也会相应减少在脸书上的信息更新。

户交互情况计算得出的用户互动数据。这个算法系统被称为边缘排名（EdgeRank），脸书确认的核心参数包括亲疏指数、边缘权重和时间衰减。"边缘"所指的是用户在脸书上进行的一切操作，这些操作一经发生，便会发送到动态消息，进入将发布的更新消息队列。亲疏指数代表用户与消息发布者的关系密切程度（例如是否持续互相点赞留言），留言得到的分数是否高于点赞，近期互动的分数是否高于早期。边缘权重对不同种类的用户交互进行权衡：好友上传一张新照片产生的更新消息，比起转发一条新闻或加入一个群组，会让算法赋予更高的权重。时间衰减衡量某个操作发生的远近：刚刚进行的操作在相同条件下，比从前的旧操作更可能出现在动态消息的顶部。边缘排名分数并不是像篮球联赛比分那样，一经指定便恒久不变，而是时时刻刻进行动态调整。以上介绍的三项核心参数也不是孤立、无倾向性的数据点，而是脸书以特定方式打包并加以解读的数据集。

由于脸书的算法信息流总在持续更新，而公司也只是间歇性地透露一些细节，因此很难跟踪它的进化历程。在官方通告之外，公众所能了解的情况要归功于调查记者的报道和资深用户的经验，他们可以早早发现算法更新带来的影响，而不必等到公司发布消息。当信息流机制改变的时候，人们对于惯用的网站也会感觉陌生，例如在脸书上看到越来越多来自群组和企业的信息而非好友的帖子，或是Instagram不再在你的信息流中展示某位朋友的内容，而你只能通过搜索栏追踪他们的动态。

算法信息流本身并非一成不变，或沿着一条线性路径通向某种终极完美形态，而是会随着公司优先级的变化而改变。脸书在2011年将动态消息描述为"你独享的个性化报纸"，表明其目标是将社交信息更新与外界世界的新闻报道加以组合，而到了2013年，算法目标的定义变成了"发现符合高质量定义的内容"。但在整个21世纪头十年，追求符合公司对"高质量"的定义基本上就是一场荒谬的游戏。如果你想让脸书帖子获得更多关注——这对于新闻作品和自由撰稿人来说是个大问题——你必须猜测当前哪些内容会得到优先处理。这种关系几乎是对抗性的：只有当你成功"玩弄"算法，你才有机会发出声音，不能再指望关注你或加你为好友的用户能自动看到你的发言。

在我作为自由撰稿新闻记者的职业生涯中，一度广为流传一则小道消息：算法不会再给文章链接较高权重了。于是我和其他记者一道，不再用简单的链接直接发布我们的文章，而是只在帖子评论区加入链接。这个小伎俩本意是诱导算法推广我们的内容，但对于读者只会徒增困扰。另外一次，大家发现如果仿写类似结婚喜讯的文字，并在评论区配上"恭喜"便可以将帖子推到信息流前列，于是我开始在文章中夹带虚假婚礼预告和其他人生里程碑。这些现象体现了在用户试图利用算法或躲避监测的同时，算法对语言本身的扭曲作用。《华盛顿邮报》记者泰勒·洛伦兹（Taylor Lorenz）记录了一个更近期的例子，来自TikTok上层出不穷的避讳用词，它们替代了可能导致算法拦截或减缓视频传播的敏感词："终止存活"代替"杀死"，"XQ"代替"性侵"，"热辣茄子"代替"振动棒"等。这些词汇被戏称为"算话"（algospeak）：与算法形象相吻合的语言。

我在脸书上的小伎俩是否奏效并无定论，但为了让潜在读者看到我的作品，我什么都愿意尝试。这就像是在试图设计一个会让谷歌搜索引擎突出显示的网站：记者们根据算法参数，或至少是我们自以为的算法参数，来编写相应的内容。整个过程令人感到身不由己，甚至带有卡夫卡作品式的荒诞恐怖，我们是在与一个看不见摸不着又千变万化的敌手对抗。

2015年左右，脸书决定更加注重视频内容，于是算法推荐大幅提升了推广视频的力度。传媒公司紧跟着"转型"制作视频来追求这部分新增的曝光量，不时也得到来自脸书自身的资助。这次努力尝试只延续了短短几年，接下来脸书不再扶持视频内容，这给跟风押注视频的传媒公司带来了一波裁员浪潮，遭殃的企业包括 BuzzFeed①、Mashable② 和音乐电视网（MTV）等。③ 算法信息流不断继续演变，脸书在 2016 年给帖子加上了"反应"（reactions）功能，让用户可以用一系列表情符号对内容表达意见，而不是简单地点赞，收获更多表情符号的帖子可以得到更多推荐。不过这次调整事与愿违，因为引战内容——像挑衅性政论文章这样收到大量愤怒表情的帖子——得到了过多的推荐，恶化了整个网站的氛围。吸引到更多互动，并不意味着这些内容更有价值。

将按时间排序的信息流逐步转化为以算法推荐为主，并不止脸书一家公司。几乎每一家主流社交网络都在 21 世纪头十年采取了类似的做法，而随着算法化进程的不断加快，滤镜世界也在 21 世纪初中期成型了。

2012 年脸书在 Instagram 仅有 13 名员工的时候，就收购了这家公司。在之后的数年间，这个照片分享软件变得越来越像脸书本身，不断偏离原本由好友上传的线性照片信息流模式，形成了由视频、广告和推荐内容组成的复杂信息流。从 2016 年 3 月起，Instagram 信息流开始由时间顺序转向算法排序，这一变动先在小规模用户群体试用，再不断扩大试用规模，直到最终将新功能推给所有用户。打乱时间顺序的信息流给用户带来的困惑和不安，与先斩后奏被人挪动了全屋家具位置的感觉有些类似——从前，翻阅 Instagram 信息流是时光倒转回顾往昔，而突然间，两天前的一条内容跳到了信息流的最前面。

2016 年早期，推特开始放弃时间顺序，一度在用户首次打开软件时将算法信息流设为默认模式——对于一个被很多用户用作实时新闻播报的网站来说这有些离谱。④ 接下来，软件会在运行一段时间后自动将用

---

① 美国互联网媒体公司，追求用户喜闻乐见的流行内容。——译者注
② 美国数字新闻平台，偏向专业权威的内容。——译者注
③ 在脸书视频推广项目结束之后，公司关于视频流量造假的信息被人揭露，根据随后产生的诉讼，视频流量可能夸大了 9 倍之多。
④ 按时间顺序排列内容的选项叫作"推特经典"，仿佛这是一种深受喜爱的垃圾食品口味一样。

户切换到算法信息流模式，并强迫用户明确要求放弃算法才能回到传统模式。虽然奈飞的内容推荐长期以来都用到了算法，但这家流媒体服务商也是在2016年开始改变首页界面，突出显示为每个用户个性化推荐的内容。

算法不断攻城略地，带来了更大范围的文化影响，用户对此毫无准备，可能也出乎各家公司自身的预料——就像是在河流上筑起堤坝会改变整个生态系统一样。当信息流改由算法安排，每个人看到的内容都不完全一样：没法再知道其他人此时此刻看到的是什么内容，因此也更难与网上的其他用户共享一种社区归属感，而在影院观影或收看固定节目表的有线电视时，我们是可以感受到与其他观众同属一个集体的。滤镜世界的降临带来了单一文化的瓦解，这有一定的好处——我们接触媒介内容的广度史无前例——但也会带来一些不良影响。文化的目的是让全民共享，需要在不同欣赏群体间保持某种程度上的连续性；而如果没有这种全民属性，文化就丧失了一部分根本的影响力。

导致碎片化的问题进一步恶化的，是每个程序的算法推荐系统更新并不会同时开放给所有的用户。在2016年之后长达一两年时间，我的Instagram个人信息流保持了严格的时间顺序，而周围所有人都在抱怨算法打乱的顺序让他们看不到想看的内容。最终我的信息流也被切换成了新的版本，我也总算明白了大家这两年都在抱怨什么。我们变得对信息流的特定运作方式产生依赖，而当这些运作方式改变时，我们的用户行为也被迫跟着改变。我们都被捆住手脚随算法逐流，流动的方向取决于算法的参数。

算法信息流的崛起就像互联网本身一样，先是缓慢增长，接着突然爆发。写作本书正值21世纪20年代早期，互联网用户在推荐系统面前似乎无路可逃，使用任何形式的数字媒介都绕不开推荐系统的居中影响。技术看起来总是属于遥远的未来，直到技术爆发的开关启动前一刻，完成了普及的飞跃之后就会变得平淡无奇，只是家常便饭。

马塞尔·普鲁斯特（Marcel Proust）在他的鸿篇巨制《追忆似水年华》当中，深入挖掘了类似的技术发展背景下，个人情感的微妙变化。在小说的其中一段，普鲁斯特的叙述者将电话描绘为"一种超自然的神秘仪器，我们曾经被它的奇迹震撼到呆若木鸡，如今却不假思索地随意使用它，仅仅是为了召唤裁缝上门或是订冰激凌这样的小事"。电话在普鲁斯特小说设定的19世纪末期刚刚发明出来，到1899年，巴黎一共只有7000个电话用户，然而电话也免不了落入平平无奇的境地。哪怕是在他最初几次使用电话时，叙述者也已经对这台设备感到不满而非敬畏。普鲁斯特是这样写的："只需要如此之短的时间，我们便会对接触到的神圣力量习以为常，从而褪去它们神秘的光环，以至于不过是电话没有立即接通，我就立刻认为时间花得太久，造成了太大的不便，几乎决定要发起投诉了。"

1933年，日本小说家谷崎润一郎（Junichiro Tanizaki）在他集结成册的长篇随笔《阴翳礼赞》（*In Praise of Shadows*）中怀念了另一个技术变革的时刻，这本书讨论的是电灯引入东京造成的影响。技术爆发的开关也在这里启动了；在谷崎（他生于1886年）的人生中，电灯在他的国家从闻所未闻发展到无所不在，这是1867年起西学东渐造成的影响之一，这一股全球化浪潮也带来了文化的冲突。谷崎认为西方人"对明亮的追求永无止境"，他在随笔中怀念了传统的朦胧烛光所启发出日本独特的文化形式，从室内侧滑门上金莳绘[①]树叶闪烁的微光，到昏暗餐厅里一碗味噌汤的浑浊面貌："我们的料理总要依靠阴影，与幽暗的源头必然难以割舍。"

尽管如此，谷崎还是没法不承认电力和其他新发明的魅力：陶瓷马桶、取暖用具、霓虹灯招牌。"我并不是反对现代文明的便利"，他这样写道。就像谷崎在他的小说作品中描写的那样，小说家既喜欢电影院和

[①] 日本传统装饰工艺。——译者注

现代建筑，也热爱传统文化。《阴翳礼赞》跟踪了技术带来进步、文化适应技术、个人品位变迁的整个过程——我们当今时代的滤镜世界中处处体现的同样的模式。

随着新技术的普及，曾经的奇迹迅速变得平凡，任何运行过程中的小毛病都会令人感到困扰，而最终技术变得无足轻重，奇迹遭到遗弃。我们忘掉了生活并不总是如此，忘掉了不能跨越遥远的距离与他人直接对话的时代，忘掉了天花板上的灯无法照亮每个房间的时代，也忘掉了信息和媒体内容不经过机器自动过滤的时代。算法信息流在我们生活中的普遍存在已经到了这样一个地步——它常常不被注意，与环境融为一体，只在没有按预定方式运作时才会有人发现它存在，就像交通信号灯或自来水一样。

患上算法焦虑症

如果几百年前下棋的土耳其行棋傀儡，算得上是人类与机器摆脱人类自行做出决定的神奇技术（虽然只是障眼法）的初次相遇，那么如今在已经让我们形成惯性依赖的虚拟世界，用户每天都要与这样的神奇技术相遇几十次。算法机器的影响力无远弗届，无论怎么强调都不为过。可以从公开数据了解到，脸书已经拥有接近30亿用户，Instagram用户数量接近20亿，TikTok用户数量超过10亿，Spotify用户数量超过5亿，推特用户数量超过4亿，奈飞用户数量超过2亿。对于这些平台上的所有用户来说，每次的主动交互行为以及被动接受内容的每时每刻，都无法不受算法推荐染指。即使一部分用户可以选择关闭算法信息流，他们在平台上的一切活动还是会为算法提供数据，用于给其他用户进行推荐。算法的天罗地网让人无路可逃，社交网络和流媒体服务已经成为用户吸收消化信息的主要方式，无论是音乐、娱乐节目还是艺术，而这些用户已经在全球人口当中占据相当显著的比例。我们已经生活在算法支配文化的时代。

科技公司长久以来都在力求实现如今这种遍布全球的规模。对于这些企业来说，垄断式增长要比用户体验的质量重要，更要比在信息流中平衡展示各种文化重要得多（数字平台并不担负像艺术博物馆那样精心策展、确保内容质量的重大责任）。在硅谷价值观的影响下，对规模扩张的追求要远远超过对扩张过程中任何负面影响的考虑，就像扎克伯格在脸书的副手安德鲁·博斯沃思（Andrew Bosworth）在备忘录中所写的：

所以我们将更多人联系起来。如果这些人以负面方式利用这种联系，那就会造成不良后果。如果我们的产品将受害者暴露在霸凌者面前，可能会让受害者付出生命的代价。也许恐怖分子会使用我们的产品作为策划袭击的工具，造成人员死伤。但我们不管不顾，还是要将更多人联系起来。我们对加强人与人联系的信仰是如此坚定不移，以至于任何让我们能够将更多人联系起来的事情（按我们的标准）都是好事，这就是丑陋的真相。

上面一段话恬不知耻地展示了这样一种态度，不管黑猫白猫，只要捉住用户就是好猫——不管这些用户在平台上积极进行的到底是怎样的互动。这种不计后果的持续互动靠着自动化算法推荐维持，向用户发出下一个煽动性头条新闻或令人昏昏欲睡的娱乐圈消息。时至今日，已经很难设想去创作一件独立于算法信息流的文化作品，因为信息流控制着新内容将如何呈现给国际虚拟受众群体中的数十亿用户。如果脱离了信息流，就没有受众——新创作的作品将只存在于作者和与他们有直接关系的小圈子当中。而更困难的设想是，在不受算法信息流的影响下接收任何文化作品，因为算法推荐已经不可避免地影响到了在电视上播出、在广播中放送和在书籍上印刷的一切内容，即使这些传统媒介本身并没有被信息流包含在内。滤镜世界的外溢效应无处不在。

特雷弗·博福尼（Trevor Boffone）是一位从事高中教师工作的表演艺术学者，他与我分享了一段关于算法主导文化的精确描述："TikTok 关注量高的电影才能取得票房成功；"公告牌百强单曲榜"（Billboard Hot 100）取决于 TikTok 用户的偏好；走进巴诺书店（Barnes and Noble）你就会看到 BookTok 推荐榜单。"[①] 换句话说，任何文化作品如果想要取得商业

---

① BookTok 是 TikTok 文学网红社群的名称。

上的成功，就必须在数字平台上具备现成的影响力。博福尼自己的教师职业，也经历了算法推荐带来的巨大改变。在他开始和学校里的十几岁学生共同练习 TikTok 舞蹈动作，并把这些视频上传网络之后，博福尼迅速在 Instagram 和其他平台上积累了数十万关注者。他在全国电视节目中出镜，短暂地成为一场病毒式传播的主角——网红跳舞老师。根据这次经历，博福尼发表了一本关于舞蹈表演的学术专著，这一主题对于大学和出版社编辑的吸引力，都随着舞蹈本身在 TikTok 上的蹿红而迅速提升。"在今年的仅仅一个月，我的作品收获的关注超过了过去十年的总和。"博福尼这样告诉我。

博福尼的经历遵循了滤镜世界的一条基本准则：在算法推荐信息流制度下，流行的内容会变得更加流行，而被埋没的内容会比从前更加无人知晓，成功和失败的过程都加快了。博福尼表示："一条传统 Instagram 图文的命运，取决于它最初发布的三到五分钟。"如果发布内容立刻吸引到点赞、评论、转发，那么它就很可能会进一步得到更多的互动量；反之亦然。内容与用户行为的这种动态博弈有时略显残酷，即使当我发布一张标新立异的 Instagram 图片或是一条晦涩难懂的推文并发现它们没能引起任何反馈，也还是忍不住会反复重新查看是否出现了更多的点赞，即使心里明白这次没能抽中算法头彩。

没能得到足够关注会令人不禁思考，信息流推荐的到底是哪些内容的问题，从而潜移默化地促使用户发布更可能被算法关注的内容，增强了用户的服从性。到底由谁来获得算法带来的影响力加持，也是一个问题。迷因原作者或潮流的开创者，往往无法获得因为这些内容在算法推荐信息流中的走红，而本应属于他们的赞誉和关注，而后续的财务回报更是无从谈起。前文提到的 TikTok 舞蹈本身就是一个例子：TikTok 网红查莉·德阿梅里奥（Charli D'Amelio）在 2019 年凭借她在平台上的舞蹈视频走红，但由她广泛传播并时常被误认为原创的一个被称为"叛逆舞"（Renegade）的舞蹈动作，实际上是由佐治亚州的黑人少女贾莱雅·哈蒙（Jalaiah Harmon）原创的。叛逆舞由一系列面向前方的动作组成，与 TikTok 竖屏显示完美契合，包括夸张挥拳和扭动髋部——不算是一套太难的动作，也没那么容易记住，因此重新表演出来能带给人满足感。

哈蒙最初在一个名叫 Funimate① 的软件上发布了这段舞蹈视频，也在 Instagram 上传了相同内容。但是 TikTok 的超级算法推荐信息流通过德阿梅里奥的海量粉丝将舞蹈加速传播，使其成为人尽皆知的著名动作，却在传播过程中稀释并抹去了哈蒙的原创身份，只因为德阿梅里奥没有提及这一点。来自社会边缘团体的创作者更难从滤镜世界掀起的浪潮中收获应得的收益，因为他们缺乏平等的媒体资源和关注度资源，例如南方小镇的黑人姑娘哈蒙，与来自私立学校、受过专业舞蹈训练的白人女孩德阿梅里奥，就不在一条起跑线上。②

考虑到正是这些反复无常的算法推荐系统，在掌控着我们生活当中从社交到吸引观众的方方面面，难怪社交媒体用户会有点被害妄想症。科技巨头试图怂恿用户对算法推荐的具体过程视而不见，但算法的每一次小故障都让我们不得不注意到它本不配拥有的权威地位。算法对生活施加变幻莫测的影响，造成了一种被打上"算法焦虑症"标签的情绪，它代表了一种不断增长的意识，即用户必须无休止地与我们无法理解和控制的自动化技术进程对抗，无论是脸书信息流、谷歌地图行车路线导航，还是亚马逊商品推荐，都充满这些带来焦虑的算法。我们永远要么在试图猜测算法接下来会做出哪些决定，要么在事后诸葛亮般试图复盘算法为何做出先前的决定。算法焦虑症不是一种理论假设或者一种抽象概念：患者已经比比皆是，科技巨头也意识到了这一现象的存在，因此多年以来都在试图操纵用户的情绪。

2018 年，当时是佐治亚理工学院（Georgia Institute of Technology）博士生的沙贡·贾维尔（Shagun Jhaver）与爱彼迎（Airbnb）的两位员工共

---

① 一款带有特效的视频编辑器。——译者注
② 自从原创身份终获承认之后，哈蒙自己也增加了 300 万 TikTok 粉丝。

同合作，开展了一项针对该公司用户的社会学研究。研究者们分析了使用平台的房东——他们利用爱彼迎服务出租自己的房屋并获取收入——对爱彼迎算法推荐、搜索和打分系统的使用方式和体验感受，这些系统帮助房客找到并预订房东出租的房源。贾维尔和其他研究人员打造了"算法焦虑症"这个术语，在研究报告中用它来概括房东们"由于无法确定爱彼迎算法运作方式和对算法缺乏控制感"而产生的情绪。房东们总在担忧搜索算法不公平地忽略他们的房源，或是优先显示其他房东的房产。贾维尔注意到这些焦虑情绪更多来自算法技术而非房源品质本身，他对我表示："比起通过其他方式改善他们出租的房屋和房间，房东更担忧的是算法本身有没有让他们的房源看起来足够好。"

研究报告指出，爱彼迎强制房东们进行一种"双重博弈"，因为他们既需要确定房客挑选住处的选择要素，又需要确定能够促使算法进行更多推荐的变量参数。然而房东们并没有办法确定到底是哪些变量参数提升了他们的排名。房东们比较确定的是类似累积评论总数、评论质量和实拍照片数量有助于提高获得推荐的概率，但相对不太确定算法是否会分析定价、房屋设施和房东注册爱彼迎的年限。他们对于整个系统的运作方式所知甚少，这完全取决于看待问题的角度，其中一位房东在研究中抱怨道："浏览搜索结果真是令人沮丧，有那么多比我家更差的房子排名居然更高。"

房屋品质固然是各花入各眼的主观标准，但上面那位房东的情绪表明了用户面临算法公式的误解和误判时可能产生怎样的反应。贾维尔对此的解释是："这就像是一场考试，但你不知道具体要考些什么内容。"而不清楚状况的还不只是用户，贾维尔继续补充道："到了最后，其实连创建算法的人都没法说清楚是哪些因素影响了哪些决策；算法的复杂度是如此之高，以至于根本不可能从一团乱麻中整理出单一要素。"

无法抓住并利用算法的特点，对于房东来说可能会导致收入锐减，因此房东像其他劳动者一样，非常需要算法保持稳定。[1]像爱彼迎这样的零工经济（gig-economy）平台长期以来许诺会提供弹性工作机会，以及维持生计或贴补家用的替代方式，但它们也创造了一种新形式的体力劳动，即持续跟踪算法推荐优先级的最新变化。和房东为爱彼迎的搜索算法操心一样，艺术家也要为 Instagram 的算法推荐烦神，音乐人要为 Spotify 的算法烦恼。研究还发现，爱彼迎房东们对这种算法焦虑症的应对方式，是形成一系列"民间理论"——意在激发更多算法推荐和更高搜索排名的迷信小技巧——与我当年在发表文章时加入虚假婚礼喜讯的逻辑一模一样。这些民间理论当中的部分策略，包括持续更新出租空房时间表、更改用户资料详情，甚至还有在一天各个时段更频繁地打开爱彼迎网站。这些小技巧让人不禁联想到孩子把饭勺放到枕头下面来试图让第二天下雪，可能实际功效也相差不远。研究人员发现，房东们"通常怀疑这些民间理论的真实性，但即使他们并不确定，也还是继续采取这些步骤，来试图影响算法"。

算法焦虑症可以算得上是一种当今时代的瘟疫。它会造成一种强迫症倾向，让许多用户出现近乎过度敏感（hyperawareness）的症状并需要不断重复刻板行为，因为当这些刻板行为"有效"时，它们的效果是如此振奋人心，既有心理层面分享欲得到满足带来的多巴胺爆发，又有现实层面将网上高关注度变现所能带来的经济收益前景。这种强迫症固化了我们在网上的太多行为：选择最好看的用户头像、精心排布 Instagram 页面上的美图网格、在寄卖网站上斟酌最佳关键词。我们既担心发布的内容无法被目标受众看到，又担心算法让它们爆红被太多人看到，让我们在陌生人面前无所遁形。这样对关注的追求会带来情绪后遗症：我们最终既经受了过度刺激又变得麻木，像是目光呆滞等待大奖出现的老虎机玩家一样。

---

[1] 不稳定的算法推荐会逼迫我们持续进一步研究并感到压力巨大，就像不断拉下老虎机拉杆试图博取大奖一样。

算法焦虑症的产生，是因为用户与算法间的关系存在巨大的不对等。对于单个用户来说，想要预测或要求算法产生何种结果，就好比试图控制潮汐。继续沿用这个比喻，所有用户能做的也不过是在已经形成的波涛中冲浪。公司几乎没有动机来试图缓和这种焦虑，因为用户的困扰对生意有利。当公司的产品无法达到预期效果或是用户遭遇到某种困难，一切都可以归咎于"算法"这一不透明的实体，由于常用的"黑盒"比喻，它可以被看作独立于公司和用户之外的。对用户的剥削总是被假扮成意外偶发故障，而不是蓄意的公司政策。但实际上，脸书这样的公司完全控制着它们的算法系统，可以任意更改算法的参数——乃至将系统直接关闭。

算法焦虑症将行动的重负强加在用户身上而放过了企业——使用户要么改变他们的行为，要么承担消失的风险。当平台上的帖子或内容突然没有了之前的互动数量，用户有时会怀疑遭到了"限流"（shadow banning）。用户总在担忧他们的账号会被某些决策机制无预警地封禁并无法找到补救措施；但也可能仅仅是算法推荐的优先顺序默默改变了，流量不再被引向他们的方向。这样的现象又回到了土耳其行棋傀儡的隐喻：我们不是总能分辨出技术运作的真相和技术运作的幻象，但两种解读可能最终在现实中有着相同的效果。

在她2019年的博士学位论文《当代艺术中的算法焦虑症》（"Algorithmic Anxiety in Contemporary Art"）当中，学者帕特丽夏·德弗里斯（Patricia de Vries）将算法焦虑症定义为一种"可能存在的自我被算法体制所限制、约束和统治"的症状。她的用词之准确，令人叹为观止。我们认知自我的可能性——我们表达和创作的方式——如今存在于数字平台的框架限制之内。这种焦虑的后果包括"算法决定论、宿命论、犬儒主义和虚无主义"，德弗里斯补充道。焦虑不断累积，直到某种程度上，如果作为用户我们无法控制这项技术，那还不如屈从于算法支配文化的局限，将其视为无可避免之事。许多用户已经陷入了这样一种绝望状态，既感到不满，也无力想象一种替代方案。

德弗里斯早在 2013 年就开始观察算法造成的文化变迁，当时她参观了数个突出展示对自动化监控和数据收集持评判态度艺术家作品的美术馆展览。虽然当时算法信息流才刚刚开始进入主流用户视野，但算法程序化股票交易造成的 2010 年美国股市闪崩事件（2010 Flash Crash）和类似面部识别这样的新技术，已经将"算法"一词植入了新闻头条。21 世纪初中期，德弗里斯开始她的博士论文研究时，根据她接受我采访时所说，算法已经成为"一种令我们着迷的对象"。在用户与数字平台的任何接触中，以及数字平台在日常生活日益加强的侵入性存在中，算法都是萦绕其间阴魂不散的幽灵。本质上，这并不是说我们已经理解了算法具体在做什么，德弗里斯表示："就像恐高症与高度无关一样，算法焦虑症也不仅仅事关算法。"

为了进一步讨论，我们必须视算法推荐为一项技术产生的效果，与我们习惯性地认为算法推荐能帮我们解决选择困难症的想法有根本区别。归根结底，算法与运行算法所用的数据是无法分割的，而这些数据由人类用户创造并不断刷新。实际的影响力与对影响力的恐惧并存，这两者都具备操纵人心的力量。算法带着替我们做出决定、预测我们的想法和愿望的许诺进入我们的生活。滤镜世界代表着算法建立的洞察人心的一切——不只是算法如何运作，更是我们作为用户对它们如何产生依赖，让它们代替我们自身的主体性，即使我们已经开始反感它们阴魂不散的持续存在。

第二章 个人品位的瓦解

亚马逊图书空间

　　华盛顿特区的一个午后，我一路沿东南方向散步来到乔治敦（Georgetown），全市的主要购物区之一。这里铺满鹅卵石的道路和滨河大街组成了一种类似户外商场的景观，耐克（Nike）、露露乐蒙（lululemon）、飒拉（Zara）、Club Monaco 这些国际大牌零售店之间点缀着网红餐馆和纸杯蛋糕烘焙坊。顾客会被最适合自己的品牌吸引，这一般基于特定审美倾向或品牌暗示的生活方式。消费者对品牌的选择，与其说是对品牌形象的认可，不如说应该看成是消费者自己的个性标签——这是一种设计师与消费者之间相互影响的动态关系，消费者需要相信（或期望）品牌的精神气质可以代表自己的身份认同。顾客不仅仅为一双优秀的跑鞋而走进耐克；更重要的是耐克散发着青春活力气息的那种魅力，无论是运动鞋还是鲜艳的丝网印刷运动衫。Zara 生产包括连衣裙在内的一系列服饰，并通过产品营造一种时尚先锋的形象，但顾客无须付出传统奢侈品牌的高昂价格。购买一件 Zara 连衣裙，就是成为快时尚魅力品牌形象的一部分——夜夜笙歌的狂欢派对。店里的每件商品都折射出这种事关顾客自我认同的情绪，又或者说每家品牌店都服务于一种不同的情绪，消费者从中选择最适合个人品位的商品。

　　但乔治敦有一家店铺与众不同：亚马逊图书（Amazon Books），由互联网巨头亚马逊经营的一家看得见摸得着的实体书店。亚马逊从 2015 年开始建设线下实体书店，首家分店位于西雅图。2018 年，华盛顿特区分店开业时，在现实世界中偶遇无衬线字体写成的亚马逊商标显得相当怪异（这毕竟是亚马逊配送卡车充斥高速公路和城市街道之前的事情）。书店的内部装修也让人感到陌生，第一次走进店内，眼前的混乱景象就令我大受震撼——它完全不具备书店通常的冥想式平静氛围，恰恰相反，它看起来更像一个杂货铺。所有图书都封面朝外排摆放在书架上，就像网页上排列的商品图标，而每本书下方都有一个数字标签显示对应的亚马逊网站排名，排名数字由用户评价、销售甚至读者的阅读情况（读完的页数）共同决定，最后还将由亚马逊 Kindle 电子书阅读器测量得出一项指标。

这家实体书店按亚马逊网站的设计进行店面布置，并将最先突出展示"最受欢迎"的书目。书籍的排列既不是根据作者姓名，也不是按照作者国籍，甚至并不总是按照书籍分类，而是由网络表现决定，那就是亚马逊图书用以评价文学作品质量和价值的算法。就这一点而言，用户互动数据再一次居于至高无上的统治地位。店内各处的招牌说明了某些图书得到突出展示的原因：要么是"畅销排行榜前列"，要么是"评分高于 4.5 颗星"，甚至是"评分高于 4.8 颗星"。多出来的平均 0.3 颗星真的能表示书籍的价值天差地别吗？其他一些书目标注了"在 Amazon.com 上想读人数最多"，或是突出强调了网上的预订订单数量。还有几面墙上的书架排布方式形成了一个模拟推荐系统：在每行书架的最左边都有一本书，标签写着"如果你喜欢←"，而一组候选书籍会放在它的右边，贴上相应的"那么你就会喜欢→"标签。举例来说，如果书架最左边是尤瓦尔·诺亚·赫拉利（Yuval Noah Harrari）的《人类简史》（*Sapiens*），那它的右边会摆放一串非虚构类畅销书，例如贾雷德·戴蒙德（Jared Diamond）的《枪炮、病菌与钢铁》（*Guns, Germs, and Steel*）或彼得·弗兰科潘（Peter Frankopan）的《丝绸之路》（*The Silk Roads*）。不过最为神奇的事，莫过于每一本书的定价都由亚马逊网站的算法生成，并且价格会随着供需关系进行实时调整。

亚马逊图书空间的一切，都是独立书店的对立面。而具备带来长期口碑的迷人魅力和店主赋予的个人化风格的通常是后者。独立书店的书架标签往往与众不同或标新立异，呈现出一些特色分类：新纪元运动（New Age）、艺术专著、地方志等。这些书店的所有者了解他们的本地顾客，同时会在不经意间根据这些分类来规划库存。有些书可能卖得并不怎么好，但店主还是会选择继续展示，以此作为书店理想和个人品位的象征。

很难在亚马逊图书空间中识别出任何一种个人品位，我也无法在其中发现任何精神追求。书店的陈列方式可以说与文化人的理想背道而驰，一切都由销量和关注度驱动。架上陈列图书的审美风格被肤浅的、即刻的互动需求紧紧捆绑，或许这就是21世纪头十年近尾声时，小说封面纷纷采用半抽象、半形象的鲜艳色块并形成风潮的部分原因（这些色块可能抓人眼球，但与小说的内容毫无关系）。虽然亚马逊图书空间也摆放了许多在我常去的书店见过的书籍，但整体的环境还是让人感到陌生而疏离，我无法说服自己在这里购物，不只是因为亚马逊作为雇主和垄断企业的破坏性行为，更因为在这样一家毫无明确主题的书店，我找不到作为消费者需要的品牌身份认同。

和许多以互联网上的巨大规模运营的生意一样，亚马逊图书空间毫无人情味。它通过全体亚马逊用户产生的海量数据来进行推荐，这就像是你只能购买《纽约时报》（New York Times）畅销书排行榜上的图书，但这一榜单是由一家不可信赖的公司控制，唯一的目的就是将书籍作为可替代的物品尽可能快速抛售。亚马逊就像脸书用点赞评价内容一样，用销量衡量图书的价值，这与我对书店带人逃离现实、帮读者发现惊喜新事物的罗曼蒂克理想完全对立。

亚马逊图书空间看上去如此怪异的原因之一，是它代表着互联网上的算法逻辑对我们平静的"真实生活"堂而皇之的入侵。在网上，我们已经被歌曲、图片和电视节目推荐建议轮番轰炸；如果算法推荐和自动化干预只发生在互联网，那还算容易接受，因为这些建议是如此无懈可击、猝不及防。但如果是现实世界看得见摸得着的存在，算法的作用就显眼得有些强加于人，毕竟我们在现实世界中很少如此明显地听命于机器。也许亚马逊图书空间令人毛骨悚然的深层原因在于会让我们被迫直面自己失去自由的现实，突出强调了算法在多大程度上迫使我们放弃自主思考。

亚马逊图书空间根据全体亚马逊用户的平均数据选出的书籍陈列，一方面有着略显奇怪的同质性，另一方面从本质而言其实非常无聊。这些书籍已经预先经过了高强度的过滤，从而显得对我——或至少是对于一名普通消费者的我——具备吸引力；与此同时，大量其他人确实喜欢这些陈列的书籍。但这一切并没有激起我想要翻阅其中任何一本的兴趣，适得其反的是，我感到不知所措，也许这就是滤镜世界中一切消费者的默认状态：被超级丰富的内容包围，却无法被任何内容打动。

一位名叫切特·哈斯（Chet Haase）的谷歌工程师，在推特上写了一则笑话指出上述现象："一个学习算法的机器走进了一家酒吧。酒保问算法：'来点什么？'算法回答：'其他人都在喝什么？'"这个笑话的笑点在于，在算法支配的文化当中，唯一正确的选择是其他大多数人已经做出的选择。但即使人人都已经要了一杯柠檬威士忌，你今天可能就是不想要这杯酒。

我长期以来最喜欢的一直是麦克纳利·杰克逊（McNally Jackson）书店，一系列位于纽约市区范围的连锁店，第一家店位于苏豪（SoHo）区。[①] 虽然没有使用任何个性化推荐技术，但我每次走进其中一家店，都感觉它像是专为我而开的一样完全了解我正在寻找什么，因为店里的图书既涵盖广泛又不乏深度。我住在布鲁克林的十年间，经常乘坐 L 线地铁去曼哈顿，再转 6 号线去往下城，走过铺满落叶的街道，到达麦克纳利书店门口，穿过玻璃门经过前厅，最终深入书店绵延的内部结构。最

---

① 2023 年，老旗舰店搬到了六个街区以外。

前方两张一样大小的桌台构成了室内的核心：左边的台面陈列店长推荐的非虚构作品，右边的台面陈列虚构类作品，对应的书架在两张桌台背后依次铺开。堆在台面优先展示的不少是近期新书，但也有一部分是店员认为值得细品的冷门佳作，体现了集体精挑细选的努力，一本来自小出版商的哲学学术作品被安排在热门非虚构畅销书隔壁；虚构类作品台面上不只陈列小说，还有诗歌、杂志、回忆录和混合体裁书籍。所有这些精心排布像是不断在告诉顾客：只要相信我们就好。

麦克纳利台面上的内容每周更新一次。在每次重新排列的背后，我仿佛都看到了那只精挑细选的手，一种来自渊博知识的信心，而非某个单一的算式。随意浏览是一种探索新知的方式；也有人会认为亚马逊"如果你喜欢，那么你也喜欢"的算法推荐能起到类似的作用，但在麦克纳利书店形成的联想不那么直白和拘泥于字面意义。一家好的实体书店，可以拓展顾客对于特定类型所含书目的视野。

如果亚马逊图书空间代表了算法逻辑的胜利，那么麦克纳利书店就代表了人类品位塑造者（tastemaker）的顶峰，"品位塑造者"一词常常用来形容那些对我们将要消费的文化内容加以分类筛选的人。书贩可以是品位塑造者，但为借阅人推荐书目的图书馆员也是，当然还包括小众精品店的专业买手、电台 DJ、向全国院线推销电影的发行经纪人以及为演出场地预约乐团的音乐会策划人。所有这些品位塑造者都在文化创造者与消费者之间建立桥梁，他们持续不断地收集并评判新的内容，来决定它们如何及为何能与观众产生共鸣——这一过程如今都落在了名为筛选展示（curation）的大旗之下。

一个很容易忽略的事实是，当我们通过数字平台消费内容时，我们在特定时刻看到的内容，更多是直接由算法决定，而不是由上述人类品位塑造者带来的。对于奈飞首页、脸书信息流和 Spotify 自动电台来说，没有来自编辑、DJ 或发行经纪人的影响，而是用试图围绕所有用户的众包数据数学运算过程取而代之。如此这般，筛选展示的过程变成了自动化的，并会一直扩大规模，直到它超出任何人类个体所能控制的范畴。通过我们的算法信息流，我们只能得到亚马逊图书空间式的体验，而失去了麦克纳利书店精挑细选的眼光。

何谓好品位

品位塑造者的"品位"意味着个人偏好,即我们所有人在挑选喜爱的事物过程中依靠的判断力,无论是音乐、时尚、美食还是文学领域,我们总在持续不断地做出抉择,选择某首乐曲、某本书或某件服饰,而放弃其他。这些抉择是私密的,体现着我们稍纵即逝的情绪以及个人鉴赏品位逐渐形成的过程——也是我们自我意识塑造的过程。

每个人都有一些他们认可拥有"好品位"的朋友,例如我的朋友马克,虽然本职工作是舞台设计师,但他对音乐的了解之深令人羡慕——这不是他的生计,而是他的激情所在。虽然许多人的收听习惯都定格于青春期,往后的岁月不过是记忆中最爱曲目的"循环",马克却会收听每一个作为后起之秀的新乐队,并判断是否值得推荐给朋友们。每隔几个月,我都会问问马克有什么新推荐。虽然我并不总是喜欢他选出的唱片,但我确信那些曲调必定有值得一听的原因。我相信他的判断,而他也对我的个人品位足够了解,能确定哪些音乐最适合我。

再比如,每次聚会都有会带来合适的红酒的朋友,始终紧跟时尚品牌潮流的朋友,以及会推荐近期哪些电视节目值得看的朋友。我们使用"品位"这个词来评价某种文化并判断与之的关系。如果某件事物符合我们的品位,我们便会感到与之亲近并产生认同感,进而以此为基础影响与他人的关系,如同消费者根据服饰商标分成相见恨晚的小团体一样(既可以是喜欢也可以是反感特定的品牌)。刻意展现的烂品位也许会像好品位一样引人注目,作者蕾克斯·金(Rax King)在她《俗不可耐》

（Tacky）一书中表示："低俗蹩脚给人带来快乐。"但就其根源来说，品位是一个深刻得多的哲学概念，它是一个与道德相近的概念，代表了人类内心对世间万物的是非观。

18世纪50年代，一本法国百科全书用哲学家伏尔泰（Voltaire）和孟德斯鸠（Montesquieu）的注解完善了其中的"品位"条目，两位哲学家共同以西方文明视角阐述了品位概念的形成基础。伏尔泰写道："拥有品位的前提条件，不只是能看到和理解一件作品中哪些部分看起来美。拥有品位的人必须能够感受到美并为之动容，并不仅仅只是感受到，不明所以地被打动；核心在于能够分辨出感受的层次。"品位不止于流于表面的观察，也不止于简单地认为某件事物"很酷"，品位要求完整地体验作品并通过评估本人的真实情感反馈，来深刻分析作品产生的情感效果。品位并非来自被动接受，主动付出努力才能获得。作为公共知识分子，兼有男爵爵位并担任法官的孟德斯鸠，就这一话题贡献了《论趣味》（"An Essay Upon Taste, in Subjects of Nature, and of Art"）一文，这是他于1755年去世之前未能完成的遗作。本文是一篇文笔优美的漫谈，讨论了世间种种赏心乐事。孟德斯鸠对品位如是定义："不外乎一种精准迅速地确定世间万物带给人类乐趣多少的能力。"

"天生的品位不是一种理论知识，"孟德斯鸠继续论述道，"而是一种对我们并不自知的潜在法则的敏锐微妙运用。"后半句话令我茅塞顿开：品位是一种既抽象又无法言喻，更不存在稳定形态的事物。在真正走进和感受作品之前，音乐的听众或书籍的读者无从知晓自己能否乐在其中；任何艺术品也无法保证是否能带来愉悦的享受。每当面对一件艺术品，我们瞬间就会启用潜意识中的标准来进行评价，期待着发现美，获得自许，即使我们并不能真正描绘其中的美，抑或我们最初是怎样发现的。品位本来应该是难以捉摸的，意大利哲学家吉奥乔·阿甘本（Giorgio Agamben）在他1979年讨论品位的专著中总结道："品位可以享受美，即使它无法解释。"

品位是自我的基本组成部分；培养品位或品位得到满足都意味着构建更坚实的自我意识，从而成为身份的基础。日本作家冈仓天心（Okakura Kakuzo）在1906年写成了《茶之书》（*Book of Tea*），目的在于拔高神化日式品位，并用英文将其介绍给在美国的朋友和赞助人，其中一位读者是艺术品收藏家伊莎贝拉·斯图尔特·加德纳（Isabella Stewart Gardner）。冈仓在讨论茶室设计时表示，艺术本身并非为某种通用目的或迎合广大受众而存在的："茶室应该依据个人品位而设计，是对艺术生命力原则的强化。"冈仓回顾了17世纪艺术家小堀远州（Kobori Enshu，作者误写为Enshiu）发表名言的一段往事。这位大师在门徒面前盛赞另一位茶道大师的茶具，恰恰因为少有其他人能够欣赏："伟大的利休①有足够的胆量选择钟爱那些只对自己有吸引力的器具，而我下意识地迎合了主流的看法。"远州大师自嘲品位过于主流，因而无法真正跻身一流。然而迎合"大多数人的品位"可能是算法信息流的唯一存在目的——这里的大多数相当于数据。

品位也不一定是全然积极或高效的。日本哲学家九鬼周造（Kuki Shuzo）在1930年写成一篇试图定义日本文化中的"意气"②文化价值观的散文，其中提到，意气指的是一种来自城市生活的厌世感，一种对生活方方面面的显著矛盾心理。③爱情、金钱与美都可能轻易地获得并失去，而获得并非总比失去更好，离场必须与在场同样受到珍惜。九鬼写道："意气应被理解为一种超凡脱俗的品位。"

孟德斯鸠提出的另一个重要论点是，可能令人感到陌生或难以接受的意外因素，比如一个奇丑无比的侘寂风（wabi-sabi）日式茶碗，正是品位的基本要素。"事物之所以能令我们感到意外，是因为它能够激发惊叹

---

① Rikiu，日本茶道大师千利休。——译者注
② Iki，日文写作粋，读作いき。——译者注
③ 我的好友、长居东京的美国作家W. 大卫·马克斯（W. David Marx）将这种文化价值观与"新英格兰新教盎撒白人感"（New England WASPiness）相提并论。

的情绪，或是新鲜的，或是始料未及的，"他这样写道，"意外之物是超越我们已知自己喜欢的领域之外的存在。""我们的灵魂每当感受到无法分析的事物，或者当事物与其原本期望的形象相去甚远时，都会感到欣喜。"理解这种感到意外的情感可能需要很长时间，品位并不一定会瞬间形成，而是会随着你思考与消化一件艺术创作带来的体验，而不断变化："当一件事物令我们产生意外之感，我们会意识到某种极致之美的存在，这种意外之感起初尚显平淡，但会不断延续，潜滋暗长，最终令我们无比赞叹。"

孟德斯鸠以文艺复兴时期意大利画家拉斐尔（Raphael）的作品为例，描绘了后劲十足的美术名作如美酒般令人缓慢上头的过程，这些作品动人心魄的优美可能从初见的微妙平淡中突然喷薄而出。对于我来说，脑海中第一个想起的是弗兰克·奥申（Frank Ocean）2016年的专辑《金发》（*Blonde*），与他首张专辑《橙色频道》（*Channel Organce*）发售相隔四年，而最初我忽略了这张唱片。所有曲目听起来都不像是单独的歌曲，而像是一串合成器音效的波浪，而歌词也含糊到了高深莫测的地步，其中包含的情感似乎全部被自动调音隐藏了起来。但当我反复收听，被音乐当中某种不可名状的特质持续吸引，就渐渐明白这张专辑的抽象风格是刻意为之，而它的难以捉摸是对现代社会的疏离感和被迫背负着疏离感坚持生活的写照。当然，《金发》是21世纪早期脍炙人口的音乐杰作，一位畅销榜单常客，但不管是专辑本身还是音乐人，都一样没有按照算法信息流的规则行事。

如果品位确实必须深刻地感受，需要时间投入，并会得益于来自不熟悉事物的意外因素，那么它看上去完全不可能被技术复制，因为算法信息流的运行方式与上述这些基本特性完全相反。如果算法推荐仅仅凭借你和平台其他用户现有喜好的数据进行分析，那这些算法就不那么有能力提供孟德斯鸠所描述的那种虽不能带来即时乐趣，但能细水长流震撼人心的意外之喜。信息流的结构也会妨碍用户在同一则内容上耗费太多时间，如果你认为一则内容无聊，可能只是看起来太平淡，那就会继续向下滚动页面，从而没有时间去缓慢形成前文描述的那种持续加深的审美体验——用户会被不断怂恿，在面对一切事物时表现出急躁肤浅的倾向。韩国哲学家韩炳哲（Byung-Chul Han）在他 2017 年的《在群中》（In the Swarm）一书中表示，如此之多的人在网上毫无障碍地直接暴露在彼此面前——互联网的"去媒体化"——会导致"语言和文化都被掏空并变得粗俗不堪"。

建立自己的品位感知系统，即用来辨别喜爱事物的下意识原则，比起被动接受信息流带给你的任何内容，都是一项逆水行舟的艰巨挑战，但当下的情况不能仅仅归咎于算法的出现。如今我们可以任意访问有史以来最多的文化内容，可以自由选择任何作品。但我们常常做出的决定是让自己无从决定，任由自动化信息流来塑造我们的视界，这些信息流可能来自人类行为的总和，但自身却是没有人性的。

在某种程度上，向着算法主导的转变带来很多方便。时刻考问自己的偏好令人精疲力竭：研究哪些新的文化产品已经推出可供选择；阅读杂志或请求朋友给些图书推荐；决定去什么地方吃哪种菜系。这是一项奢侈费力的任务，也许 18 世纪的法国哲学家能有充分的空闲来满足这种奢侈，但在节奏快得多的当今世界，我们大部分人根本负担不起。孟德斯鸠可没有 Instagram 来让他分神，不难专注于凝视沉思拉斐尔的作品。举例来说，接受奈飞的首页节目推荐建议，就是省去费力自行研究的一条捷径。

品位也可能让人感觉更多的是忧虑，而非个人满足感的源泉。基于个人品位完成的一系列选择，如果与当前情况下的通行规范无意间发生冲突，将可能导致尴尬的局面，比如穿着一身运动休闲风格的衣服去办公室，或以鲜艳色彩的服饰出席葬礼。当我为一群朋友选中一家从未去过的酒吧或餐厅，自以为一定会博得满堂彩，最终却发现新选项的氛围完全离谱时，简直感到无地自容。华盛顿特区就有一家这样的酒吧，到了地方才发现墙上挂了太多的动物头颅标本，令人如坐针毡。在这种情况下，来自 Yelp 或谷歌地图的自动化推荐也许更容易让我全身而退：民主的普遍认同减轻了选择的压力，毕竟自行选择可能事后发现过于古怪。但与此同时，我并不需要这些最小公分母来指导我应该读什么书或看什么电视节目。文化不是一台你能通过五星打分概括的烤面包机——虽然像已被亚马逊收购的 Goodreads[①] 等网站试图给书籍进行这样的打分。许许多多我钟爱的体验，比如，蕾切尔·卡斯克（Rachel Cusk）的《边界》（*Outline*）这样的无情节小说，其他用户会不假思索地打出低分，这就是滤镜世界强加给万事万物的规则。

就像品位需要意外之喜一样，它也同样从挑战、冒险以及向某个特定方向追求极致当中汲取养分。留在安全区可能有助于避免尴尬，但也十分无聊。经过整个 20 世纪的发展，品位从一个事关艺术品价值的哲学概念，渐渐转化为工业时代消费主义的代名词，既用来评判所买物品的好坏，也反过来根据物品评判购物者的品格。这一现象——过度遵从流行品位，从而造成自己与更激动人心的独特文化体验绝缘——在乔治·佩雷克（Georges Perec）写于 1965 年的中篇小说《物》（*Things*）当中得到了展现。小说主人公是一对 20 岁出头的情侣，杰罗姆（Jerome）和西尔维（Sylvie），两人都从事市场调研工作，在消费者调查中询问一些诸如"为什么纯吸式吸尘器的销量如此之差"或是"家境普通的消费者如何看待欧洲菊苣"之类的问题。这对情侣是人类数据收集员。他们自身的物欲也类似于一次市场调查的结论：他们喜欢那些他们作为小布尔乔亚应当喜欢的事物。佩雷克描绘的两人理想中的公寓包含了玉制烟灰缸、藤条编织椅、约依印花（Toile de Jouy）墙布、瑞典风格台灯和保罗·克利（Paul Klee）绘画作品。我必须承认，时至今日，这一切听起来仍然很不错。

[①] 类似豆瓣读书的图书分享型社交网站。——译者注

然而，完美的图景自带某种程度的空洞感，品位一旦变得过于标准化，就会落于下乘。"他们尚且摇摆不定的品位，他们犹豫过度的谨小慎微，他们经验的缺乏，他们对于真正良好品位标准自以为是的盲从，给他们带来了一些尴尬的时刻和一些贻笑大方的经历。"佩雷克这样写道。例如当杰罗姆试图赶时髦扮英国绅士，却仅仅成功地将自己扮成了"欧陆土包子"式英伦风，看起来就像一个"拿着微薄薪水的新移民"。他还买了一双优雅的英国皮鞋，却穿得太过频繁，直接把鞋底穿出了破洞。杰罗姆和西尔维对于自己喜爱的事物偏好有一定概念，但并不足够理解为什么要喜爱这些事物，又该如何真正享受自己所好。没有品位的单纯消费，不过是未经稀释、全速前进的资本主义。

塑造我们品位的力量有两种。如我前文所述，首先是我们对各自享受事物的独立追求，其次是我们对看起来其他大多数人都喜爱的事物，对主流审美的认知。这两股力量可能朝向相反的方向运动，但往往跟随后者是更轻松的选择，尤其是互联网正以如此惊人的速度公开其他人正在消费内容的信息。如果你没有发过帖子，那你真的看过那个电视节目吗？算法推荐进一步强化了主流审美的存在感，我们在做出选择时都会与之进行参照。品位无处不在，它包含了"日常生活中最寻常的选择，例如烹饪、穿衣和装饰"，法国社会学家皮埃尔·布尔迪厄（Pierre Bourdieu）在他 1984 年出版的《区分：判断力的社会批判》（*Distinction: A Social Critique of the Judgement of Taste*）中这样写道。上述这些选择可以作为生活中一系列事物的象征，而不再仅限于我们的审美偏好，例如象征经济阶级、政治意识形态和社会身份。"品位将人划为三六九等，而通过品位区分他人的，也必在他人眼中被品位区分。"布尔迪厄继续写道。难怪我们会为区分喜好的事物焦头烂额，并有时会觉得将责任推给机器更加简单。

亚马逊研发了一款旨在模拟品位的设备，名为亚马逊 Echo Look，它可以替用户给出所有的穿搭建议，我在它 2017 年发布之后试用了一下。Echo Look 是一个白色塑料小圆柱体，底部有一个支架，中间有一个摄像头，就像是独眼巨人的眼睛。它被宣传为拍摄全身自拍照的便捷工具——只要把设备放在架子上，利用语音指令让它拍照，同时轻松地摆出最美的姿势就好。照片接下来会发送到你的手机，并存储在一个为你的衣柜创建百科全书的应用程序中——你可以像浏览一个私密 Instagram 账户一样翻阅你的每一套服装［与《独领风骚》(*Clueless*) 的主角雪儿·霍洛维兹（Cher Horowitz）别无二致］。但这部相机也会通过一个叫作"风格检查"（Style Check）的功能评判你的穿衣水平，利用算法分析与人工的结合（回想一下亚马逊假自动真人工的"机械土耳其人"数据服务）来告诉用户穿着的服饰是否搭配协调，以及穿搭组合是否符合时尚。

为了亲眼见证 Echo Look 如何评估穿衣风格，我尝试了两种不同的T恤和牛仔裤组合——一套是全黑色而另一套是全灰色——并像是小学照相日之前面对母亲一样地面对 Echo Look 站好。当我用风格检查对比这两套服装之后，黑色组合表现更好，得到了总共100分时尚分数中的73分，而灰色组合只得到了剩余的27分。系统对于分数的解读聊胜于无："你穿戴黑色那套衣服的风格看起来更好。"也许单色摄影式的纯黑是一种固有的时尚表达，而纯灰就不那么讨人喜欢因此太过激进？我实在无从分辨。

其他言简意赅的评价还包括"颜色搭配更佳"以及"服饰的版型更协调"。风格检查还告诉我，牛津布衬衫的袖子卷起来比放下来扣紧更好，而竖起衣领也是个好主意，这与我中学时反叛阿贝克隆比时尚巅峰时期形成的审美观念截然相反。[1] 根据 Echo Look 的算法推荐，蓝色牛仔布材质就是牛仔裤的最佳选择。它提供评估，但没有整体理解，也没有情感基础。风格检查只是简单地将你的选择与其资料库中数据的净平均值进行比较，你的时尚品位如果与所有人一致，就能得到最高分。此外，Echo Look 还提供即时选购符合其理想着装规范服饰的选项，卖家当然也

---

[1] 美国品牌 Abercrombie & Fitch 曾经主打年轻、性感、活力形象，号称只欢迎高颜值店员和好身材消费者，后因身材外貌种族歧视等话题陷入争议。——译者注

是亚马逊，这家企业从它利用算法让一切审美贴近平均值的愿景中获利。

这是一种自下而上形成文化偏好的模型，它既与个人定义的品位相矛盾，也与互联网出现之前的时尚引领者体系相冲突。这是一种定义何谓时尚，再要求所有其他人接受的品位塑造者体系。后者涉及的等级制度在2006年的电影《穿普拉达的女王》（*The Devil Wears Prada*）其中一幕情节——如今已成为互联网迷因之一——得到了最好的体现。梅丽尔·斯特里普（Meryl Streep）扮演的角色影射了《时尚》（*Vogue*）杂志主编安娜·温图尔（Anna Wintour），而安妮·海瑟薇（Anne Hathaway）是她初出茅庐的助理，刚涉足时尚传媒领域。在这个场景中，海瑟薇穿了一件在商场打折时突发奇想买下的松垮蓝色毛衣，看上去不是为了体现时尚风格而只是为了穿着方便。但斯特里普告诉年轻人，这次购买是由像她这样的时尚编辑替她这样的普通消费者早早事先决定好的，时尚女王的独白盛气凌人："你身上的这种蓝色代表了数百万美元和无数的工作岗位的投入，而你自以为做了一个免于受时尚工业影响决定的样子简直可笑，因为实际上，你所穿的这件衣服正是由这个房间里的人，从一大堆你轻佻地称为'玩意儿'的服饰中挑选出来的。"斯特里普认为，是人类品位塑造者选中了它。

归根结底，品位是一种将事物划分为好或坏的算法。得出品位的算式纳入的参数包括个人偏好、营销广告造成的前概念、社会符号象征，以及一些即时的文化片段体验，最终得出结果，即手头作品让人喜爱还是厌恶的个性化答案。因此，将以上那些有机的人类社会规则与算法推荐的软件规则加以区分可能有些困难，但这样做至关重要。

到底应该由人类时尚编辑告诉你什么才是值得喜爱的，还是应该将问题交给以亚马逊图书空间、Spotify信息流或奈飞首页这些形式出现的算法机器？这就是文化在滤镜世界中面对的核心困境。前者由精英守门人掌控，这是一个经过一个世纪现代文化产业积累而逐渐形成的强大群体，自身存在诸多盲点与偏见,包括性别与种族等方面。[1] 然而这些人为缺陷在算法生态系统中可能会变得更加显著,因为广大受众群体的行为决定了哪些内容可以得到最广泛的传播。种族歧视、性别歧视和其他形式的偏见是算法生态系统事实上的组成部分。

在网络上,用户往往与不同于自身的看法和文化相隔绝。整体而言,数字环境由科技巨头统治,其背后通常有着无情的资本主义扩张动机,而这并非适合文化发展的沃土。杂志的时尚主编还有可能定期通过个人能力发掘和推广那些此前鲜为人知的声音,而算法信息流永远不会这样做;算法只能基于已有的用户参与度进行迭代。作为用户,我们不再有类似的机会接触一件令人震惊的新事物,并自行决定它是否合乎口味。作为一种艺术形式,时尚的强大力量在于不循规蹈矩,不追求平均值。时尚的一部分魅力,就在于打破社会常规:穿着出乎预料或前所未见,甚至可能挑战个人品位。这是任何自动化推荐都无法做到的。算法推荐是一柄双刃剑:边缘化的设计师有机会找到利用 Instagram 算法的方式并自行走红,而不用被动等待受到可能持有偏见的白人时尚编辑关注。但这样一来,他们实际就顺应了科技巨头的原则,而科技巨头比编辑要强大和狭隘得多。

亚马逊 Echo Look 可能最终变成了一次算法滑铁卢。顾客评论者欣赏其创新的一面,但更多的是视其为普通相机,而非时尚助手。然而它始终没能成为广受欢迎的产品。2020 年,亚马逊宣布这台设备将会停产,而相机和相关应用软件也将完全中止运作。公司致力于"在时尚领域推动人工智能和机器学习应用",伴随关停信息的声明这样表示。风格检查功能后来整合到了亚马逊购物应用程序当中。或许,它收集我们品位的数据,以便在未来某个应用中利用完善的算法推荐,这一最终目标终究实现了。

---

[1] 这个团体不仅包括大部分是白人的纽约时尚杂志编辑,还包括好莱坞制片人、唱片厂牌高管和博物馆馆长。

品位标准化

算法带来的强大压力不仅仅停留在理论层面，它不是一种反乌托邦式的黑暗未来，而是一种已经影响到文化消费者和创作者的无处不在的力量。站在消费者角度，算法推荐的密集轰炸会引发一种催眠状态，使得收听、收看或购买的结果成为某种必然——不管是否真的与消费者的品位相符。我注意到，时尚评论家瑞秋·塔什吉安（Rachel Tashjian）在电子邮件时事通讯《华丽指南》（*Opulent Tips*）中发表的一篇答读者问恰好提到了这种情况。一位20多岁的年轻女士瓦莱丽·彼得（Valerie Peter）在2022年向塔什吉安写信，抱怨算法信息流让她更难想清楚自己的穿衣风格偏好。"我上网已经十年了，如今，我不知道自己喜欢什么，更不知道算法推荐希望我喜欢什么。"瓦莱丽这样写道，表现出急火攻心的"算法焦虑症"。无论Instagram、TikTok还是Pinterest[①]感觉都像是死胡同。"我希望拥有自己真正喜欢的事物，而不是通过低强度营销暗度陈仓向我推销的事物。"她在信的最后这样总结。我与瓦莱丽取得了联系，试图了解到底是什么导致了她的这种品位危机，而最后我们讨论了社交媒体的兴起如何从根本上改变了我们与文化的关系。

当时瓦莱丽即将完成电子工程专业研究生学业，住在她上学的英国曼彻斯特市。在童年时期从尼日利亚到英格兰两地迁居的过程中，她就已经对时尚产生了浓厚的兴趣，并一直关注所有的时装秀。朋友们对她

---

① 采用瀑布流页面布局的图片社交网站，常用于分享检索设计创意等。——译者注

说她应该成为一名时尚作家，但她还是决定追求一条更有收入保障的职业道路，并把对时尚的热情保留为业余爱好。她在步入青春期之前就接触了互联网，2011年便注册了脸书账号。逐渐地，社交媒体变得无处不在，尤其是在新冠疫情期间，瓦莱丽开始高度依赖社交媒体作为与外界产生连接的方式。"它某种程度上也悄悄溜进了现实生活"，瓦莱丽表示。最近，潮流周期已经加速形成了"微潮流"，短短几周内就会转瞬即逝；而每当朋友们提到她没看过的段子或视频时，她都会觉得自己错过了重要的信息。对跟不上算法潮流的焦虑。

在2021年年底，瓦莱丽也赶上了这股微潮流。保暖袜套，一种从脚踝提到膝盖的绒毛布料套筒，突然形成了一股占领她的时髦风潮算法推荐——无论是Instagram发现（Explore）页面、TikTok"推荐"信息流还是Pinterest推荐，全部同时充斥着保暖袜套。这不是付费广告，但无处不在。在从网上接触到这种产品之前，瓦莱丽对我说："我根本不会考虑保暖袜套，我觉得它们不堪入目、丑到离谱、荒唐可笑。"但很快她就发现自己几乎是在一种潜意识的冲动下，轻按下了付款按钮就从网上买了一双——"像是被施了咒语一样"，她如此形容道。这次购买最终也没有改变她的想法；瓦莱丽只穿了那双倒霉的袜套几次，便束之高阁。她说，买下它们是"一个连我自己都不确定是否真的做了的决定"。

对于她认为很大程度是有机产生的社交媒体推送而言，算法的影响显得咄咄逼人，就如同粗暴的广告植入会扰乱原本引人入胜的观影体验。然而，就像我在全球各地遇到的"通用咖啡馆"一样，并不存在一个强迫各个平台和众多网红统一顺应潮流的单一实体；拥抱保暖袜套潮流仅仅是一种玩弄信息流规则的方式，它可以带来更多推广，从而获得更多关注度和粉丝数。只要瓦莱丽与任何哪怕是一条保暖袜套相关内容产生了互动，算法推荐就会猛扑过来，海量相似内容将令人无从躲避。对于算法来说顺理成章的逻辑是"如果你喜欢这一条内容，那你绝对会喜欢更多一样的内容"。

在真人秀出镜之后在 TikTok 走红的梵克雅宝珠宝话题上，瓦莱丽也经历了类似的体验，还有她在推特上短暂关注后就失去兴趣的星相学话题。但推特仍然持续不断地向她推荐星相学相关推文，往往是负面的警告信息，不管她多少次明确要求推特停止推送。"每次水星逆行的时候我都开始担心自己的生命安全，"她说，"我不想再看星相学信息了，但我的面前总不断充斥着类似信息，这简直要毁了我的生活。"信息流不仅试图猜测你的喜好，还可能无法理解你的喜好何时转移或发展。

算法焦虑症加剧的原因之一，是泛滥成灾的精准网络营销，这种广告使用了与动态推送相同的算法。数字监控系统跟踪用户的互动数据，向用户推荐与互动内容互相匹配的产品广告，这些广告来自为吸引用户注意力而付费的品牌。作为大量数字平台和线上出版物获得收入的主要方式，这些广告无处不在，打断文章的阅读，在自动播放视频时弹出。与电视广告或杂志上的印刷广告不同的是，在线广告是个性化定制的，会重复展示你也许想要忽略的话题——由于太多的广告发行商都在通过相同的软件平台出售广告，例如谷歌的 AdSense 服务，同样的广告可能会出现在所有的网站上。我曾经经历过同一个家具广告阴魂不散的体验，那是一架德国制造商 USM 出品的书橱，充满鲜艳的现代主义风格，彩色金属搁板组成的网格出现在所有网站页面上，甚至在我还没有意识到之前就已经吸引了我的注意。然而，这并没有让我更想拥有这架书橱，反而令我心生厌倦，开始怀疑自己的喜好。

"当今的文化很大程度上都围绕社交媒体形成；有太多的微潮流，在你来不及眨眼或决定你是否喜欢之前，信息流已经转而关注下一件事物。"瓦莱丽这样对我解释。她总结出问题所在："我只是想知道，我喜欢的东西是我真正喜欢的。"换句话说，她在寻找对自身品位的信心和确定性。虽然她知道她对自己收到的推荐内容负有一定责任，但算法对网上内容的加速作用，还是以荒谬的程度大大超出了她日常生活经验的节奏。"我在生活中进行的互动并不总会影响我的选择，为什么与穿保暖袜套的网红最低限度的互动会导致我买下一双？这完全是他们强加于我的。"她这样说。在曼彻斯特的人行道上散步时，看到的都比网上推送的更丰富多彩、更富原创性，网上的一切都千篇一律。

我的个人设计审美也是这样，倾向于20世纪中期的极简风格——这毕竟是Instagram的通用风格。我在使用社交媒体之前就已经对这种风格感兴趣，但最近，我关注的那些精心筛选展示设计风格类账号的涓涓细流，变成了滚滚洪流。我的信息流充斥着不请自来的推荐内容，越来越多的账号向我展示着优雅的室内装潢：来自墨西哥、瑞典、日本各地，平淡整洁、米色墙壁、点缀着植物的住宅。就像瓦莱丽遭遇的保暖袜套问题一样，只因为我喜欢偶尔看到这些内容，并不代表我想要整天看到这些内容。与吸引我关注度的目标恰恰相反，海量的推荐内容迫使我直面这种审美风格缺乏语境和意义的缺点。可能算法推荐反而会让我不再喜欢我以为自己喜欢的事物，或者至少是通过过度饱和供应内容，以比其他方式快得多的速度改变我的品位，和太过频繁享用同一种食物会令人反胃的原理一样。

在瓦莱丽作为消费者的案例中，算法带来的品位既无聊又拒人于千里之外。与之相对的，在创造者看来，算法的这种普及特征可能是有利可图的。对于像梵克雅宝这样的商业品牌来说，商品受到的关注越多，往往是一件正面的事情。受众越广，销量就越高。文化基因越大，效果就越好。然而算法推荐也具备一种扭曲创作者注入信息流作品原本意图的能力，同时改变创作者与其自身作品的关系。在很多种情况下，任何一方都对实际得到推广的内容不满意。

2018年年初，一位名叫达蒙·克鲁科夫斯基（Damon Krukowski）的54岁音乐人，20世纪80年代独立乐队银河五百（Galaxie 500）的鼓手，注意到了Spotify平台上自己老乐队曲目的不寻常状况。自从乐队成员买回了音乐版权并把这些版权转移到自家唱片公司名下之后，克鲁科夫斯基可以准确地观察到每一首曲目的流媒体播放量。其中一首歌曲，来自 1989 年专辑《燃烧》（*On Fire*）中的《奇怪》（*Strange*），播放频率远远超出了乐队作品名录中其他作品——多出了几十万次。同时也意味着这首歌为克鲁科夫斯基和乐队老伙计们带来了更多的收入。在流媒体播放量统计图表上，代表《奇怪》的曲线与其他歌曲的曲线表现出明显差异，呈 45 度角陡峭上升。在专辑最初问世时，这首歌曲从未作为单曲推出，也没有得到过任何市场推广或"优先待遇"。"对于我来说，这完全是随机事件。"克鲁科夫斯基这样告诉我。令整件事更显诡异的是，《奇怪》仅在 Spotify 平台上播放量激增，在其他流媒体服务上则远没有这么受欢迎。

对于克鲁科夫斯基来说，《奇怪》本来是作为一种玩笑完成的作品：一曲随性的对偏流行音乐风格的拙劣戏仿。在创作这首曲子时，乐队给这首曲目起了一个"重金属小情歌"的外号，在整张低保真（lo-fi）风格，演奏方式粗糙随性的专辑中，可算一个异类。银河五百以其自娱自乐的内敛音乐风格为荣，他们属于不愿站在聚光灯下的高知乐队流派，既有朋克的一面，也有学究的一面——乐队三人组在哈佛读书时聚到一起开始玩音乐，还包括贝斯手娜奥米·杨（Naomi Yang）和吉他手迪恩·韦尔汉姆（Dean Wareham）。

只发表了三张专辑后，银河五百在 1991 年解散，不过克鲁科夫斯基继续他的音乐家和作家生涯，并最终与他的伴侣——前乐队贝斯手杨一起定居马萨诸塞州剑桥市（Cambridge, Massachusetts）。在 21 世纪头十年，在经营自己乐队作品的商业权益之余，他成为流媒体产业的批评者。《奇怪》现象之所以出现，也许唯一的变化因素是 2017 年 Spotify 将自动播放改为默认模式，于是每当用户选定的音乐播放完毕——无论是单曲、专辑还是播放列表——下一首由算法推荐的曲目便会马上接着播放。

"他们改变默认设置的当天，就是这一首歌与我们作品库当中其他曲目分道扬镳的开始，"克鲁科夫斯基表示，"《奇怪》得到的系统推荐次数，比银河五百的其他歌曲都要多。"克鲁科夫斯基在新闻通讯上发布了自己的观察，并吸引了格伦·麦克唐纳（Glenn McDonald）的注意，当时他正担任 Spotify 的"数据炼金术士"。麦克唐纳进行了一项内部调查并得出了结论，《奇怪》之所以摇中了算法大奖，并不是因为银河五百的独特音乐风格，而恰恰是因为这首歌比起其他银河五百的作品，更像是其他乐队的音乐风格。在很多情况下，当系统自动播放《奇怪》时，用户没有点击跳过（Skip）或停止（Stop）按键，因此推荐系统将这首歌标记为有效选择，进一步向更多的用户推荐。

当我向克鲁科夫斯基问起他认为这首歌正中要害的原因时，他认为是那些玩笑式的戏仿特质使得这首歌与 20 世纪 80 年代流行的重金属情歌拥有相似的幽默特质：鼓点有规律的强节奏、与银河五百风格相左的尖锐吉他音色、没有长独奏以及只有 3 分 19 秒的总长度。换句话说，《奇怪》听起来更像是一首常规歌曲。"当时演奏起来很好玩，因为我们允许自己比平时弹得更大声，敲得更用力，"克鲁科夫斯基说，"算法在歌里听到的就是这一点。"算法还具有反馈循环，让已经流行的内容更加流行。"一旦歌曲已经通过算法被推荐了很多次，它接下来就会被推荐更多次"，他总结道。基于 Spotify 推荐系统当时的推荐重点，最普通常见的内容可以获得最大的成功。

这就是算法驱动下的标准化（algorithmic normalization）生成方式。标准（Normal）形容一件事物不引人注目而正常普通，总之不会引起任何负面反应。只要内容符合正常普通范围，就会得到加速推广且访问量将增长，就像《奇怪》现象那样，而其他内容则会被边缘化。随着能看到未经算法推广内容的受众越来越少，对这些内容本身的认知也会减少，这部分内容的创作者的动力也会随之减少——部分原因是创作没人看的内容挣不到钱。滤镜世界的文化规则是：要么爆红，要么消亡。

审美可接受度的范围变得越来越窄，直到只剩下最中间的狭隘区域。虽然流行时尚会像移动靶心一样不断变化，但中心化和标准化恒久不变。因此，每当一种特定风格的推文开始大受欢迎，所有推特用户看起来都突然开始统一抄袭：发布一个寻求内容推荐的开放式提问就是其中一个例子，或是发表一个号称是自家孩子（真实或虚构的）讲的离谱笑话。语言本身也遭遇了标准化。"有一种迫使人符合标准的压力，这种压力无非在说：要和其他人一样，不管什么东西，熟悉的就是安全的，会莫名地让你感到属于某个集体，"克鲁科夫斯基表示，"沿着这条路一直走下去，会到达地平线上一个可怕的消失点，那就是法西斯主义。"他将滤镜世界描述为"由标准状态组成的黑洞"。

这意味着人们被迫服从一套单一的意识形态世界观信条，这样的信条可能彻底否定某些特定身份或人群的价值。这代表着一种同质化的趋势。滤镜世界可能走向极端化的原因，是由于算法信息流倾向于创建规定事物应有面貌的模板，而这些模板总会受到固有偏见的影响——对现实世界进行分组处理，然后在每一组空间填满符合模板的用户自创内容。这种分组处理也涵盖了文化形式和身份认同。用专制制度形容滤镜世界可能也是准确的：我们都在我们无权控制的空间范围内进行线上活动，并遵循我们不认可的反复无常的规则。

克鲁科夫斯基并不讨厌他近期走红的歌曲《奇怪》，但他同时表示："我从来没有觉得这首曲子有任何过人之处，如果你匆匆一瞥——这也是算法所做的——并只是歪过头去半心半意地隔着纱布聆听，你可能误以为是另一个乐队的作品。"在这位鼓手看来，这首歌曲并不能代表他所理解的银河五百乐队的创作理念。最初只是作为一个音乐玩笑的这样一首歌曲，竟然稀里糊涂地成了乐队整体创作的象征。乐队最初选择的专辑主打单曲是更舒缓安静的《蓝色雷声》（*Blue Thunder*）——这与当年唱片公司的部分高管的意见相左。

在当代算法推荐统治下，对于哪些作品能够流行开来，艺术家几乎没有什么选择权，而对于作品出现的具体场景就更加无从控制。Spotify 界面会将播放次数最多的乐队歌曲置顶，使得用户更难找到并按原有曲目顺序播放整张专辑。就像当年无法反抗唱片公司的决定一样，银河五百也无法有意识地抵抗算法的决定，克鲁科夫斯基继续讲道："算法的怪异之处在于，无论我们是否愿意，都会不由自主地处于其压力影响下。即便我们不愿与之有任何瓜葛，算法也会乘虚而入，选中乐队最'标准'的一首歌而非最有'乐队'独特性的曲目，作为乐队的形象代表作。"对于所有感到受限于武断定义的"个人品牌"的艺术家、作家和任何网上创作者来说，都是如此。

而由于Spotify顽固地控制着听众与音乐互动的方式，公司不需要像大型主流音乐品牌那样，用收益颇丰的唱片合同或其他好处福利来激励音乐人。"我们必须承受算法带来的压力，但流媒体公司并没有为我们提供任何补偿。"克鲁科夫斯基说。他们提供的回报之少，甚至无法支撑一份生计。《奇怪》在Spotify累计播放达1400万次，而银河五百第二受欢迎的歌曲《拖船》（*Tug Boat*）播放量为900万次，但乐队收到来自《奇怪》在Spotify平台的收益费用总计只有1.5万美元。这种用曝光量换取收入的交易，尤其是还要牺牲乐队的形象，对音乐家来说并不公平："这是一种压榨。"然而，这也是许多创作者为了不被排除出滤镜世界而必须达成的交易。

源自奈飞的分类

在成年的大部分时间里，我都没有电视。在大学期间，我通常会选择廉价版本的电视剧和节目，例如《广告狂人》(*Mad Men*)，这种习惯一直延伸到2010年之后的《权力的游戏》(*Game of Thrones*)时代。我欣赏大部分电视节目和电影的方式都是多年保持的传统方式，躺在床上支起笔记本电脑，用枕头把头垫高来获得最佳观看角度。奈飞在2007年就发布了其流媒体服务的最早版本，但很长时间我都没有自己的账号，最终注册的账户甚至也是加在我对象父母的家庭订阅套餐下面的。廉价版本片源的观看方式是断断续续的。首先，我要知道自己想看什么，也就意味着要听从朋友们的建议或是来自社交媒体和博客的推荐。接下来我需要找到片源并在电脑上播放出来，在黑暗的房间里沐浴在屏幕发出的冷色调光芒之中。这已经与童年时的20世纪90年代，打开客厅电视机，收看有线电视正在播放的节目的时光大相径庭。

但我的观看习惯随着2020年发生的新冠疫情而再一次改变了。当隔离的消息尘埃落定，全球供应链放缓迹象开始出现，我排除万难，购置的唯一一件商品就是一台大电视，我有生以来为自己购买的第一台电视——一个60英寸纯平屏幕，像外星人一样矗立在起居室，全身覆盖着漆黑发亮的塑料。它代替了角落里一把椅子的位置，有好一阵子，我的伴侣杰丝和我自己都不习惯它在家里的存在，但当时我们别无选择：在封控期间，除了追剧，实在没有什么其他事可做。于是我也终于注册了自己的奈飞账号。

由滚动的电视剧或电影缩略图网格组成的奈飞主页，形成了另一个内容信息流，就像 Spotify、Instagram 或推特一样。我当时查看奈飞主页的频率很高，奈飞一直在研究我的内容偏好并相应地调整其界面，这一点我有了非常充分的认识。特定的节目分类逐渐出现在我的主页顶端：旅行纪录片、烹饪节目、国际悬疑迷你剧等。这些选项集中在类似"为凯尔推荐的热门内容"和"为您推荐的分类"这样的标题下面，承诺着个性化的推荐体验。无论是从上往下排列的类别分类，还是从左到右的各行节目，都是根据算法排列的。奈飞在它的官网帮助中心是这样描述的："我们的系统对系统进行排序的方式，旨在为您呈现您喜爱节目的最佳排序。"

奈飞是通过推荐引擎过滤文化内容的先驱。在 2007 年推出流媒体服务之前，当时还只是一家邮件订阅 DVD 的租赁系统的奈飞就有了 CineMatch 推荐系统，这是一个根据其他用户评分（满分五颗星）为用户推荐电影的网站模块，与第一章提到的早期音乐推荐系统 Ringo 类似，都属于社交信息过滤系统。CineMatch 于 2002 年上线，经过多年发展，90% 的情况下，其预测结果误差不会超过半颗星，有一半租借了 CineMatch 推荐的电影的奈飞用户都给了五星评价。2006 年，奈飞举办了一场比赛，邀请机器学习工程师们将推荐结果准确度提升 10 个百分点——通过建立更好的算法——并提供 100 万美元的奖金。一位参与比赛的开发者在 2008 年接受《纽约时报》采访时表示，他在一系列特定的电影面前遇到了麻烦，而这个问题一旦解决就可以将他的算法分数提升多达 15%。这些制造麻烦的电影包括《大人物拿破仑》(*Napoleon Dynamite*)、《杯酒人生》(*Sideways*)、《迷失东京》(*Lost in Translation*) 和《杀死比尔》(*Kill Bill: Volume 1*) 等——都是剧情怪诞、审美两极化的作品，观众要么非常喜欢，要么非常厌恶。这些影片可能落入类似"小众经典"的分类，其魅力不太能够被简化为数字，数字无法恰当量化它们在文化上的重要性。这些影片所代表的特质至今仍然与算法标准化格格不入，因此在滤镜世界的时代往往难觅踪影。

2009 年，由 AT&T[①] 研究部工程师领衔的"混沌 BellKor"队和另一支名叫"实用理论"的参赛队伍共同赢得了奈飞的算法大赛。两支队伍合力创建了一个称为"实用混沌"的工具，以 10.06 个百分点的优势击败了原有算法。一大创新是采用了"奇异值分解"（singular value decomposition，简称 SVD），一种将具备某种特质的影片合并处理的算法策略，例如爱情片和喜剧片。增加多层 SVD 可以对影片进行更精细的分类，例如不以血腥暴力为卖点的动作电影。品位的概念变成了一系列颗粒度更加细化的偏好，喜欢 A 而不是 B，不再是一种更深层次的整体自我意识。

CineMatch 在奈飞网站顶端展示的"你会喜欢的电影"海报缩略图，是如今动态更加丰富的流媒体主页的前身，奈飞用户们对这个界面无比熟悉和喜爱（或讨厌）。Spotify 在每首歌曲结束时都会快速且频繁地推荐，电视流媒体服务的算法反应则较为缓慢。用户选择新节目的频率比音乐要低得多，而大部分时间平台都会自动播放同一部电视剧的下一集，无须任何计算推荐。但即便如此，奈飞也有着与 Spotify 类似的运作方式，引导我们的选择，让我们倾向于特定的内容，就像银河五百的《奇怪》误导性地成了乐队音乐风格的代表作一样。

奈飞应用程序内含的搜索功能缓慢且不精确；用户很难根据类型进行搜索，根本没法通过演员或导演之类的信息来筛选搜索结果。这种功能缺失，催生了一种全新的网文，经过搜索引擎优化形成一个全新的内容类别，列出了奈飞能够提供或不能提供的节目，就像一本流媒体电话簿。搜索结果也受到其他用户先前行为的影响——它不只是一个信息索引，更是另一个推荐信息流，更倾向于展现其他人偏好的内容。奈飞并不鼓励用户有自主意图，甚至还在蓄意压制。奈飞主页成为发现内容

---

① 美国最大的通信服务供应商，旗下业务包括了 1984 年反垄断法拆分的原美国电话电报公司业务的大部分。——译者注

的主要入口，对用户何时观看何种内容施加影响。根据卡洛斯·A.戈麦斯–乌里韦（Carlos A. Gomez-Uribe）和尼尔·亨特（Neil Hunt）于2015年进行的研究，超过80%的用户流媒体播放时间都是由奈飞推荐引擎驱动的。在奈飞于2018年发布的一段研究宣传视频中，一位名叫艾什·芬顿的机器学习经理宣称："我们所做的一切几乎都是算法推荐。"

奈飞算法会综合考虑用户的观看历史和评分、其他拥有相似偏好用户的行为，以及内容本身相关信息，如类型、演员和发布日期等。同时考虑的还有用户收看的时间、收看内容的设备，以及在这种情况下持续观看的时间。奈飞宣称不会将具体的用户特征数据例如年龄、种族和性别纳入考虑范围——这些参数被认为可能带有偏见歧视——但这些身份信息往往可以从用户的其他信息推断出来。奈飞最终将基于内容的过滤和协同过滤结合起来，主页成为一面魔镜，用户无须输入任何信息，就能看到此刻自己希望看到并消费的内容。这减轻了选择困难症带来的负担，消灭了数字文化早期时代必备的自主选择过程。就像滤镜世界的众多其他方面一样，奈飞的算法界面将其与用户个人品位的关系呈现为一个中立的渠道，一扇开放的窗户，或是更具体地说，是对用户个人品位的准确反映和强化体现。然而事实是，它与中立相去甚远。

2021年，一位名叫尼科·帕杰科维奇（Niko Pajkovic）的沟通策略研究者，在新媒体学术期刊《融合》（Convergence）上发表了一篇关于奈飞推荐系统的论文。"算法正在代替本质上由人类主导的——或至少不太受数字化干预的——赋予文化意义的过程以及决策过程。"他在论文中写道。帕杰科维奇尝试测试奈飞对个人品位的影响，为此他设计了一系列具备不同典型个性特征的马甲账号。从"硬核体育迷"到"自命不凡文艺咖"和"无可救药恋爱脑"，不一而足。体育迷会收看任何与激烈体育活动相关的内容，无论是虚构的还是纪实节目，偶尔也会欣赏超级英雄电影，但绝对鄙视爱情喜剧。文艺咖追捧晦涩的艺术片和外国导演的作品，任何可以给他们带来情感冲击的内容，但不怎么关注电视节目并且厌恶真人秀。恋爱脑喜爱激情四射和戏剧冲突激烈的内容,在阳春白雪和下里巴人之间荤素不忌。奈飞要求新用户选择几项符合自己品位的内容,以形成最初的节目推荐,但帕杰科维奇什么都没有选,因此每个账号一开始的主页内容大同小异。然而,这一切马上就会改变。

帕杰科维奇轮流登录每个账号,并按照相应的虚构人设观看电影和电视节目,并随机轮换各个账号的登录时间来消除时间参数的影响。在观看内容的第二天,个性化推荐的作用就开始显现,各个账号的主页开始不再雷同。到第五天,恋爱脑账号已经出现一行展现"浪漫到无可救药的必看片目"的广告,而文艺咖账户首页则出现一行"影评人盛赞的作者电影"。像"经典推荐"和"劲爆爽片"这样比较通用的主页分类当中也包含了个性化的推荐结果,恋爱脑会看到更多浪漫喜剧,而运动迷则会拥有更多体育明星纪录片。也许这种轻微的误导分类也是在讨好用户:并不是所有人都愿意被主页推荐的分类标题无情地揭露,除了浪漫喜剧什么都不看。

奈飞算法将用户分成特定的"品位社群",共有超过2000个这样的用户分类。而奈飞还划分了超过77 000个"另类流派"或小众分类,比如"深刻的法国艺术电影""20世纪70年代非裔美国人动作和冒险电影"以及"根据真实事件改编的感人战争戏剧"等。用户往往并不知晓自己是如何被归类的,也完全不清楚这些纷繁复杂的小众分类的存在。用户并不会主动地从这些类别当中选择节目;他们只会见证自己主页展示内容范围不断缩减为自己最有可能开始收看的主题,算法推荐的结果进而间接显现。

比推荐内容本身更令人震撼的是,奈飞也会通过算法改变所有节目的缩略图,以迎合特定用户的喜好。这项绝活始于2017年,以"海报图标个性化"为标签,帕杰科维奇通过测试马甲账号发现了这种作用。在收看了两周之后,主页上的所有节目缩略图标看起来都相差无几:"在恋爱脑账户主页上,分布在头两行的前10项推荐内容中,其中5项都展现了包含主角浪漫相拥的节目画面（例如情侣接吻或是深情对望）。"类似地，运动迷账户的主页遍布着单一男性形象夸张动作的画面：挥动拳头、抬腿射门、降服公牛。在屏幕快照上，这些景象简直令人反胃，内容千篇一律，就像一家只卖汉堡的餐厅的菜单。

有时候，这些图片还会产生误导。以奈飞原创剧集《外滩探秘》（*Outer Banks*）为例，运动迷看到的是两个剧中角色带着冲浪板走向一处水域的画面，而恋爱脑看到的是两个角色即将接吻的特写镜头。两种不同画风各自对应了用户观看历史体现的特定偏好，但都与剧集的主题无甚关联，本剧实际上是一部以失踪和谋杀为主题的动作悬疑剧。用户也同样带着可以理解的焦虑情绪观察到，奈飞主页显示的节目缩略图角色都有着和他们相同的肤色，理论上奈飞并不能跟踪用户的种族信息。在 2018 年发生了一起争议事件，一部分用户发现浪漫喜剧《真爱至上》（*Love Actually*）的推荐页面上，突出显示了仅在片中饰演次要配角的黑人演员切瓦特·埃加福（Chiwetel Ejiofor）。通过如此激进地转换节目缩略图，平台试图操纵用户，不再推荐用户可能喜欢的内容，而是改变相同内容的呈现方式，使内容看上去更接近用户的偏好。算法选择的图片试图诱导用户收看一些可能本来毫无兴趣的内容——特别是如果这些内容的标签没有经过篡改的话——只因为存在碰碰运气吸引到用户的可能性。这与奈飞界面个性化理念的初衷南辕北辙，也与个人品位的形成背道而驰，因为这从一开始就是别有用心的恶意操纵。

在作为实验变量随机观看内容的账号上，帕杰科维奇发现了另一种形式的用户操纵行为。控制变量账号的主页推荐了所有八部《速度与激情》（*Fast & Furious*）系列电影——实际上，除去奈飞支付了高额授权费用这一点，并没有其他推荐的合理理由，但帕杰科维奇的所有账号都收到了《速度与激情》系列电影推荐。帕杰科维奇在论文中写道，算法会"默认推荐更有可能产生高用户互动的内容，并且用个性化的外衣进行伪装掩盖"。也许你之所以会喜欢《速度与激情》系列电影，是因为很多人都喜欢，但这并不等于《速度与激情》符合你的个人喜爱偏好。归根结底，这些奈飞推荐并不是在寻找符合用户偏好的内容，而是要呈现已经广受欢迎或容易获取的内容，造成一种品位的假象。到2023年，奈飞的线上流媒体服务只提供不到4000部影片，总量甚至还不如倒闭前的百视达（Blockbuster，曾经是美国规模领先的影音出租连锁企业），当时一家大型百视达门店的影片库存往往超过6000部影片。算法推荐创造了一种内容广度与深度的假象，而事实并非如此。

在滤镜世界时代，品位的空洞意义与数字平台衡量参与度的方式有共同之处：一种主要取决于某件事物能否立即引起人们好感或反感的瞬时判断。品位的道德作用，即品位大体上引导个体向往更美好社会及更美好文化的理念，已经丧失殆尽。代替旧有理念的是，品位等同于一种消费主义，你购买的物品和收看的内容就是对你身份的盖棺论定，也同时决定了你未来的消费内容。

帕杰科维奇虚构的奈飞用户并不是完全标准的案例——很少有用户只关注如此明确的单一分类，大部分用户的奈飞主页内容会显得更丰富一些。但算法推荐的机制和量身定制的操纵行为，都会导致我们的文化认知扁平化，并限制我们拓展视野的可能性。通过利用软性强制手段，引导用户进入特定的分类，奈飞算法最终将用户的品位简化定义成一种固定的描述，而每一次连续接受平台建议打开下一个节目都会进一步将其固化，最终在算法操纵的分类中越陷越深。哪怕算法进行了准确的推荐，这些推荐结果也会限制用户的选择。帕杰科维奇这样概括："反馈循环会强化用户已有的偏好，减少他们接触多样化文化作品的机会，并剥夺了艺术、审美和文化在社会中担当的对抗性角色。"这种对抗性的缺失令人担忧，并不是说伟大的艺术作品必须具备内在的冒犯性；如果一切事物都屈从于既定的期望，我们就会错失真正进步和超越舒适区的文化，这些文化产物有机会颠覆现存的分类，而非欣然顺从已有的条条框框。

Spotify的运作方式与奈飞的相类似，将用户分成预先定义的品位类别，而和其他平台一样，Spotify 的算法往往也存在缺陷，会产生偏见，无法保持中立。2019 年 9 月，乡村音乐明星玛蒂娜·麦克布莱德（Martina McBride）尝试在 Spotify 页面上创建一个乡村音乐播放列表，该平台有自动推荐曲目加入播放列表的功能。麦克布莱德发现，算法推荐在连续 14 次刷新之后，只推荐了男性乡村音乐家的歌曲，之后才出现了一位女性音乐家。麦克布莱德大受震撼，并在 Instagram 发帖表示："是懒惰敷衍吗？是蓄意歧视吗？是五音不全吗？是脱离现实吗？"

杰达·沃特森（Jada Watson）是渥太华大学（University of Ottawa）研究乡村音乐电台的教授，她亲自尝试了这项功能，也得到了类似的结果：她刷新出的前 12 个播放列表都是男歌手的歌曲。哪怕出于研究目的只用 Spotify 来收听女性艺术家的内容，沃特森教授仍然发现，在前 200 首歌曲（经过 19 次更新）当中，只有 6 首（3%）来自女性，还有 5 首（2.5%）来自男女组合（所有这些歌曲都排在 121 首男歌手的歌曲之后），这些推荐显然和她此前在 Spotify 上收听的内容关系不大。麦克布莱德发现，播放列表推荐功能并不是基于用户收听历史，而是完全由播放列表的标题名称决定。因此，根据 Spotify 的算法，乡村音乐基本上与男性画上了等号，哪怕在沃特森教授专门命名为"女性创作的乡村音乐"的列表中，这个公式依然成立。一个带有偏见的算法，会以带有偏见的方式定义整个音乐流派。沃特森教授对我说，这是一种"对乡村音乐含义非常狭隘的认知"。虽然 Spotify 标榜个性化，但在这个案例中，它却造成了多样性的大块真空。

在微软研究院（Microsoft Research）运营的博客上，一位名叫克里斯蒂安·桑德维格（Christian Sandvig）的学者在 2014 年发表了一篇文章，在文中创造了"腐败个性化"（corrupt personalization）一词，用来形容蓄意误导用户的奈飞电影缩略图，以及高度同质化的 Spotify 播放列表这类充满缺陷的推荐。"腐败个性化指的是注意力被吸引到并非自己真正感兴趣的事物的过程。"桑德维格写道。推荐系统"服务于往往与用户利益相冲突的商业利益"。以奈飞为例，误导性的图标和无处不在的《速度与激情》推荐也许有助于增加用户的参与度，鼓励用户形成能在这项服务中获得价值的认识，从而继续续费订阅服务，维持公司业绩增长。

其他腐败个性化的例子，还包括亚马逊在线上卖场推荐自家品牌而非其他结果，谷歌搜索优先显示公司旗下的其他产品，如谷歌地图，作为最权威的信息来源。公司获得了利润，但用户利益可能因此受损，整个文化生态系统也会因此退化。桑德维格这样写道："随着时间推移，如果用户经常被推荐与自己兴趣不符的内容，就会被不断灌输与教导……最终用户会产生错觉，认为这就是自己真正感兴趣的内容，并且这一鸠占鹊巢的替代观念还可能会成为他们看待世界的唯一方式。"互联网正愈发分化为一系列封闭的泡泡，形成自我固化的空间，令身在其中的用户难以发现多样化的视角。这个概念在政治领域众所周知——自由主义者主要消费反映自身价值观的内容，保守主义者亦然——但这同样适用于文化领域。对于个人品位而言，知道自己喜欢什么很难，但同样难以确定的还有对于极力包装成"为你推荐"的内容是否真正喜欢或需要。在滤镜世界中，用户越来越难以相信自己，也越来越难以确定"自己"在"算法推荐"世界的形象。

2011年，作家及互联网活动家伊莱·帕里泽（Eli Pariser）的作品《过滤泡》（*The Filter Bubble*）一书出版，书中描述了算法推荐和其他数字传播媒介如何致使互联网用户陷入信息茧房，只能接触到符合自身意识形态的内容。过滤泡的概念在接下来的十年间引起了广泛讨论，尤其是在政治新闻媒体的语境下。其中一些评价，例如阿克塞尔·布伦斯（Axel Bruns）2019年的出版物《过滤泡是真实存在的吗？》（*Are Filter Bubbles Real?*）一书，得出的结论是，过滤泡的影响是有限的。而另一些科学研究，例如2016年《舆论季刊》（*Public Opinion Quarterly*）上发表的一篇关于过滤泡调查的论文表明，一定程度的"意识形态隔离"确实存在，尤其是在涉及代表个人观点的内容时。

不过文化与文化品位在网络上有着与政治内容和意识形态信条不同的演变过程；即使都经过同样的算法信息流处理，前者和后者的传播逻辑也不相同。政治过滤泡依据观点的分歧将用户分隔成对立派别，而文化算法推荐则是将用户集合到一起，目标是为老少咸宜的通用内容积累越来越多的受众。算法支配下的文化会向着不痛不痒的中间区域聚拢，因为消费文化作品的决定很少是出于仇恨或冲突。印第安纳大学（Indiana University）从事算法推荐研究的张静静教授在合作进行一项关于个性化音乐推荐系统的实验时，发现了上述同质化理论的证据，并在2012年都柏林推荐系统大会上分享了这一成果。

实验系统首先向学生们播放了声称是根据他们个人品位推荐的歌曲，品位契合度用星级评分表示——但评分实际上是随意捏造的。随后，学生们被询问他们对特定歌曲的付费意愿；星级评分越高，表示愿意支付的金额也就越高，每颗星可以带来10到15个百分点的付费意愿提升。实验证明，对推荐内容的认知会扭曲对特定文化作品的价值感知，使之显得更讨人喜欢或更加重要。这一缺陷会因算法推荐的自我加强循环而加剧，随着时间的推移，系统会"提供较少具有多样性的推荐内容"，正如张教授在《金钱星球》(*Planet Money*)播客中所说。张教授说，最终，算法会"以一种无视个人品位的方式，为所有人提供相似的内容"。我们如今正在经历的同质化现象正是由此而来。

收藏文化内容

在决定我们消费何种文化内容和对此做何感想的过程中，呈现推荐外观的程序界面，可能与实际的推荐内容一样重要。程序界面设计属于科技行业"用户体验"的范畴：用户在浏览、搜索和点击过程中发生的各种微观交互。在如今的各种平台上，绝大部分用户体验都是被动的，你不应该过多探究其内部机制，只需消费已经出现在眼前的内容就好——理论上，算法比你自己更了解你，尽管这明显是不真实的。如果我们总是信赖奈飞主页、Instagram 发现页或 TikTok "为你推荐"动态，来为我们提供感兴趣的内容，那么我们自行做决定的动力就会减少，不再愿意自行寻找、关注可能是最重要的内容并进行保存。我们通常会通过保存文化作品来构建对个人品位的感知：逐渐建立我们认为重要的内容收藏库，就像为我们的偏好竖立纪念碑，鸟类筑巢一样。

但是，算法推荐的自动化程度提高，作为内容消费者，我们就会变得更加被动，更加感受不到建立收藏库来保留心爱内容的需求。我们放弃了收藏的责任。在过去的 20 年间，文化作品的收藏活动——不管是 DVD 影碟、黑胶唱片还是实体书籍——都从一种必需转变成了仿佛是一种看似奢侈的个人享受行为。当数字平台宣称有能力让我随时随地永久访问一切时，我又何必忧虑自己将获得什么内容呢？问题在于，数字平台提供的内容并不具备永久性，从来就没有保证——包罗万象的表象只是徒有其表，支撑这一表象的是算法推荐——而平台的界面一直在变化。突然切换的界面带来的迷失感，是滤镜世界中的常见体验。

2021年年底的一天早晨，一打开笔记本电脑上的Spotify，我就突然迷失了方向。我已经习惯于进行一系列固定的点击来访问我喜欢的音乐——在这个早晨，我点开的是尤瑟夫·拉蒂夫（Yusef Lateef）1961年发行的爵士乐专辑《东方之音》（*Eastern Sounds*）。新冠疫情期间居家办公的很多个工作日早晨，我都会先播放这张唱片，这令杰丝深感不满，她常常嘲笑唱片中重复而充满不协和音程的开场曲调。但那天我找不到这张专辑，也找不到我用Spotify"喜欢"桃心按钮保存的整个专辑列表了，之前这是在应用程序上收集所有内容的主要工具。我的肌肉记忆失效了，整个收藏都经过了重新排列，却没有得到任何通知或者选择的机会。这感觉就像是一种失语症，像是有人连夜把我客厅里的所有家具全部挪了位置，而我还在试图用以前的方式穿过客厅。在Spotify情绪化的黑绿色界面上，一个新的"你的曲库"标签提示着我正在寻找的一切，但点进去反而打开了一个我全然陌生的自动生成的播放列表窗口。下一个标签提供的是播客，而我从来不用Spotify听播客。这一切都说不通。

随着各种形式的媒体内容迁移到流媒体平台，当一切内容看起来只要点击一次就能找到，人们很容易忘记，我们其实也可以与在业余时间欣赏的文化内容建立一种真实的、非算法的关系。我们在书架上储存书本、在起居室墙上安放绘画并珍藏一张张黑胶唱片。当我们想要获得某种体验时，我们会去寻找：顺着书脊找到一本书或从唱片封套中取出一张专辑。我们与文化交互的方式，以及我们存储文化的位置，也会改变我们消费文化内容的方式，就像Spotify的这次更新行提醒我的那样。同样如此的还有，当推特添加了自己版本的"为你推荐"信息流，以及Instagram移动发布照片按钮，一度将其替换为观看TikTok风格短视频的按钮，这一切也会带给人们类似的感觉。

所有这些变化都让我渴望这一切的反面：一种固定的、稳定的、可靠的获取所有你想要的文化的方式。其实这也正是从前的文化收藏与消费形式曾经提供的。我们一度认为这种稳定性是天经地义的。德国文化评论家瓦尔特·本雅明在1931年的随笔《开箱整理我的藏书》（*Unpacking My Library*）当中，形容了我们与实体文化物之间的关系。在散文中，本雅明叙述了从积满尘土的大书箱中取出藏书的过程，这些书此前已经被束之高阁很多年。书籍散落在地板上，"尚未被略显乏味的秩序所波及"，全部准备好被再一次妥善排序摆上书架。对于本雅明来说，拥有这些藏书本身就构成了他作为读者、作家和人类的身份——哪怕是他还没有读完全部。这些书作为象征，傲然屹立在书架上，代表了他仍然渴望获得的知识，以及他曾经去过的城市。积攒这些藏书就是他与世界互动的方式，也是他建立世界观的方式，而他通过批判性写作进一步拓展了这种世界观。

本雅明的藏书是一座个人纪念碑，就像我们为喜好和认同的事物打造的收藏库一样，我们的品位感由此形成。收藏库的重要意义在于其永恒性——我们拥有的事物是组成要素，除非我们决定放弃，否则它不会自行消失。"所有权是人与物品之间所能产生的最亲密的关系，"本雅明写道，"并不是物会被人赋予生命，而是人的生命将在物品中延续。"换句话说，我们经常可以在身边保留的物件当中发现自己，甚至是重新发现自己。然而如果本雅明的书架和图书编目的顺序持续每几个月变化一次，这种藏品与藏家之间互相依存、共同进化的关系就无法成立。Spotify的界面更新和算法变化就带给我这种感觉：将塑造我身份的艺术和文化作品组合彻底毁坏。

在滤镜世界中，我们的文化收藏库不再完全属于自己。这就好比，书架开始实时自行改变形状，将一些内容随机洗牌到前方，而藏起剩下的内容。这让我想起了一位手法娴熟的魔术师，潜移默化地怂恿你选中特定的扑克牌——而魔术师会同时让你确信这真的是你自己的选择。这种自主权的缺失正在削弱我们与所热爱文化之间的联系。我们往往不会脱离书籍而单独思考书架本身，但书架确实是很棒的工具。书架上摆放着书籍与唱片，而你可以从中选择，并且用的是一种相对中立的方式进行选择。收藏者是唯一决定如何排列藏品的人,将书籍按作者、标题、主题甚至封面颜色进行排序——一直以排列的位置留在书架上。如今的数字文化用户界面则不是这样,其运行需要遵从科技巨头母公司的各种突发奇想和优先级排序。例如,假设 Spotify 突然将播客类内容显示在一个突出的新位置,那一定是因为公司认为播客将在未来带来更多的收入。用户界面遵循的是公司的激励机制,在最突出位置推销自家的产品,或是改变熟悉的模式来诱导用户尝试新功能。

本雅明写道,收藏者对自己的藏品具备一种"强烈的责任感"。但是,对于互联网上的收集,我们很难产生这样的归属感;我们无法像本雅明那样成为我们所欣赏的文化的守护者。我们并不曾真正拥有,也无法保证每次都能以相同的方式访问这些文化作品。

你可能呕心沥血收藏了一个精心编排的数字音乐曲目库,但一旦应用程序更新,一切就会陷入混乱。更糟的是,如果一家流媒体服务倒闭,你的整个收藏都会化为乌有。数字平台的用户界面更新往往既没有预兆,也不留痕迹;每次迭代都会完全擦除之前的版本。几十年来通过拒绝更新而继续使用电脑上的过时软件版本,对于如今的 Spotify 和 Instagram 来说,这样的技巧已经不再适用,再也没有办法回到这些软件更讨人喜欢的早期版本。这些软件如今主要存在于云端,用户在线访问,令背后的公司完全控制其运作方式。这种不稳定性只会进一步加剧文化扁平化的趋势,因为用户无法储存或再次访问他们在原有情境下欣赏的过往内容。所有的存在都只剩下持续流变中的数字化现在进行时。

某个特定应用程序的消失或彻底改造,可能会令用户在其中收集的内容灰飞烟灭。互联网不像八条音轨的老磁带,只要有合适的技术就能再次播放,重现往日风采。在网上建立一座文化藏品库更像是在沙滩上建造城堡:最终潮水一定会到来,而一切都将如同不曾出现一般无影无踪。我在回顾自己在老平台上的账号时就会有这样的感觉,例如我 21 世纪头几年在 Tumblr 上收集了 408 页内容,包括 GIF 动图、诗歌片段和伤感的电子游戏截图，而当我翻到 2007 年前后上传的脸书相册的时候也会想到沙滩城堡，脸书的相册功能早已逐渐边缘化，起码已经不再具备它最初推出时的功能。

流沙般不断变化的数字技术，剥夺了我们收藏品的意义。它们只剩下怀旧废墟的形象，如同曾经人声鼎沸的巨型都市的遗址。许多我曾经在 Tumblr 上分享的图像，如今都成了无效链接。我本可以在这些收藏的全盛时期将它们全部下载保存，确保自己可以随时访问，但这样做无法捕捉其动态含义及其曾经代表的人际交往。当我看着仍然保留在 Tumblr 账户上的内容时，我看到的是往日数字空间的一幅残影，与如今算法时代大力加速的信息流中的一切相比，这幅图景更缓慢、更亲密、更线性也更连贯。Tumblr 更像是书架，它提醒我过去的一切曾与现在不同，但并不能让我重新拾起对过去冥想般的缓慢节奏的怀念。

青少年时期，我在平时开的家用车上放了整整一包音乐 CD 光盘。其中一些是买来的唱片，另一些是我自己汇编刻录的混音碟片，是将我自己的音乐品位整理而成的实体。我依然留着那个光盘包，写下这段文字的时候端详着它——突出体现 20 世纪 90 年代风格的橡胶封边和厚实耐用的布料——给我带来一种怀旧感，并不禁回忆起光盘包里收藏的音乐。在使用 Spotify 后，我就没有可以随身携带的 CD 音乐包了。随着我使用这个平台的时间越来越久，用户界面不断改变式样，我发现自己变得更加被动，收藏的专辑越来越少，也不再深究专辑的主题和作为完整艺术创作背后的故事了。但这些变化，虽然不利于我这个收藏者和文化消费者，却最终证明是有利的：我会继续订阅 Spotify 服务，因为这成了我访问音乐收藏的唯一方式。

虽然我们拥有选择自由，但算法信息流呈现的无穷无尽的海量选项，往往潜移默化地产生一种无意义感：既然我可以收听一切音乐，凭什么其中任一首曲目对我具有特殊的重要性呢？收藏行为与文化之间建立的关系是双向的，当我们发现具有被保存意义的文化作品，并添加进自己的收藏时，这一行为不仅让作品在我们心中留下了更深的印记，还将营造一种属于作品的情境，无论是文字、歌曲、图像还是视频。这种情境不光属于我们自己，也属于其他人，是整体文化的一部分，是更广泛文化背景下的共同情境。这就是本雅明写下的："收藏现象如果失去了主人，也就失去了意义。"收藏品需要个人守护者，以此表达主人的声音和品位。Spotify 包含的巨量内容不再是一套存在内在逻辑联系的完整收藏，而只是一场文化雪崩。

用户有时会感觉自己像是这场雪崩中倒霉的受害者。根据公司高管的解释，流媒体服务商会分别用两种内容消费风格来分析其用户。一种是"专注投入"（lean-in）的时刻，用户注意力集中，主动选择消费的内容并积极对结果满意度进行评价。同时还存在"放松享受"的时刻，用户随后台播放的音乐放松身心，并不关心正在播放或接下来要播放的是什么。算法推荐努力让我们偏向后一种模式，让我们像催肥填鸭一样被强行灌输文化，数量远远重于质量——因为数量，即用户在平台上纯粹地消耗时间，才是平台通过精准广告投放获取收入的关键所在。

随着文化消费者变得越来越被动，无法发挥各自的独到个人品位来选择内容，艺术家也不得不与算法的压力进行更激烈的抗争，因为通过推送来工作是他们唯一能触及受众规模参与度的途径。艺术家需要知道我们在哪里，而我们都选择在算法信息流中"放松享受"，并不太关注内容，一方面接受算法的最新推荐，另一方面也可能因为一瞬间的不满就翻脸走人。除了适应，别无选择。

屈从于算法的创作者

TikTok 是我后来注册的平台，加入后我满怀热忱，如饥似渴。那时已是 2020 年，经过数月的新冠疫情隔离，我觉得自己已经穷尽了所有可能的网上娱乐形式。但我还没有尝试过 TikTok：我认为它不适合我，毕竟我属于 80 后而不是 00 后，应该不算 TikTok 的目标受众。但我实在急于找些事做，于是在手机上下载了这款应用，并打开了 TikTok 主页。我的初始主页立刻被短视频填满，似乎毫无规律。算法正在向我的个人品位标靶任意投掷飞镖，来验证哪些内容可以得分——通过监视我持续观看的内容和快速滑过的内容。有几个主题开始显现：滑板技巧、可爱狗狗以及弹吉他的音乐人。这个过程带有催眠的效果，一大部分原因是我什么都不用做，只要躺平放松，任由大脑几乎下意识地决定到底什么内容有趣。逐渐地，新的主题在信息流中出现：游记、烹饪短视频、在荒野中用原始工具制造的手工艺品。仅仅过了几个星期，大多数用户喜闻乐见的通行主题被细化成一系列只属于我与一小部分用户共同喜好的特定兴趣内容。这就是算法信息流在努力工作的证明，将我的偏好分门别类，并与平台已有的品位分类匹配，再向我反复推送相应的主题内容。我发现，这是我使用过的最个性化也最精确的信息流；因此，它让人感到既愉悦又恐怖。

TikTok 由一家名叫字节跳动的中国公司运营，抖音是它的中国本地版本，但直到 2018 年才在美国正式发布。当时，字节跳动收购了另一家名叫 Musically 的中国社交网络①，后者创立于 2014 年，因青少年用户发布的大量对口型音乐视频而闻名，并在美国已经建立了规模庞大的用户群。Musically 后来被并购入 TikTok，后者得益于其大量音乐舞蹈短视频，从而大受欢迎。起初，TikTok 短视频最多只有 15 秒，与昙花一现却深受用户喜欢的视频应用程序 Vine 亦步亦趋；后来时长延长至 1 分钟，再之后是 10 分钟。TikTok 的另一个特色在于其"推荐"主信息流，几乎完全采用了算法机制。TikTok 不鼓励用户自行选择关注对象；他们只要相信算法的决策。推特或脸书等平台提供的信息流还保留了一定的时间顺序，并基于关注对象显示内容，TikTok 则与之不同。这种策略奏效了；2021 年，TikTok 的月度活跃用户超过十亿，成为承载用户虚拟生活的大型社交平台最新接班人。它的成功意味着全算法信息流进一步成为默认选项，并同时开创了一个在虚拟世界扬名和成就文化的新时代。

我逐渐在推送中看到一种视频类别，关乎快速、无叙事的日常生活剪辑：咖啡倒入杯中、床铺整理的过程、光线透过公寓窗户的匆匆一瞥。这些视频大多是匿名发表的，创作者只是把手机举在面前，通过拍摄为观众呈现周围环境的面貌。流行音乐成为背景伴奏，耳熟能详的歌曲使视频中的一个个瞬间充满了电影般的氛围。这种视频形式看起来尤其适合疫情期间，此时身边再无其他景观，人们必须对居家环境加以"浪漫化"——TikTok 用户如是说。在一则 TikTok 短视频中，一名男子拍摄了自己在高层公寓顶楼泳池里游泳的画面。背景音乐是弗兰克·奥申的《白色法拉利》（*White Ferrari*），一首关于在深夜时分驾车的轻柔、伤感歌曲。

这是我首次接触奈杰尔·卡布维纳（Nigel Kabovina）的作品，他当时还是名不见经传的 25 岁年轻人，住在英国北部的曼彻斯特。我看到他的游泳短视频时，卡布维纳只有几千名粉丝，在接下来的两年中，他的

---

① 由 Alex Zhu 等人创办的短视频应用程序 Musically，在被字节跳动收购前曾出现关于抖音是否涉嫌抄袭该程序的争议。——译者注

粉丝量将突破 400 万，并跻身 TikTok 顶级创作者的行列，这都要归功于"推荐"信息流迅速将其视频推送给数百万观众的能力，哪怕视频本身是来自相对默默无闻的账号。如果算法推荐是如此说一不二，那么即便没有大批固定的受众也无妨，当然，粉丝多自然是好事。通过积极迎合算法推荐，卡布维纳成功地将自己的品位——他的创意表达——压制在算法推荐限定的边界之内。但一开始，他也只是随便玩玩。在我们最初的对话中，他解释说，在制作这些视频的过程中，他试图捕捉特定的情绪，一种特别适合使用 TikTok 视频形式捕捉的昙花一现的氛围。这是一种对抗疫情隔离带来压力的方式；卡布维纳先前在连锁特色鸡尾酒吧的调酒师工作已经不复存在了。

卡布维纳同时开始在他的公寓里拍摄烹饪视频，他打造复杂菜式的快速剪辑片段，通常是为室友准备的早午餐。他在牛油果吐司上雕刻出巴洛克风格的图案；点燃迷迭香并把烟雾封存在玻璃杯里面；甚至将冰块冻成一个晶莹剔透的碗状，用来盛装麦片。我见证了他的账号粉丝数不断增长，先是几万人，继而达到几十万人。他的视频成为热门内容，各条视频的评论区自发形成了一个活跃的粉丝社群，拥有自己内部的冷笑话。到 2021 年 8 月，卡布维纳的粉丝数量达到百万，他决定全职从事 TikTok 内容制作。他很快就获得了像谷歌和英国百货连锁巨头森宝利（Sainsbury's）这样的赞助商。

我在一个冬日于伦敦第一次见到了卡布维纳本人，他正从曼彻斯特来这里出差。我请他挑选一个见面地点，他选择了斯威夫特（Swift）酒吧，一家在苏豪区有分店的著名鸡尾酒吧——"来伦敦旅游必去的地方"，他在短信里这样对我说。我们先是坐在楼上一间铺有纽约地铁式瓷砖的店面里，然后又溜进了舒适地下层的一间包厢。我也听从了卡布维纳的建议，先点了一杯鸡尾酒、一杯爱尔兰咖啡，既是本店特色，也正好适合我们接近傍晚的见面时间。他穿了一身不起眼的全黑色服装，笑容宽厚，自然而友好。我能认出他的脸，是因为他最近刚刚开始在 TikTok 视频中露面，而此前他只拍摄自己肩部以下的画面。卡布维纳的 TikTok 粉丝群已经大到足够他养活自己，他本人对此却感到困惑。"想象一下，你走进厨房泡茶，随后有 30 个人走进来紧盯着你；再想象一下，如果是 100 万人会是怎样。"他说。每个月，他的 TikTok 视频都能获得 4000 万次的浏览量。卡布维纳的短视频、算法信息流和求索无度的观众，共同形成一个反馈回路。他称这种现象为"即时满足"："我在 TikTok 上发布一条视频，10 分钟后回来查看，发现已经有 3 万人看过了。"

　　从卡布维纳的背景中几乎找不到什么让他日后能成为社交媒体名人的因素。他出生在马拉维，父亲来到英国参加学术交流项目，就读于曼彻斯特郊外一个小镇上的工程学院。21 世纪初，卡布维纳 6 岁时，父亲把他和母亲一起接到了曼彻斯特。这座城市的气候和气质都很冷，虽然他们搬入了一个小型马拉维裔社区，全家人还是遭遇了来自英国本地人的种族歧视。"人们会向我们的房子扔东西；他们还会冲我吐痰。当你还是个小孩的时候，你就开始对此麻木不仁。"他说。这种冷漠的氛围加剧了疏离感。童年时期的卡布维纳对学校毫无热情，直到他遇到了数学教师克拉克先生，这位老师不说废话的风格赢得了他的认同，他的考试成绩也开始稳步提升。有一天，数学课上的另一位学生表示想要成为一名会计师，而卡布维纳也决定跟随这个榜样。与此同时，他的母亲兼职担任面包师，而卡布维纳继承了母亲强烈的完美主义倾向。母亲为卡布维纳定下了超高独立度的人生方向：他自己采购杂货，自己准备便当带去学校，自己熨烫衣物。他尤其喜欢烹饪，但也猜测到父母不可能支持他以此为职业。卡布维纳在大学主修数学和会计专业，并同时完成了电影学课程——所有这些都成为他日后 TikTok 生涯的强项。然而，随着他在瑞银集团（UBS）伦敦办公室获得的工作机会因官僚主义而泡汤，他最终回到了曼彻斯特，在这里接触了调酒师职业并发现自己乐在其中。他从调酒师学徒起步并一路成长为鸡尾酒大赛的赢家以及酒吧经理。

　　与 21 世纪头十年的大多数人不同的是，社交媒体并不是卡布维纳生活的一部分。虽然自己喜欢摄影，但这仅仅是为了将照片保存在自己的影集档案中，他并不热衷于在餐馆用 Instagram 拍照片。他的朋友们大多是年长的调酒师，对互联网不屑一顾，每当卡布维纳在聚会中掏出手机便会加以指责。"我们在享受当下；你试图拍照捕捉这个时刻就是在毁掉这一切，"他们会这样说，"想当年我们都是面对面交谈。"他的犹豫不决也来自英国人根深蒂固的羞耻感，以及不愿在众目睽睽之下出洋相——而这恰恰是 TikTok 平台最为推崇的行为。

2020 年的新冠疫情封控改变了一切。卡布维纳的家位于曼彻斯特第一座高层公寓第 14 层，公寓的第 18 层有游泳馆、健身房和桑拿室，为他不断练习提升摄影技术提供了最完美的场所。直通天花板的落地窗带来了理想的光源，无须使用聚光灯，而最近一次翻修的简洁几何线条提供了一种黑白照片式的背景，让他拍摄的食物表现得格外引人注目。这套千篇一律风格的豪华公寓让我想起了身为作家的软件工程师保罗·福特（Paul Ford）写于 2014 年的一篇题为《美国房间》("The American Room"）的文章。在文章中，福特描述了一个 YouTube 视频中的典型背景，这种视频通常都是在某栋美式郊区房屋的米黄色角落或是地下室拍摄的。"对于我们大多数人来说，生活中的一切都发生在交叉的米白色墙壁背景下。"福特这样写道。但典型的 TikTok 房间，作为美国房间的继任者，要华丽得多。墙仍然是白色的，但房间却装潢整齐，照亮整间屋子的是阳光而不是荧光灯。TikTok 房间符合 Instagram 上心照不宣而无处不在的审美风格。

卡布维纳将自己的人生发展轨迹融入了 TikTok 账号内容，创造了一条属于社交媒体时代的英雄崛起之路。他研究了最受欢迎的账户，像查莉·德阿梅里奥和埃米莉·真理子（Emily Mariko）这样的网红，都是从默默无闻的草根起步，初步走红的人气恰恰成为这些网红进一步走红的原因。卡布维纳表示："我注意到的最大趋势是……（粉丝们）希望有一个主角带领他们走上这段共同成长的旅程。"他同时还根据 TikTok 反馈的数据精心持续优化自己的烹饪视频，避免太多的语言和文字，让这些视频对全球受众都具备吸引力——他的食物本身无须任何翻译。这个策略奏效了；真理子也是因为她的无对白烹饪视频走红的。TikTok 应用程序会向创作者展示观众是在什么位置关掉视频，转而观看下一个视频的。如果大量观众在第 19 秒跳转到别处，卡布维纳就会回过头检查这个表现不佳的段落，并试图在下一个视频中避免同样的问题。如此精确的数据，让他可以在每时每刻获得最优化的用户互动。

卡布维纳很喜欢 TikTok 带来的高颗粒度细致反馈，以不断改进提升其作品质量持续迭代更新，这可能体现了他数学背景的延续。"我见过创作者在算法面前感到受挫；他们的前提假设是机制存在问题，"卡布维纳说，"把一切责任推给算法，当然要比试图承认'我的内容不够好'容易得多。"对于独立创作者来说，算法代替了打工人面对的老板和绩效评估的角色，这是一个实时运作的权威话事人，持续评价你能否成功自行调整，适应其定义下的有吸引力的内容，而这一定义也在持续变化。

卡布维纳也为自己制定了一系列评价工作成效的方程式。他首先查看一个视频的观看数，然后算出这一数字的 10% 是多少，点赞数能否达到这个数字就是成功与否的门槛：至少要有十分之一的观众认为视频足够吸引人，值得按下点赞按钮。艺术家们其实一直在通过数字衡量自己的作品表现，无论是电台播放量、电影票房还是博物馆展览参观人数，但在滤镜世界出现之前，创作品位——这既是艺术家们评价自己作品的标准，也是消费者评价作品带来艺术享受的标准——从未如此受到数据和精细统计测量的巨大影响。

氛围文化

虽然卡布维纳顶住算法信息流的压力不断进步，在信息流中乘风破浪，粉丝人数屡创新高，也获得了更多内容赞助的盈利机会，但所有不同类型的创作者都会受到同样的压力。就像将用户划分为不同的消费类型，取代其个人品位一样，算法推荐也将文化输出分门别类，创作者也会面临这种划分带来的壁垒。算法提供的文化产出类型，是滤镜世界的"固定风格"，在此，对"伟大"的定义在于优化，而非挑战未知的精彩创意飞跃。对文化进行不断提纯的依据是数字平台不断产生的新数据，这些平台时时刻刻都在记录用户的参与和互动情况，包括时间与方式。预设的风格无处不在而令人怀疑自己的智商，内容的同质化已经开始令消费者感到疏远而非快乐，而罪魁祸首则是"算法"。近年来，一种隐含的心态逐渐浮现，即算法文化是肤浅的、廉价的和不断退化的，就像一张复印件被不断复印之后形成的苍白褪色形象。这也是一种"算法焦虑症"的表现形式：当创造文化这种本应属于人类独有的奋斗历程变得如此自动化，真实性就无从谈起了。

人们正越来越频繁地抱怨这种无所不在的浅薄，且表现得越来越强烈，我已经开始着手收集这些不满言论，来记录这种日益增长的反感情绪。诗人艾琳·迈尔斯（Eileen Myles）表示，如今，创造性过程已经不可能与数字技术分离："你可能不使用社交媒体，但社交媒体一定在利用你。不管喜欢与否，你的写作内容都是推特模式。"剧作家兼小说家阿亚德·阿赫塔尔（Ayad Akhtar）描述了我们的"标题党意识"（click-bait consciousness），经过长期潜移默化的规训，我们已经习惯于与信息流中任何蓄意的诱导进行互动。"对算法的崇拜正在摧毁创意产业。"电视编剧柯德·杰弗逊（Cord Jefferson）对此抱怨道。"文化不再是创造出来的，而只是简单地经过挑选、提炼后的反刍，算法扼杀了新发现的可能性。"反科技生活方式网红保罗·斯卡拉斯（Paul Skallas），针对21世纪头十年泛滥成灾的电影续集和永无尽头的漫威超级英雄系列续作，唉声叹气地表示说。斯卡拉斯将这种创新的缺失称为"停滞的文化"。"算法正把未来限制在过去。"未来学家杰伦·拉尼尔（Jaron Lanier）说道。已故英国哲学家马克·费舍（Mark Fisher）也表达了相似的看法："21世纪有一种强烈的有限感和穷尽感压得人喘不过气。这感觉不像是未来。"

  这种认为文化陷于停顿并备受单调重复之苦的看法，确实应该归因于算法信息流的无孔不入。但这并不是说如今已经没有创新；只是创新只在信息流指向的维度上产生，鼓励服务于数字平台结构的作品蓬勃发展，例如卡布维纳的烹饪视频。一件完美的算法催生文化作品，毕竟几乎会是蓄意的无趣之作。这种空洞性偶尔甚至是字面意义上的。2014年，一支名叫 Vulfpeck 的乐队在 Spotify 上发布了一张由10个静音空白音轨组成的专辑《Sleepify》[①]。作为以数字形式对约翰·凯奇（John Cage）创作于1952年的《4分33秒》[②]（*Four minutes，thirty-three seconds*、*Four thirty-three*）进行的模仿致敬，每个音轨的标题都是数量递增的睡眠符号"Z"，从第一首"Z"到第十首"Zzzzzzzzzz"。乐队通过像推特等其他数字平台，鼓励听众在睡觉期间重复循环播放这张专辑，从而让乐队从 Spotify 获得流媒体版权费用，而平台并没有办法区分用户是否在认真收听，也无法据此区别付费。这张催眠专辑为乐队赚取了至少2万美元的流媒体授权

[①] 乐队在这里生造了一个不存在的虚构词，可能是为了加强整个行动的行为艺术色彩，大意可理解为"使人变得困倦"。——译者注

[②] 该曲目的乐谱是完全空白的，共分为三个乐章供演出者与观众互动，是现代音乐史上的重要事件。——译者注

费用，但 Spotify 要求乐队将其撤下，因为专辑"违反了平台内容协议"。作为回应，乐队录制了一首叫作《官方声明》（*Official Statement*）的歌曲，并把它也传上了平台。①虽然它最终和所有反抗数字平台的内容一样销声匿迹，以及尽管本身也空无一物，《Sleepify》还是获得了某种程度的成功。

作曲家布莱恩·伊诺打造的"氛围音乐"（ambient music）流派虽然形成于 20 世纪，却是 21 世纪最重要的文化概念之一。伊诺在他 1978 年专辑《机场音乐》（*Music for Airports*）的封套注释中首次提出这一概念，氛围音乐"必须既能让人忽略它的存在，又足够有趣，"他这样写道，"氛围定义的是一种气氛，或是一种遍及周边的影响：一种色调。"伊诺创作的音乐带有刻意的氛围烘托特性，《机场音乐》当中收录的是一整套缓慢、柔和的合成器旋律，像轻拍沙滩逐渐消散的海浪一样流入再流出，对于像机场这样瞬息万变、超脱日常之外的空间来说，是非常合适的背景音效。当你聆听这张专辑时，它会为你的感官环境轻柔地染上平淡的色彩，但又不会过分引人注意——你可以边听边工作，边听边继续与人对话，或把它当成一件艺术品作为冥想对象。这张专辑对于各种程度的关注都能产生恰到好处的回馈，适合一切用途。在滤镜世界中，文化也变得更像氛围音乐。就像《Sleepify》一样，旨在让人忽略其存在，又像漫威系列电影一样，没有任何时刻或片段特别值得一提，因为接下来总会有更多内容供人消费。当我们拥抱这种氛围特性，我们就会丧失有限和有界的概念。

TikTok 的"推荐"信息流就是一个典型例子。推送的内容源源不断，用户无须对任何一则内容加以特别关注，因为总有下一条内容随时

---

① 乐队上传的《官方声明》是一张由三条音轨组成的专辑，其中第一条 1 分 55 秒的音轨"# 受伤了"（#Hurt）是主创对撤回无声专辑事件的回应，第二条音轨和被撤回的专辑曲目一样是 31 秒的完全静音，而第三条音轨是一段 32 秒的短暂钢琴曲。这些以专辑形式上传的内容一方面表达了抗议，同时也是先前反讽的延续，但乐队在 2018 年的未知时间移除了这张专辑的内容。——译者注

准备加载，而每一条内容都基于用户先前行为进行了某种程度的个性化定制。信息流中不会有令用户感到他们个人品位被排斥的内容，但也不会有与个人品位产生深刻共鸣的内容。这样的信息流鼓励氛围式的特性，因为这样的内容可以让用户保持一种基准线水平的互动；用户永远不会主动中断信息流推送。然后过度长时间对这种信息流照单全收，比如陷入 TikTok 沉迷期间，会带来一种人格解体的感觉：你是否正在变成算法信息流认知的那个人的形象，还是你早已成为那个被算法定义的人了？

伊诺《机场音乐》的接班人是 YouTube 上的音乐频道"低保真嘻哈电台——放松 / 学习的伴奏节拍"（lofi hip hop radio-beats to relax/study to），由一位名叫迪米特里的 DJ 于 2015 年使用 ChilledCow 的用户名创建。这是一个 7 天 24 小时不间断的频道，就像直播广播电台一样，持续放送节奏适中、融入不插电乐器的电子音乐，乐曲往往显得朦胧而具怀旧气息，就像是来自未来的音乐通过充满静电干扰噪声的收音机播放一样。这个频道进行过一次长达 2 万小时的长时间播放，并拥有超过 1200 万的订阅用户；它可能是我们这个时代最受欢迎的音乐节目之一。然而与此同时，这个频道的音乐也是过耳即忘的：各个曲目之间几乎无法区分，而这种音乐毫不突兀的连贯性使得它就像频道名称提示的那样，成为放松或学习的完美伴奏——哪怕是睡觉也行。一个以宫崎骏吉博力工作室（Studio Ghibli）电影作品动漫风格为灵感的、戴着大号耳机在书桌旁学习的动画少女形象，为这个频道的主题给出了恰到好处的视觉情绪氛围。就像伊诺预示的那样，这种音乐既可以忽略，也可以主动聆听——但大部分时候是忽略。

像卡布维纳的早期氛围快剪短片和无对白烹饪才艺表演这样的视频，传递出一种没有具体含义的情绪，一切任由观众自行解读。它们既可以意味着任何事情，也可以不意味着任何事情。很多流媒体电视剧也属于氛围文化的范畴，淡化叙事而强调引人入胜的氛围，知趣地给观众留出看剧同时查看手机的空间，反正隔几分钟再看也不会错过什么剧情。剧集《艾米丽在巴黎》(*Emily in Paris*)在 2020 年新冠疫情隔离期间于奈飞上线，说它是巴黎主题的屏幕保护程序也没什么问题，剧中女主人公值得纪念的主要成就，便是将她在巴黎精彩生活的场景不断发布到社交媒体上。而在我们观看流媒体电视剧和接受社交网络应用程度催眠的间隙，通过 AirPod 耳机传来的播客内容提供了聊天般的氛围，这种白噪声代表的是免去现实生活社交接触的社交刺激。

在如此之多的例子当中，通过算法信息流传播的文化要么旨在产生感官空白，要么是为了被压缩到生活的背景之中，从艺术品的地位暗中降格到类似墙纸的无关紧要水平。虽然个性化信息流引发了算法焦虑症，但信息流提供的唯一安慰剂也只是这种氛围文化，它可能会让用户偶尔找到归属感，但实际上并不属于任何人——如果你正在消费的文化内容寡淡如水，而你因此不对它进行过多思考，那么你也无须关心它是否真正代表你的需求和品位。就像一种大企业式的异化佛教，针对焦虑症所有隐含的答案，都是首先学会不要渴望任何与众不同，简单地满足于呈现你面前的随便什么东西就好。大企业不鼓励培养品位，因为从最大化用户互动的角度来看，品位是效率低下的。

虽然对形成品位的阻碍和腐败个性化的诡计也许感觉像是个人层面的问题——用户必须更加努力辨别什么才是自己真心喜欢的事物——但这些问题还会迅速演变为大规模的社会问题。当数以百万计的消费都被狡猾地误导并因此最终被灌输了他们所消费的文化内容之时，特定类型的文化获得关注和资助的机会就会被扼杀。这是由于资本的流动不断改变，并会更容易流向适应算法信息流的内容，其后果在选择观看电视节目或者选购衣物的情境下非常直白，但同时受到影响的还有我们生活中更宏观的活动，例如常去的餐厅、旅行的目的地以及我们与邻里和社区成员交互的方式。

第二章 算法影响的全球化

寻找通用咖啡馆

滤镜世界并不仅限于我们屏幕上的数字生活体验，也同样在看得见摸得着的现实世界中拥有无孔不入的影响力。因为算法推荐系统能够影响我们作为个人吸收的文化内容，塑造我们的个人品位，如此一来，我们受到什么样的场所和空间吸引，也逃不开算法的影响。一旦我们的偏好发生变化，那些希望向我们推销产品或是吸引我们注意力的企业，都会迎合这些偏好。与奈飞、Spotify 和 Instagram 通过算法优先展示符合各个平台架构的特定各类数字内容一样，其他应用程序也会引导用户的注意力，使之关注同样契合平台利益的方向。爱彼迎引导用户选择符合其需求算法的房源；谷歌地图通过在数字地图上显示个性化本地商户以重点突出；而 Yelp 和 Foursquare 则将用户点评和互动情况整理成餐厅、酒吧和咖啡馆的排名列表。存在于屏幕之外的"信息流"概念可能听起来很奇怪，但以上这些应用程序运作的方式就像是存在于实体空间的奈飞算法主页。你可以顺着列表不断向下滑动，直到选中你想要体验的服务。这些应用程序让我们的现实生活（In Real Life 或 IRL）体验像在数字虚拟世界一样丝滑顺畅。

在 21 世纪头十年的大部分时间，我是一个虔诚的 Yelp 用户，用这个应用程序可以查找和点评餐厅及其他的当地企业。Yelp 的红白相间程序界面成为可靠的推荐信息来源，住在布鲁克林的时候，我会每隔一周打开一次，看看家附近是否有新咖啡馆开业，或是查看一下我还没去过的店家的评论区。我在采访出差期间也会寻求 Yelp 的建议，来寻找合适的办公地点，或是与下一个采访对象会面之前消磨时间的地方。不管在柏林、京都还是雷克雅未克，我都会输入"咖啡馆"这个搜索关键词，然后快速滑过 Yelp 按星级评分排序的咖啡馆列表——评分体现着应用程序的其他用户对每个地点的喜爱程度。

我经常会在搜索栏输入"网红咖啡馆"这个简写，因为 Yelp 的搜索算法总能准确地理解我输入这个短语的意思。这是一种符合我人设的咖啡馆，来自西方、20 多岁（至少当时还是）、充满互联网思维并对自己的品位认识明确的千禧一代。无一例外，我能够很快在搜索结果中锁定一家满足如下必要条件的咖啡馆：阳光透过宽大的窗户洒满室内；工业级尺寸的实木长桌方便就座；墙壁刷白或铺满纽约地铁式瓷砖的明亮室内装修风格；Wi-Fi 无线网络预备给从事写作者和无所事事的拖延症者。当然，实际意义的咖啡也很重要，对这些咖啡馆你可以放心，用于制作卡布奇诺的一定是时髦的轻度烘焙意式浓缩（比起传统的深度烘焙保留更多的水果香气），种类丰富的奶制品任君选择（包括全脂奶、大豆奶、杏仁奶、大麻籽奶和燕麦奶等，这个名单一直在不断增长），还会有精致的咖啡拉花（使用热蒸汽奶泡在咖啡液面上画出的花式图案，已经成为某种网红品牌标志）。其中最敬业的咖啡馆会提供"澳白"（flat white）咖啡（一种来自澳大利亚的特殊卡布奇诺）以及牛油果吐司（一道同样来自澳大利亚的简单菜品），在 21 世纪头十年成为千禧一代消费者偏好的代名词。声名狼藉的新闻标题将千禧一代无力负担因士绅化（gentrification）拆迁改造而价格骤升的市区房产的现象，归咎于对昂贵牛油果吐司的偏爱。

这些咖啡馆全部采用了相似的装修风格，提供的菜单也类似，但并非被总公司强制要求，像星巴克这种连锁店一样不断自我复制。对于企业来说，严格的统一性可以确保各个地点的运营效率、熟悉度和可靠性——从而提升用户的忠诚度和企业的盈利能力。与星巴克们不同的是，尽管这些咖啡馆的地理分布相隔甚远，且彼此之间完全独立，但它们都趋于相同的终点。这种惊人的一致性让人感到既诧异又新鲜，人们因此也不会觉得无聊。我在感到着迷的同时又不知所措，一种乘坐隔夜航班到达另一个国家的不真实感。这看起来太过简单了，一点也不真实。

当然，类似的文化全球化例子可以追溯到有文明记载的时代，从古罗马帝国各地星罗棋布的大理石神庙和公共浴池的相同形制，到殖民主义和全球移民的各种普遍象征：18 世纪英式奶茶的普及、千篇一律的爱尔兰式小酒吧，以及移民开的中餐馆。事实上，法国社会学家加布里埃尔·塔尔德（Gabriel Tarde）在 1890 年就对同质性表达了不满，当时随着旅客列车的发展，旅游产业在欧洲方兴未艾。他在《模仿律》（*The Laws of Imitation*）中这样写道：

> 当代的欧洲大陆旅行者们都会注意到，尤其是在大城市和上层阶级生活中注意到一种挥之不去的千篇一律感，无论是酒店收费与服务、家居家具、服饰首饰、剧院告示，还是橱窗展示的商品，都显得十分相似。

那些彼此紧密联系的地方，会渐渐以某种方式变得彼此类似，这得益于在产品、人员和思想流动的意义上产生的联系。交流的速度越快，这种相似性也会越快显现。但 21 世纪初，这些通用咖啡馆的重要意义在于特定细节上的匹配度，以及很大程度上从各自的地理位置衍生而成的氛围感。这些都是本地人辛勤劳动的骄傲成果，往往被形容成"正宗"（authentic）的，这也是我曾经滥用的词汇。在旅途中，我总是希望找到一些"正宗"的地方来喝上一杯或吃上一顿。但如果这些地点都如此类似，它们真正属于的到底是哪一宗呢？正宗属性通常暗示着对某种源流的传承，从而拥有深厚的历史渊源和稳定的意义内涵。我最终得出的结论是，这些咖啡馆全部"正宗"地传承了来自新时代数字地理网络的文化，并通过社交网络实时地联系在一起，可以这样说，这些店铺都是正宗的互联网产物，尤其是 21 世纪初受到算法信息流影响的新形态互联网。

2016 年，我为 Verge 杂志撰写了一篇题为《欢迎来到虚浮空间》（"Welcome to AirSpace"）的文章，描述了我对这种千篇一律现象的最初印象。"虚浮空间"（AirSpace）是我创造的新词，用来形容数字平台创造的奇怪的顺滑零摩擦地理环境，在其中用户可以从一个地点移动到另一个地点，却并没有离开应用程序的边界。这个词也部分借鉴了爱彼迎的名称 Airbnb，体现出走遍全球的可能性，但同时也受到这些地点给我带来的蒸汽般虚幻、不真实感的启发。这些地点看上去与实际的地理位置并无关联，可以飘向任何地方，随处落地生根而无任何区别，身处其中就像位于任何地方。

我的理论是，所有这些通过应用程序互相联系的物理空间——塔尔德时代泛欧洲旅客列车的当代版——都有一条彼此愈来愈相似的路径。就咖啡馆而言，Instagram 的发展为全世界咖啡馆主和咖啡师们提供了实时关注彼此动态的工具，之后大家逐渐通过算法推荐开始关注同类咖啡馆的相关内容。每一位咖啡馆老板的个人品位都会逐渐向其他咖啡馆老板所喜欢的方向偏移转变，最终融合成一种平均值。在这条商业公式的另一端，Yelp、Foursquare 和谷歌地图通过把符合要求的咖啡馆置于搜索结果最前或在地图上突出显示的方式，将我这样的用户——也能在 Instagram 上追踪流行美学——推向这些店面。为了讨好受到互联网深度影响的广大客户群体，更多的咖啡馆不得不采用这些已是网上主流平台的审美风格。适应这种新标准不再只是跟随时尚潮流，更是一个商业决策，而这个决策会收获来自顾客的正面反馈。当一家咖啡馆在视觉上足够吸引人，顾客就更有可能将它发到 Instagram 账号上炫耀自己的美好生活，从而为咖啡馆提供免费的社交媒体广告并吸引新的顾客。就这样，审美优化和同质化的循环得以持续。

我最近在罗得岛州纽波特市（Newport, Rhode Island）感受到了这种整体效应，这是一个历史悠久的海滨度假小镇，创镇之初一度依赖海盗活动，大部分本地设计的主题都带有老式航海工艺品风格，整个镇子的氛围就像是一艘无比豪华的海盗船。当我想要找个避暑地的时候，一个叫作氮气水吧（Nitro Bar）的咖啡馆在我的谷歌地图上以一个巨大圆点的形式被突出显示，因为算法预测我会喜欢它。与小镇上其他各处的航海风格不同，这个地方完美契合了虚浮空间的审美风格，老式吊灯、悬浮式木质置物架以及大理石台面配合一套镀铜龙头，提供最新潮的氮气冷萃饮品。谷歌精选目的地图片让我预览了咖啡馆的内部环境，而我也跳转到了店家的 Instagram 账号，发现粉丝的数量超过两万。由此我确认这家店完全符合通用咖啡馆的特征，也就放心地在物理世界当中徒步前往，心怀感激地点了一杯卡布奇诺，而接下来摆到我面前的咖啡果然带有完美的拉花。这种感觉与其说是我偶然遇到了这家咖啡馆，更像是咖啡馆找到了我。算法推荐根据我先前的数据近似推算出我的品位偏好，自动生成结果并反馈给我。算法推荐提供了一条物理世界的捷径，引导我前往 Nitro Bar，我可以安全地忽略市中心街道上其他更俗气、不那么精致、可能更具历史意义的咖啡馆。

每当我找到这样一家咖啡馆，不管是快速点上一杯咖啡就走，还是坐下工作一段时间，都会感到舒心愉快，并且找到一种充满矛盾的奇特的归属感。我很确定我可以在这种地方完成最高质量的写作，因为我可以毫无挂碍地安心享受我喜欢的一切。如果是一家不那么具备通用咖啡馆属性的设计灵活杂乱无章的店，可能我就无法这样做。这也是一种装腔作势：我感觉自己能融入咖啡馆的环境。这些通用咖啡馆反映了我的品位和追求，作为一个经常旅行的人，我为自己能在任何地方工作而感到自豪。然而将自己的身份认同与一个毫无实际意义的符号相关联，也让我感到奇怪和不自在。

从某种程度上讲，完美的通用咖啡馆应该像是一个全新的 Word 文档的空白处或一个网页背景，填充的内容都是你思维的投射。有时候寻找弥补空白的内容就像一场朝圣之旅，类似于热爱建筑的游客寻访哥特式大教堂。当一间咖啡馆很好地实现了通用美学，或者在此基础上有锦上添花的创新点缀，我会满心欢喜、津津有味地享受这种平衡和谐的空白。帕蒂·史密斯（Patti Smith）曾说，随着年龄的增长，她仍然会去咖啡馆写作，每次都会点一杯卡布奇诺，但她并不需要真的喝这杯卡布奇诺；只要这杯咖啡放在她笔记本旁边的桌子上，就足以激发灵感。对于我来说，咖啡馆的空间本身就足以作为创意的源泉。

咖啡馆为我的数字地理学理论提供了完美的验证案例。这些地方是用来消费的空间，在其中，由特定的群体——通常在互联网上也非常活跃——通过消费来表达个人追求。咖啡馆的空间整合了横跨建筑、装潢和餐具等多个领域的审美决策，是体现餐饮行业新趋势的陈列展柜，还囊括了像是低保真节奏这样经过特别筛选的轻柔氛围音乐曲目，作为背景音乐。每家咖啡馆都是当代品位的神庙——套用理查德·瓦格纳（Richard Wagner）的术语，它们都属于整体艺术（total work of art），意即一种调用全部感官、完全沉浸式的审美创作。咖啡馆成了我检验互联网对文化品位和消费模式影响程度的"煤矿中的金丝雀"。在此，互联网的影响最为明显。

正如 17 世纪早期，西方世界的咖啡馆让不同阶层同处一个物理空间而促进了民主和平等思想的传播，21 世纪早期的咖啡馆也创造了一种社会组织形式。这样的空间为不断增长的"零工经济参与者"（gig workers）和数字创意工作者提供了一个非正式的集会场所，这些人的时间表与朝九晚五的传统打工族不同，也完全没有办公室这项基础设施。我曾经是这个群体最有代表性的成员，在布鲁克林的各个咖啡馆之间来回游荡，撰写按件计费的文章，并逐渐与其他常客熟识。除了与数字平台产生联系，这些地理空间也在为从数字平台上找到工作的人服务，无论是优步（Uber）司机还是 Fiverr（自由职业在线平台）上工作的自由职业平面设计师。

当我刊登于 AirSpace 的文章于 2016 年发表时，读者们接受了我新造出来的词，并在他们自己的日常生活中观察到同样的现象。他们通过邮件，发给我带有"虚浮空间感"的咖啡馆，并惊讶于这种风格的普遍性。虽然这种风格在咖啡馆设计中尤其容易辨别，但同样的设计思路也可以在共享工作空间、初创企业办公室、酒店以及餐厅中找到痕迹——所有这些空间都是暂时消磨时光的地方，且都大肆宣扬美学，物理空间最终被转化为一种产品。

然而，随着时间的推移，我认识到 AirSpace 与其说是一种特定的审美风格，不如说是我们存在的一种状态，超越了单一的审美趋势。就像所有的时尚风潮一样，21 世纪头十年中期的视觉设计风格逐渐衰微。白色纽约地铁式瓷砖开始显得过于陈旧，就像我童年时代家里的层压板台面在 20 世纪 90 年代给人的感觉一样，因此当时也被颜色鲜艳或花纹丰富的瓷砖所取代。早期粗糙的布鲁克林伐木工风格，与其商用改家用工业家具一道，逐渐让位于精致的中世纪斯堪的纳维亚现代主义，这种风格以细腿椅和精工木为特征。21 世纪头十年刚过去，主流审美变得更为冷淡和简约，运用水泥台面和硬朗的几何形状体代替座椅。像用生锈下水管道改装的灯具这样的装置纷纷遭到废弃，大家更愿意选用的室内装饰是绿植（尤其是多肉植物）以及纹理丰富的纤维艺术作品，后者令人联想到西海岸式波西米亚风格形象，而非艰苦奋斗的纽约市区风格。通用审美风格与布鲁克林的联系逐渐减弱（在 2020 年的新冠疫情之后，布鲁克林本身也被认为吸引力不如曼哈顿下城），变得不再关乎某种地方风格，而更多地反映了某种数字平台的风格，例如 Instagram 和新晋搅局者 TikTok。在一篇写于 2020 年的文章中，作家莫莉·费舍尔（Molly Fischer）将其称为"千禧审美"（the millennial aesthetic）；这种审美风格同时也得到了初创公司的欣然接受，例如床垫厂商 Casper 和类似 WeWork、The Wing 这样的连锁共享办公空间。费舍尔不禁要问："千禧审美到底有完没完？"

设计风格的构成元素——爱迪生式复古灯泡与霓虹灯招牌——到头来只是无足轻重的细节，而同质化现象正愈发根深蒂固。招牌本身会改变，随着时间推移逐步演化，但同质化并无改变。即使在19世纪，塔尔德也预测，未来的风格差异将不再基于"空间多样性"，而是基于"时间多样性"。

每一次审美风尚变迁，都会轮流渗透到各个角落。在我曾经居住的布鲁克林历史街区布什维克（Bushwick），一家灯光昏暗的工业风咖啡馆"Swallow"曾一度被奉为时尚之巅，里面的家具摆放得像跳蚤市场大甩卖一样杂乱无章，但后来被"Supercrown"咖啡馆超越，后者是一个更加明亮的空间，拥有整齐配套的新桌椅和巨大的天窗。在Supercrown关门大吉后，Sey咖啡馆在几个路口之外开门迎客。新店是一个极简风格的空间，其中的多肉植物——有一些被直接栽种在墙上——比舒适座位的数量还要多，裸露的砖墙被刷成白色。店面的后方一度布置了一个完整的陶瓷工坊，并当场生产咖啡馆使用的杯子，充满浓郁的侘寂风。这不是一个令人流连忘返的空间，但确实在审美上至臻化境。你几乎无法克制自己在店内打开Instagram的想法，不由自主地想要捕捉在明亮自然光下摆在打磨光滑的水泥吧台上属于你的那杯卡布奇诺的画面。Sey充分展现了为数字平台开发的顺滑零摩擦感、便于转发分享的审美风格。

人们偶尔也会对咖啡馆中的纽约地铁式瓷砖表示不满，但我认为，真正令人反感的是虚浮空间千篇一律的特征，而非风格细节本身。在一个多元化的世界中，同质化会带来莫名的不适感。在一个又一个地点，一次又一次发现意料之中的审美风格，确实可能让人略感失落——厌倦之情油然而生，以及随之而来的异常突兀的不合时宜感，毕竟这种现象表明数字平台的影响力已经延伸到此前从未触及的领域，也是滤镜世界不断扩张的象征。

21世纪头十年刚过去，一位名叫萨丽塔·皮莱·冈萨雷斯（Sarita Pillay Gonzalez）的南非女士，在就职于一家位于开普敦（Cape Town）的城市研究非营利组织时，留意到了当地的一种美学风格。冈萨雷斯将其视为某种形式的士绅化，甚至也可以看作在这个后殖民国家的一种殖民主义行为。带有通用咖啡馆式极简主义风格的店铺，在开普敦市中心的克鲁夫街（Kloof Street）遍地开花。冈萨雷斯通过"长条木桌、锻造铁制品、悬吊的灯泡和绿植"等特征来定义这些店铺，并在与我交流的过程中徐徐展开这张清单。这种审美风格本身还在向着其他场所不断蔓延：啤酒馆、美食酒吧（gastropub）、艺术画廊和爱彼迎出租房。"这一切影响的不只是咖啡馆；就连出租或翻修历史建筑的人，都有很多开始遵照那种审美风格。"冈萨雷斯对我说。她在 2016 年前后住在明尼阿波利斯市（Minneapolis）东北部期间，也注意到了类似的转变过程，当地的仓库建筑纷纷被改造为咖啡馆、迷你精酿酒厂和共享办公空间，这些都是社区士绅化的常见特征。

　　冈萨雷斯认为，这种风格代表了"一种具备全球通用属性的无障碍空间，你可以在曼谷、纽约、伦敦、南非、孟买之间自由跳转而总是找到同样的感觉，你可以轻松融入这样的空间，因为总是能找到熟悉的感觉"。这种同质化特性与 21 世纪头十年盛行的嬉皮士哲学形成鲜明对比，即通过消费某种产品和文化作品来彰显自己区别于主流人群的个性——在这种情况下是一家特定的咖啡馆，而非某个冷门乐队或小众服饰品牌。冈萨雷斯表示说："最大的讽刺在于，这些空间本应代表某种个性宣言，最终却出奇地单调乏味。"她的评论与滤镜世界和算法推荐的另一项自相矛盾的要旨遥相呼应：你是独一无二的，就像其他人一样。

　　冈萨雷斯观察到，不仅仅是空间，而且在其中消费的人也是同质化的："如果走进这样一家咖啡馆，你会发现里面的白人顾客占到绝大多数，但这片街区传统上属于有色人种居住区，这种现象绝对与人口阶级的士绅化有关。"只有某些特定类型的人会在虚浮空间感到舒适，而其他人则被主动排除在外。士绅化本身也是另一种形式的扁平化——这从翻修建筑的审美中显而易见，这些建筑接过先前的平价居住区，将砖块涂成灰色，用钢丝绳代替木质栏杆，选用无衬线字体写成门牌号。就像造访豪华酒店内部的鸡尾酒吧时需要明白一些基本礼仪一样，要在通用咖啡馆一气呵成地完成往宽大桌面上潇洒地甩下笔记本电脑，再连续坐上几个小时，这一整套标准动作，不只需要财力作为底气，还需要一定的熟悉程度。这些充满虚浮空间属性的咖啡馆"在脱离大众和价格不菲的意义上，代表了一种对普通人的压迫"，冈萨雷斯如是说。当白人属性和家境优渥被视为理所应当，这种审美风格带来的力场和意识形态会将任何不符合这一模板的对象拒之门外。

平坦世界相关理论

在 21 世纪初的美国，我成长的过程中一直坚信世界是平的。那个年代正值全球化意识逐渐开始成为主流，殖民主义和资本主义一样让全球各地的联系比以往任何时候都更加紧密，让人感觉世界比过去任何时候都更小。这一流行观念的主要起源，来自《纽约时报》专栏作家托马斯·弗里德曼（Thomas Friedman）2005 年的著作《世界是平的》（*The World Is Flat*）。这一观念就像一种常识：平坦世界意味着人口、物品和思想都可以在物理空间进行快速和便捷的交流，其速度和便利程度前所未有。"9·11"事件是世界历史的动荡时刻，但哪怕是"9·11"事件和其后持续的战争，也都在人们心中深深植入了一个本能的教训，即美国离世界其他地方并不遥远，无法独善其身。"世界是平的"因此造成了一种喜忧参半的认知体验：你可以尽情消费产自中国琳琅满目的商品，但在中国发生的事情也会对你本人产生直接的影响。

在自己的书中，弗里德曼提到了诸多"变平因素"（flatteners），即让地球更加紧密地联系在一起的力量。其中的好几项都是数字技术：像网景浏览器（Netscape）一样的平价互联网浏览工具；使跨国企业和工厂间协作成为可能的工作流软件；以及像谷歌这样拓宽了信息获取途径的搜索引擎。"这么多人都有能力——独立自主地——获得关于种种事物和人物的如此海量信息，在人类历史上前所未有。"弗里德曼这样写道。这本书主要讨论了关于国家和企业的宏观层面（二者的特点也在快速变得相似）。世界的"竞技场"已经被夷为平地，也就意味着任何公司都可以与任何对手展开竞争，不管各自身处何方。旧的等级制度正在被削弱，因此小公司与自由职业者都可以与大得多的企业展开竞争。正如高速公路将美国各地连接起来一样，弗里德曼表示，互联网的光纤网络也创造了一个"更加无缝衔接的全球商业网络"，并且可以"帮助打破世界各地的地方保护主义"。

在新的全球化秩序中，变得扁平化的不只是工业和经济体，文化也在朝着相同的方向发展。新生的互联网施加了一种发起分享的压力，并以国家和企业彼此连接的相同逻辑，在微观层面使个体连接起来。弗里德曼写道："大家都想要将一切内容尽可能地数字化，以便通过互联网渠道发送给其他人。"自那时起，信息传送的渠道已经变得更加宽阔和迅捷。

滤镜世界是弗里德曼式平坦世界的终点，因为同样的力量正越来越强烈地影响我们个人生活的方方面面，甚至已经深入潜意识层面。在枯燥的生产订单或客户需求统计数据之外，图像和视频开始以前所未见的速度在世界范围内传播，尤其是在社交媒体崛起之后，用户受到鼓励创造了更多的原创内容。尽管社交网络是在弗里德曼的著作出版之后才崭露头角，但与网景浏览器类似，社交网络也使得获取线上数字媒体的途径更加民主化——用户既能创建又能消费这些内容。于 2004 年上线，以业余摄影师为目标用户的 Flickr，让用户可以在各自的账号上传、发布并管理照片，并具有原始的社交网络功能。油管（YouTube）创立于 2005 年，允许任何拥有足够网络带宽的用户上传并分享视频片段。接下来是创立于 2010 年的 Instagram，它催生了一种利用新近成为主流的 iPhone 相机分享快照的流行文化。这些平台及其包含的一切也都成为全球化的一部分。

体现这种转变最具代表性的例子，莫过于 2012 年夏天首次在 YouTube 亮相的音乐视频《江南 Style》（*Gangnam Style*），这首歌曲由韩国说唱歌手 Psy 创作，音乐视频由赵洙贤（Cho Soo-hyun）执导。时长 4

分钟的音乐视频从一开始就体现了国际化作品的特点，构成元素包括源自美国音乐电视网（MTV）创立的音乐录影带形式、来自欧洲夜店电子音乐的丰富合成器音色，以及韩式流行音乐（K-Pop）产业横扫亚洲的影响力。但视频同时也极具特色，原本是一首讥讽首尔市最富裕街区的韩文歌曲，经改编后杀伤力进一步加强。其中只有一句歌词不是韩文，即广为传唱的英文副歌："诶，火辣女郎。"（Eh, sexy lady）2012 年 12 月，《江南 Style》成为 YouTube 首个播放次数超过 10 亿的视频。它的播放次数最终超过了 40 亿。

在这首歌曲和它的视频流行起来的时候，我对自己能如此顺利地欣赏 K-Pop 感到大惑不解，我已经像观看任何美国音乐视频一样感到顺理成章。体验如此丝滑流畅要归功于 YouTube，而如此多的观众最终能看到视频，这也要部分归功于平台的算法推荐。要记住，在滤镜世界中，关注将引发更多关注。根据公司的博客文章，2012 年也是 YouTube 将"观看时间"参数加入算法的年份，意为"你花了多长时间观看哪些视频"，计入新参数将会带来更精准的推荐。突然之间，通过数字平台，世界各地的许多人都在同时观看一样的内容，而那还只是数字全球化的早期。十多年过后的现在，YouTube 视频累计播放量达到 30 亿次的视频已经有超过 30 个——既是 YouTube 从电视抢走巨量观众注意力的象征，也是其用户基础变得广泛的象征。

作为一个术语，"全球化"一词经常与智能手机这样的商品、民主这样的政治理念的普及，以及美国主导的伊拉克战争等国际冲突产生关联。但类似的关联同时也导致了个人体验更加世俗更加普遍的扁平化。在美国时，我与在印度、巴西或南非等地的互联网用户使用一样的设备、访问大体相同的社交网络、连接相同的流媒体服务。弗里德曼的国际竞争加剧模式，只带来了很少几个总体上的胜利者，它们都因自身对国际数字空间的垄断支配地位而获利甚巨。个人和小型企业也参与竞争，但主要在巨型平台公司提供的舞台上相互争夺订单，就像狼群争抢领地一样。

事实上，早在《世界是平的》出版之前十多年，文化理论家们已经纷纷预测全球化会对千篇一律产生怎样的影响，特别是互联网对全球化的加速推动作用。这种千篇一律带来的焦虑感也在不断滋长，这体现出对全球化带来的文化后果的不满。1989 年，西班牙社会学家曼纽尔·卡斯特（Manuel Castells）构思了"流动空间"（space of flows）的概念，他在 1999 年的文章中将其定义为"使得社会活动可以在无须地理连续性的条件下同步进行的物质安排"。换句话说，卡斯特认为，类似互联网的电子通信基础设施，令相隔遥远的不同地域能够发展共享文化，物理距离上的临近不再是必要条件。电信网络覆盖的不同地域得以形成相同的文化，这是对卡斯特称为"流动空间"的现实地理学的颠覆。

人类社会的诸多不同领域，都开始顺应流动空间而非地点组成空间的逻辑，卡斯特写道这包括"金融市场、高科技制造业、商业服务、娱乐业、媒体新闻、毒品贩运、科学技术、时尚设计、艺术、体育以及宗教"。地理地点的重要性进一步减退。2001 年，卡斯特表示，流动空间通过共享的功能和意义将相隔遥远的地点连接起来……同时隔离并压制地域空间体现的生活体验逻辑。与个人体验和爱好相比，身处何地变得不再重要，这比不上个人所消费的媒体内容。

如果说具体地理位置的重要性在降低，那么与交通和移动相关的区域就更加关键。1992 年，法国哲学家马克·奥热（Marc Augé）写了《非地点》（Non-Places）一书，研究了高速公路、机场和酒店带来的感官体验：这些区域在世界各地都已变得十分相似。这一切为现代游民提供了一种独特而矛盾的舒适感，这些游民恰恰能在没有地点特征的区域找到归属。奥热这样写道，在这些非地点，"人们既总能像回到家一样自在，又从来无法真正找到家的感觉"。《非地点》的绪言部分叙述了一位法国商人开车前往戴高乐机场（Charles de Gaulle airport）的过程，他熟练地经过安检，逛完免税店之后等待登机。像机场这样毫无个性的空间，能让身处其中的人感受到——

某种源自不确定的魅力，例如荒地、开阔地和建筑工地、旅客停下脚步的车站月台和候车室，所有为不期而遇创造的机会，使人瞬间产生可能从此出发继续冒险的情绪，都具备这种不确定的魅力。

登机的队列和接下来令人麻木的飞行体验本身，涉及一种剥离自我与周边环境的过程，直到一切变得平顺而统一。这并不难察觉——飞机起飞带来的那种轻微的脱离现实感，或第一次打开酒店房门那种清新的大隐隐于市的感觉。"流动空间既不能帮助人建立独特的身份认同，也不能帮助人建立社交关系；只能带来孤独和相似性"，奥热这样写道，并同时描述了"失去自我身份的被动愉悦感"。就连这位虚构的商人在飞机上阅读的杂志，也提到了"国际商业环境"当中"需求与消费习惯的同质化"。

在世纪之交的20世纪90年代和21世纪初，对于全球化的突飞猛进和生活经验的去实体化，人们普遍存在一种乐观向上、类似乌托邦的情绪。如果新建的机场和国际连锁酒店让世界各地的联系更加紧密，也许人类也能更加理解彼此。地理概念的弱化与曾经的通用语言世界语（Esperanto）存在某种相似性：它也许只是原有事物的一种简化版本，但起码人人都能从中找到熟悉的成分。有一种观点认为，千篇一律的重复性是更有效率的，不仅仅是为了人的舒适（起码对于富裕的西方旅行者来说是如此），更是为了资本以投资或基础设施建设的形式，在不同地域之间流动过程中的增值。既定模式更加容易预测，并可以更快实现规模效应。混乱的多元化是不利于赚钱的，就像独特的个人品位会让数字内容消费效率降低。

荷兰建筑师雷姆·库哈斯（Rem Koolhaas）是熟悉这种跨国界趋同现象的行家里手。他创立的大都会建筑事务所（Office for Metropolitan

Architecture，简称 OMA），于 20 世纪 90 年代在欧洲各地开展业务，并以大胆的建筑创意闻名，虽然这些概念建筑并不一定能实际建成。库哈斯的设计方案像是来自另一个世界。OMA 在 1996 年设计的超建筑（Hyperbuilding），是一个看起来像是由数栋摩天大楼相互之间呈锐角碰撞在一起形成的复杂结构，号称可以在任何地方建造并"形成自成一体容纳 12 万人口的城市"，公司对项目的介绍继续道："建筑的结构是对城市的隐喻——由塔楼组成街巷，水平构造充当公园，体块表示街区，而对角线结构作为主干道。"这栋建筑毫无个性特点，可以轻易融入蓬勃发展的非地点领域，这也是刻意为之的设计元素——一种拥抱通用属性的审美风格。库哈斯在 1995 年完成的一篇题为《通用城市》("The Generic City")的文章中，阐述了自己的哲学理念，这是一篇让人过目难忘的短文。文中关于美学与建筑学理论的激进宣言，在之后的岁月中被证明是对 21 世纪未卜先知的预言。"当代城市是否如同当代机场一般——'别无二致'？"文章以这个问题开头。"这种看似偶然的——且常常令人遗憾的——同质化现象，会不会其实是一种故意为之的过程，一种刻意消除差异追求统一的运动？是否我们其实正在见证一场以'打倒一切个性特征'为口号的全球解放运动？"

库哈斯的通用城市，是全体城市化人口的栖息地，充斥着士绅化的虚浮空间和咖啡馆、服务于科技工作者的共享办公空间以及同一套饭店与酒吧组合。这种城市代表着我们每一次降落抵达、走出机舱、穿过机场、搭车去往复式阁楼风格酒店并用手机完成入住登记的那些熟悉的地方。库哈斯将互联网对身份认同的扁平化作用，论述为一种积极因素，或至少本身包含一些优点："身份认同感越强，带来的禁锢就越多，对扩展、解读、更新、对比的阻碍就越严重。"以巴黎为例来说："巴黎只能变得更有巴黎特色——它已经在逐渐变成超大号巴黎，一种精雕细琢的讽刺夸张形象。"一个地点的独有特色只会招来更多游客，而游客的滚滚洪流会逐渐使地方特色消失殆尽，他们会蚕食一个地方的个性风貌，使其日渐磨平棱角。差异性只会造成阻碍；它制造摩擦，而我们已经处于一个无论是城市空间还是音乐播放，都在日渐变得平滑无摩擦的世界。流动的能力是新时代权力的关键所在，这便是波兰社会学家齐格蒙特·鲍曼（Zygmunt Bauman）在2000年前后观察到并提出的"流动的现代性"（liquid modernity）概念："最为行踪不定的人，那些能够自由移动而不被察觉的人，才能统治这个世界。"同理，在滤镜世界最能如鱼得水的，也是那些能够按算法任何时刻的偏好任意调整自己的内容和审美，而不与任何一种身份认同锚定的人。

在看待库哈斯的写作时，必须带着一定程度的反讽眼光和对奇谈怪论的宽容态度。这位建筑师有着艺术家式的宏大叙事倾向，但往往不能就自己的论点给出事实或数据作为支撑。最好将他的文章视为某种战斗檄文，对未来建筑将会如何运作及人类如何在建筑内生活的简洁而狂热的愿景。哪怕是早在1995年的观察，库哈斯也已经看到了互联网导致本地身份认同的衰微。"在都市生活的方方面面都与虚拟空间产生交汇之后，所剩下的就会是通用城市，"他这样写道，"这里的知觉是微弱而稀薄的，这里的情感是少见而零星散布的，这里的氛围是低调而神秘的，就像一盏床头灯试图照亮广阔的空间。"这让人不由得联想到如今人人都在经历的生活体验——在昏暗的房间盯着手机屏幕翻阅信息流。在这段描述中，能看到曼纽尔·卡斯特相关阐述的影子，即流动空间将地点组成空间的意义逐渐掏空。在这个过程中，越来越多的生活与文化发生在物理位置之间或跨越了多个物理位置，而非发生在某个物理位置之内。

通用城市、交流组成的空间以及平坦世界这样的概念，逐渐创造了属于它们自己的情境，包括各自的一套标准和期望。库哈斯认为，这"引起了关于正常的幻觉"。"幻觉"是因为这一切不是自发产生的，而是技术带来的感觉，像是高烧中的梦境，而"正常"是因为这种同质化的模板，重要的样式已经足够泛滥，以至于自立了一套定义何谓正常的标准。通用城市的扩张步伐毫不留情，肆无忌惮。

佳亚特里·查克拉沃蒂·斯皮瓦克（Gayatri Chakravorty Spivak）是一位1942年生于印度加尔各答（Calcutta）的文学理论家，被公认为后殖民主义理论（postcolonial theory）的开创者之一。她虽出身西方世界之外，但接受了包括康奈尔大学（Cornell University）和剑桥（Cambridge）在内的西方学术机构的教育，拥有独到的眼光调查和批判20世纪历史事件带来的余波。"1989年之后，资本主义的胜利一路导向了全球化。"她在2012年的作品集《全球化时代的一次美学教育》（*An Aesthetic Education in the Era of Globalization*）当中这样写道。通过仅仅根据产生财富的潜力评判每件事物的价值，资本主义导致生活的许多方面"近乎完全地抽象化"，她继续写道。其中一项后果，便是"全球化带来令人内心麻木的一致化"。据托马斯·弗里德曼的观点，世界是平的，但这种平坦显示出的真实面目却是令人呆滞的单调乏味。

我在本书的引言中就已经提到过斯皮瓦克的警句之一："真正实现全球化的只有资本和数据，在其他的一切层面都只能试图减轻损害。"我们谈及政治、文化、旅行正变得更加全球化，但在更本质的层面上斯皮瓦克才是对的，真正在全球各地流通的只有各种形式的金钱和信息：投资、大公司、基础设施、服务器群以及所有数字平台数据的总和，像风或洋流一样越过国境奔涌不息却无形无影。我们作为用户甘愿将自己的信息注入同一个系统，使自己也变成了流动的大宗商品。

平坦世界的历史的重要性在于，我们必须说明当前世界的扁平化是一个有历史渊源的概念。滤镜世界的同质化不只是属于我们这个时代的现象，它是发生在算法信息流出现之前很久的一系列变化导致的结果，在未来也同样会进一步加剧。不管怎么说，每当宣布一轮影响甚巨的扁平化进程，世界似乎总能莫名找到变本加厉地进一步变平的方式。

类似奥热、库哈斯和斯皮瓦克这样的思想者，都以软件作为一种比喻，来形容地理意义上的位置和国家是如何在压倒性全球互联的时代变得彼此相似，并同时让软件作为导致这种同质化发生的一项决定性因素。

但在社交媒体时代，同样的效果正在每个人的个体层面上发生，既包括文化内容消费者也包括文化内容生产者，因为大家都登入同样的一系列应用程序。与物理世界中的酒店和机场相对应的是，我们拥有推特、脸书和 TikTok 作为进行聚集并抹去区别的场所。超越库哈斯的"通用城市"概念，现在已经出现了通用全球消费者，这些用户的偏好和欲望都更多地受到他们所用平台而非他们身处何地的影响。在一些情况下，我们的生活更多地在流动空间中进行，而非由地点组成的空间。我们才刚刚开始认识到，与我们所处的世界一道，我们自己也在变成平的。

在作为记者的职业生涯中，我常在网上消磨大量时光，并扮演文化即内容（culture-as-content）的人肉筛选器，因此可以算得上是这个系统的参与者和催化剂。这并不是说我十分享受这个过程，或是我希望这种同质化传播得更广，但大部分滤镜世界的居民也都是要么不情愿，要么不知情的。不过是简简单单地为了挣口饭吃或是找些乐子，我们就成了加速扁平化的帮凶。

通用咖啡馆的老板们

2019 年，我前往日本京都为自己第一本书采集资料，在此期间，探访寺庙庭园山水花园之余，我走访了这个城市的许多咖啡馆。在 20 世纪早期的日本，新兴的喫茶店（kissaten）文化出现：提供咖啡但不提供酒精饮料的安静茶室，为追求宁静环境的作家和知识分子群体服务。这个与世隔绝的岛国首先通过荷兰贸易商接触到了咖啡，但直到 19 世纪末期才正式进口。日式咖啡馆的模板来自巴黎——虽然当时的巴黎，除了富豪阶层和正开始了解并翻译法国作品的学术精英，鲜有日本游客到访。

我在东京的朋友推荐光顾六曜社（Rokuyosha），一家自 1950 年起在京都营业至今的喫茶店式咖啡馆。这家店不太好找，它位于一条繁忙街道的半地下空间，一块并不醒目的木质招牌嵌在绿松石色与棕色相间的陶瓷方砖中间，我后来发现这些方砖都是为店铺特制的。走下台阶进入店铺内部，仿佛置身于如子宫般将人紧紧包围的摇篮：店内装饰着表面覆盖着带有装饰图案的深色木板，带有皮质软垫的吧台凳和双人卡座分列在只有门厅大小的空间。店内在同一时间能够舒适容纳的人数不会超过十位。我对着站在吧台后经营店铺的老夫妇，用几乎是轻声耳语的音量点了一杯滴滤咖啡和一份手工甜甜圈，不敢高声点单是因为店里几乎鸦雀无声。像其他客人一样，我坐在自己的卡座，翻阅手中的书，并在笔记本上略作记录。店里没有人拿出手机，我感觉部分原因是整个空间似乎都还停留在它最初建成的时代。只有充分体会实物细节和整体氛围才能真正领略它带给人的享受，而这一切都是 iPhone 相机无法企及的。

便携式高科技和互联网带来的去实物化与这个空间格格不入。

六曜社与我在京都另一个地方遇到的咖啡馆形成鲜明对比。Weekenders 是我在谷歌地图上搜索咖啡馆时发现的地点；它在我的 iPhone 上以一个大圆点的形式突出显示，因为我购买了威瑞森[①]的网络漫游服务，所以即使远在异国仍能尽情使用手机。要是没有移动网络，我一定会迷路。店面坐落在市中心一处平平无奇的停车场边缘——一个持续流动的空间——一栋二层小楼。其创始老店在 2005 年开业时曾经是京都最早的意式咖啡馆。建筑本身是传统的日式风格，有着推拉门、粗灰泥墙壁、球形日式和纸挂灯等设计元素。这种日式审美风格也受到了来自旧金山的连锁咖啡馆蓝瓶咖啡（Blue Bottle）的推崇，它在各个城市的分店都布置了日式灯笼和日式插花风格的装饰。当风格相差无几的蓝瓶咖啡东京店在 2015 年开业时，新店广受好评，人气爆棚。然而 Weekenders 也展现了一些虚浮空间式的斯堪的纳维亚风格痕迹，例如开放式置物架和简洁的浅色木质台面。这样一家咖啡馆，又成了另一处像奥热描述的那样，"既像是回家却又没有家的感觉"的薛定谔式空间——遍布世界的非地点当中，再明显不过的组成部分。

我点了一杯卡布奇诺，当它被端到我面前时，我便拿出手机，拍了一张陶瓷杯子刚好摆在柜台边缘上的照片，作为柜台的是一长条粗糙的石头，看起来就像中世纪意大利教堂建筑中镶嵌着从古罗马建筑上拆下的石料（spolia）。当然，我准备之后在网上分享这张照片。"人们来这里只是为了拍 Instagram。"咖啡师用英文对我说，声音中带有一丝冷漠的语气。拍下这张照片顿时让我尴尬到无以复加，我做了一件完全落入俗套的事情。然而这家店面毫不张扬的极简主义室内装修，加上当天柔和的自然光，明明就是一种邀请拍照的氛围。现在再去查阅一下 Weekender 的 Instagram 账号，它多年以来标记的照片其实也都是同一个自鸣得意形

[①] Verizon，美国移动网络运营商。——译者注

象的反复循环，正是我那天拍下的形象：静止在石头柜台上的一杯咖啡。

将现实世界的图像降维简化成单一、典型、重复的形象并非偶然，而是经历了一个漫长的过程。在 21 世纪头十年，一种被称为"Instagram 网红墙"的新现象出现。从某种意义上说，这是 21 世纪街头艺术运动的一个分支，一种士绅化的涂鸦艺术，让整洁的、官方允许的涂鸦风格壁画占据城市各处墙面，尤其是有大量破旧仓库的街区。街头艺术因其外在形象和所代表的风格最终成为城市的景点，就像是户外画廊一样。住在布什维克的时候，我见到源源不断的法国游客，在导游的带领下穿过工业区鲜有居民的街道，仿佛参观卢浮宫一般对涂鸦壁画啧啧称奇，而这些涂鸦最终都被手绘付费广告取代了。

街头艺术的起源是游击队式的反叛行为，Instagram 网红墙则是刻意让人们停留、合影并上传照片的地点。这些地方也被统称为"Instagram 陷阱"，其中的一些只是提供完美拍照背景的鲜艳图案——墨西哥建筑师路易斯·巴拉甘（Luis Barragan）1948 年修建的自家住宅散发柔光的粉红色墙面，已经成为名副其实的 Instagram 网红墙，总能吸引大量游客。其他一些打卡点则会创造一个照片主角可以融入的场景，类似那种画着卡通形象的头部镂空木板道具，人们可以让自己的脸穿过留出来的空间，假扮农场主或球星。这类 Instagram 网红墙最典型的形象，也是最常见的象征，就是一对天使翅膀两侧展开，留出中间的空白部分供人拍照，通常采用向上伸出双臂假装飞行的姿势，再找个朋友站远两步拍下照片，就可以发布飞天的英姿了！

一家名叫"迦太基必须毁灭"（Carthage Must Be Destroyed）的餐厅，大约能够代表上述现象的顶峰。它于 2017 年在我当时居住的布什维克地区开门迎客，所在的街区遍布着充满生人勿近气息的仓库。餐厅的内部几乎没有什么装饰——暴露在外的砖块和管道、公社食堂式的木制桌子。然而，其中有一项咄咄逼人的设计噱头：所有一切都被漆上了淡粉色。门是粉色的，柜台覆盖着粉色瓷砖，咖啡机装在外壳里，而碗碟都是粉色釉料陶瓷制品。菜单并无出众之处，提供的是如今常见的吐司、牛油果吐司及其他。共同创始人阿曼达·贝查拉（Amanda Bechara）来自牛油果吐司发源地澳大利亚，因此餐厅的主要卖点还是审美风格。媒体宣传照一经发布，每个人都想光顾"那家粉色餐厅"。

这个空间已被优化为数字图像的消费场所。当时，"千禧粉"（millennial pink），一种稍微加深的腮红颜色，在互联网的助推下大行其道。它甚至有时被称为"Tumblr 粉"，以体现与令它最初发迹的这个早期多媒体社交平台的联系。这种颜色出现在耐克运动鞋、Glossier 美妆产品以及 Away 牌旅行箱上。甚至苹果设备在 2015 年发布的"玫瑰金"（rose gold）配色，也是这股风潮的组成部分。迦太基餐厅大约也可以视为千禧粉消费体验的一部分，一堵沉浸式的 Instagram 网红墙。顾客们在餐厅里面花了太多时间拍照，以至于餐厅出台了禁止拍摄整体空间的正式规定——只允许拍摄自己面前的食物。这项规定不怎么奏效；要说它实际起到的作用，无非是更加强烈地要求顾客拍下几张非法的照片然后发布。Instagram 直到现在还充斥着这些理论上的"违规行为"的罪证。

到 21 世纪末，频繁偶遇这些打卡设施将令人心力交瘁，烦不胜烦。所谓的 Instagram 博物馆不断涌现，拍照打卡即体验的核心目标，仿佛参观卢浮宫唯一的意义就是以蒙娜丽莎为背景完成一张自拍照。观众可以直奔打造数字化形象的主题动作，而不再被哪怕一张餐馆菜单分散自己的注意力。2017 年在旧金山开业的冰激凌博物馆（The Museum of Ice Cream）为游客提供甜点主题的沉浸式打卡设施，而同样来自 2017 年的颜色工厂（the Color Factory）则提供了超现实的单色房间，以供人拍摄戏剧性的人像自拍。这些场所都算不上令人印象深刻的视觉艺术作品，因为这一切存在的意义在于人物在场并拍照——离开了数字平台，这就是残缺的存在；社交媒体内容的产出才是唯一的价值所在。从这个层面而言，其服务具有非常明确的目的性。Instagram 网红墙或打卡体验吸引访客到达一个地点，并通过提供能够使用手机参与的活动来让这些访客保持活跃，就像餐厅为小孩子提供填色画册一样。这是一种对我们不断加重的成瘾症状的妥协——你不能只是去一个地方，而是必须把你的经历感受记录下来。随着访客们在网上发布这些照片，并在理想情况下标记了打卡的商家或地点，这些照片就会成为某种去中心化的线上巨型广告牌，某种形式的免费营销活动和口口相传的数字化证明。Instagram 网红墙因此得以自行延续，并可能永远存在下去。

这些网红打卡设施也是搜索引擎优化的实体表现形式。与网页上的关键词逻辑不同，Instagram 网红墙的逻辑，是试图确保无论何处都有尽可能多的照片出现在数字平台上，从而制造覆盖更广的数字足迹。相关的发布数量越多，频率越高，算法推荐选中某个地点并向更多潜在顾客展示的机会也就越大。这些网红墙道出了一个迫在眉睫的事实，即使是实体地点，也必须在互联网上像在现实生活中一样存在。

虽然网红墙已经开始显得俗套过时，但其运作方式已经渗透到物理空间的各个场所，各行各业都开始优化所谓的"Instagram 兼容性"（Instagrammability）。一家餐厅可能会设计一面嵌入霓虹店名招牌的绿植墙，从每张桌子都清晰可见，从而成为记录和分享的理想对象。一道菜式可能会将视觉呈现做到极致精细，以至于最后更多的是作为图片而非食物而存在。这便是纽约餐厅酒吧 Black Tap 成名的方式，它因 2016 年的一杯华丽奶昔走红，这杯奶昔上撒满糖果和其他的点缀物（甚至还有一整块蛋糕）以至于几乎实际上根本无法入口，但看起来对于一张夸张的 Instagram 照片来说倒是恰到好处。实际上，奶昔的设计者并非大厨，而是餐厅的社交媒体经理。这些奶昔最初只在特殊场合提供给社交媒体上的网红达人，但很快在普通顾客之中也流行开来，而他们与网红一样也可以将奶昔转化为线上内容。这些奶昔存在的意义更多的是为了拍照而非食用，过量堆砌的食材创造了不可持续的物理垃圾。

站在京都 Weekender 咖啡馆门前，我感到整个店面都变成了某种 Instagram 网红墙，一件可以清晰辨认的道具，一种用以记录消费者品位的标志。发布一张这里的照片，就可以证明你正成为令人向往的跨国界非地点大军的一分子，这是 21 世纪超高流动创意旅行者永恒且不真实的家。我对之感到欣赏——不管怎么说，我也曾经四处寻找类似这种一成不变的体验，并最终实现了心愿。但其中还是存在某种缺憾感：我没有在旅途中给自己带来任何陌生的意外刺激，只是一次又一次地通过在新的地点找到符合我固有品位感知的事物来固化我对自身品位优越性的认知。也许这就是这一切令人感到如此空洞的原因。

技术对文化的影响往往微妙而不易察觉。这种影响可能渗透范围十分广泛，又或是让事物改变得过于迅速彻底，以至于让人根本看不清因果联系，只是直接成为新的现实。为了验证对通用咖啡馆的直觉和猜想，我前往世界各地，与一系列的咖啡馆经营者进行交谈，了解他们设计自家咖啡馆风格的原因，其中很多人都对我形容了工业极简主义的流动空间式审美风格。早在 2007 年即开设了名下首店的挪威咖啡行业先行者蒂姆·温德尔博（Tim Wendelboe）对我坦白，自家店铺之所以采用招牌式的北欧极简主义风格，部分是因为预算限制：他回收利用了建筑中的现成材料——一家关门大吉的美发沙龙，并将回收的木材建成了吧台。新加坡网红咖啡馆"再成发五金"（Chye Seng Huat Hardware）的联合创始人赞茜·洪（Xanthe Ang）也提到了店铺的"硬件遗产"，并且表达了类似的意思——这家店铺所在的建筑原是一家建于装饰艺术风格盛行时代的五金行，拥有高阔的车库式天花板以及工业风金属灯具装置。经营西班牙马略卡岛 Mistral Coffee 的格雷格·舒勒（Greg Schuler）指出其店铺设计对"原始未加工元素"的积极运用：裸露的瓷砖地面、不加遮挡的管道网络以及胶合板置物架。

在 2018 年一本名为《世界各地的布鲁克林：在全球城市设计用餐体验》（*Global Brooklyn: Designing Food Experiences in Global Cities*）的学术作品集当中，法比奥·帕拉塞科利（Fabio Parasecoli）和马特乌什·哈拉瓦（Mateusz Halawa）两位编辑提到了"去中心化的千篇一律"。21 世纪头十年咖啡馆和餐厅的同质化设计模板"缺乏任何形式的中心化协作",他们这样写道,与响应某个中枢发出的指令相对的是,这种同质化源自一种动态网络,网络上的每个节点在同时传播和接收美学信息。这种传播效应的主要生发平台就是Instagram,各位咖啡馆老板也都纷纷强调这一事实,趋同压力真实且普遍存在。

在过去十年间,Instagram成为"我们观察全球特色咖啡馆行业的窗口,"多伦多极简风格咖啡馆连锁向导烘焙(Pilot Coffee Roasters)的市场经理特雷弗·沃尔什(Trevor Walsh)这样对我说,"我们希望拥有的设计选项是能够转化为好看照片的,能够形成值得分享时刻的环境。"在自家店铺Instagram账号上发布内容,以及邀请顾客分享自己的体验,都是与其他城市的咖啡馆和咖啡从业者交流沟通的方式,但这样的平台同时也制造了一种必须跟上节奏的压力。沃尔什说:"一直有这种产出内容的急迫感,我们总是感觉必须让店铺的影像出现在大家的手机里,出现在大家的桌面屏幕上。"他们必须填满算法信息流。

仅仅作为一家咖啡馆存在,是远远不够的;这门生意必须同时在互联网上培养一种平行的存在,这完全是一种完全不同的技能组合。"这感觉基本上是,你必须具备社交媒体敏锐度,你必须对这个虽然与本身业务相关但又并不直接包含的领域足够精通,才能获得成功,不被忽视。"沃尔什继续道。要做到这些,意味着必须实现一些优秀数据指标,例如在Instagram上发表大量带地理标签的照片,以及在谷歌地图信息页面获得店铺的大量用户好评。这种必须加强数字存在感的压力,导向的终点是一种仅存在于线上的餐厅。"幽灵厨房"(ghost kitchens)是搜索结果页面中的一种条目,提供的是类似汉堡或比萨这样的简单外卖食品,拥有类似Uber Eats或者DoorDash这样的平台品牌背书,但没有实体店面;它们的食品来自其他餐厅或工业化的中央厨房。这些食品首先以数字内容的形式存在,接着再经过同样的数字化渠道被配送到消费者手中。

与其他事物一样,要了解社交媒体敏锐度,需要首先了解各个平台的算法推荐。沃尔什观察到，一些商家背景的故事也许很精彩，但"没能努力跟上算法推荐的脚步，因而没能让更多受众看到"。也许这些商家发布内容不够频繁，又或许他们没有适应规则改变，例如 Instagram 从 2022 年前后开始由推广静止图像改为更多推广视频，这是平台试图模仿 TikTok 而产生的尤其明显的变化。即便你知道自己有可能破解算法，算法推荐可能也无法达到预期效果。沃尔什告诉我："我们花了大量时间、精力来构思精美的内容，但算法造成的结果是，我们发现并没能得到我们认为可以并应该得到的关注，这有时确实让人难免灰心。"受欢迎程度与咖啡味道的关系不大，却与它在 Instagram 上是否好看关系很大。线上形象的重要性几乎压倒其他一切因素，如今已经是适用于一切业态的规则：酒吧、烘焙店、时尚精品店甚至美术馆。从美术馆的角度，毕竟展厅的空间设计就是用来观看物品的，创造适合 Instagram 的完美视觉框架不过是顺水推舟。

"我痛恨算法，所有人都痛恨算法。"说这话的人是安卡·温古雷亚努（Anca Ungureanu），位于罗马尼亚布加勒斯特（Bucharest, Romania）的 Beans & Dots 咖啡公司所有者及创始人，她的咖啡馆由一家旧印刷厂原址改建。她的创业目标是打造"当时在布加勒斯特尚不存在的事物"——一个至少在审美风格上异于本地的空间。她的咖啡馆吸引了来自世界各国的访客；每当有人用谷歌搜索布加勒斯特的特色咖啡馆，Beans & Dots 都会在结果中出现。温古雷亚努开设了充满卡布奇诺快照的 Instagram 账号，并累积了超过 7000 位粉丝，但她感到平台正不断剥夺她通过信息流直接接触受众的能力，她因此灰心丧气。当她的咖啡馆开始线上销售时，脸书和 Instagram 都似乎采取了卡脖子动作——除非购买广告并使社交媒体公司的利润增加。这感觉像是算法勒索：先交保护费，否则不要妄想使用推广服务。曾经帮助公司成长并获得新客源的工具，如今突然背后捅刀。脸书和 Instagram "拒绝让你利用你亲手打造的已有社群，在达到某种规模之后，规则就不再公平了"，温古雷亚努总结道。

其他咖啡馆老板也如此抱怨，例如 2014 年始创于柏林的咖啡馆及精品杂货店 Hallesches Haus 的联合创始人吉莉安·梅（Jillian May）。店内空间高耸而简朴，装有拱形窗户，顾客可以选购浇花喷壶、台灯以及陶瓷花槽，当然还有咖啡和沙拉。店铺 Instagram 账号大约有 3 万粉丝，然而，"随着时间的推移，按用户数量比例计算，我们收获的点赞越来越少，"梅这样告诉我，"同样的照片如果五年前发出来可能收获 1000 次点赞，但如今大概只能收到 100 到 200 次点赞。"她感到 Instagram 正在"推动用户付费以获得内容推广，但店铺团队并不愿意这样做"。这样的区别待遇，对于一个以民主化的用户生成内容作为存在前提的社交网络来说，给人一种出尔反尔的感觉。是我们这些用户保障了社交媒体的生存，然而我们却对自己在这些平台上建立的关系没有完整的控制权，一大部分原因在于算法推荐占据的支配地位过于显著。

梅观察到了一种或许可以称作粉丝通货膨胀的效应。较高的粉丝数量与实际产生的互动量的相关性会越来越弱，可能的原因包括平台的推荐优先级的改变，一些活跃用户不再活跃，以及同样的内容引流技巧不再奏效。在过去十年中使用 Instagram 的所有用户，应该都不会对这种现象感到陌生。一张自拍照收到的点赞变少可能只是令人自尊受挫，而对于需要通过粉丝足迹赚钱的生意来说这就是个实打实的财务问题了，无论生意形式是咖啡馆吸引访客还是网红接单充值赞助内容。

追求 Instagram 的兼容性是一种陷阱：对于套用易于识别的模板带来的粉丝快速增长而言，无论套用的对象是线下空间还是纯粹的数字内容，最终都要依靠日复一日的重复劳动来维持，在保持内容发布的频率的同时还要了解算法的最新变化——哪些话题标签（hashtag）、段子或格式需要特别跟踪关注。数字平台剥夺了小店老板们的自主权，强迫他们亦步亦趋而非追求各自的奇思妙想。过度跟风潮流也存在着一定的风险，落入俗套是不合时宜的。如果某种套路变得过于陈旧，那么算法受众也不会与之互动。这就是为什么完美的通用咖啡馆设计需要不断进行局部微调，加入更多盆栽绿植或是移走少数几棵。在算法信息流中，时机选择就是一切。

另一种策略是保持连续一致性，不关心潮流风尚或互动数据，只是坚持做自己最擅长的事——从最深层意义上，忠于个人精神气质或品牌形象认同。六曜社，前文提到的那家京都地下室咖啡馆，就是这种精神的代表。它能够气定神闲地等待客人按自己的意愿选择与融入店铺的氛围，也没有开设 Instagram 账号。在某种意义上，咖啡馆也正是现实中的物理过滤算法：它们根据不同的偏好将人群分门别类，通过店面设计和菜单选项默默地吸引特定的人群，并排斥其他。这种形成社群的方式，从长期来看可能比画出完美的拿铁拉花或积累 Instagram 粉丝都更加重要。这也是安卡·温古雷亚努试图在布加勒斯特实现的目标。她说："我们这家咖啡馆是让客人可以邂逅与他们类似的朋友的地方，在这里你会遇到志趣相投者。"她的评论让我不禁想到，一定程度的同质化可能是算法影响的全球化无可避免的后果，只因有如此大量志趣相投的人，都在同样数字平台的影响下，在同样的物理空间中穿行。千篇一律的属性已经走上了彼此叠加、复利增长的路径。

算法重塑旅游业

来自 Yelp 或谷歌地图的地点推荐，能够通过在小范围内重新定位用户的路线，最终重塑城市的地理面貌：访客走进一家咖啡馆而非另一家，或是哪怕初来乍到也能轻松定位自己钟爱的餐馆。像浏览幻灯片一样轻松搜索和翻阅景点，并最终找到目的地，将景点视为一种在线内容，这与传统的旅游体验相比显得轻松惬意。找到令人向往的目的地后，访客还可以利用另一种按需供应的算法服务商，从打车平台上叫车将他们丝滑顺畅地送达目的地。这些对人流的轻微重新定向，也会改变金钱和注意力的流动方向，让一些地点备受关注而冷落其他。如果算法推荐持续进行，这样的关注度增长也会自我增强，因为关注度带来更高关注度的定律还会再一次上演。

滤镜世界提供了一个愈发密闭的泡泡供人们穿越现实世界，通过各种应用程序，注意力可以顺畅地从一个物品转移到下一个物品，物理移动也可以无缝对接，导向不同的目的地。我亲身体会了这种旅行模式的进化。比 Yelp 推荐更进一步的爱彼迎租房，使得我在任何一座全球化都市都更容易融入有趣的本地街区感受居民生活，而不必总是像个游客。优步逐渐把业务拓展到更多国家，让我能够在世界更广范围内使用同一个熟悉的应用程序方便地召唤出租车。近年来，随着移动支付的发展，我轻触手机便可以在纽约、伦敦和里斯本的商业中心购物，甚至乘坐地铁。加密货币承诺实现一个独立于政论的货币系统，能够在任何地方毫无阻碍地使用，但目前这实际上还是画饼。这些工具会以神秘的方式让地点显得无足轻重，毕竟只要手机在手，世界尽在掌握。城市变成全知全能神奇屏幕的背景陪衬，从实体落入了由交流组成的空间当中。地理世界的差异被数字世界的相似性取代，但偶尔也会有太多的人挤进同一条算法通路，导致相当严重的不便。

在 21 世纪头十年，洛杉矶居民发现，利用交通导航类应用位置（Waze）提供的基于其他车辆的实时数据的备选驾驶路线，最终能够通过算法筛选过滤形成理想路线，但这破坏了街区原本的安静。当主干道出现拥堵时，该应用程序会通过将驾驶员重新导航到居民区小路上，试图让他们更快到达目的地。《洛杉矶杂志》（Los Angeles Magazine）在 2018 年的文章中宣称，"算法就是上帝"。这个技巧在没有太多人使用的时候很有效，但接下来它就会引发新的拥堵问题。北好莱坞（North Hollywood）和影视城（Studio City）的街道挤满了小汽车和卡车，而陡峭的坡道和急弯都会让它们动弹不得。最后大家发现是位智的算法视这些小型街道与大街主干道具备相同的通行能力；导航做出的推荐以为这些街道可以容纳再多一百辆的车流，但实际上并非如此。交通拥堵造成噪声污染和交通事故，以至于当地政府与谷歌展开协商要求修改数据。社区居民开始自己动手反击算法，纷纷登录位智并上报虚构的事故和路障信息，由此向应用程序发出改道经过此地无法节约时间的信号。对算法实施破解对于当地环境改善起到了立竿见影的作用。

在这种情况下，吸引算法的注意力导致了一起溢出事件。机器将居民区小路视为必须解决的方程的便捷解决方案，虽然这种解法本身会造成不满。当地居民的福祉并不是算法考虑的参数之一。在我的伴侣杰丝的父母位于康涅狄格州韦斯特波特（Westport, Connecticut）的家附近，我也观察到了同样的现象。这里离纽约市有约 1 小时车程，有很多从纽约北上或东去的通勤者路过。当 I-95 高速公路拥堵时，位智或谷歌地图（它的母公司在 2013 年收购了位智并开始并入其数据）会引导驾驶员穿行于这座 200 年历史城镇古色古香的市中心，驶过仅为本地少量交通设计的小路。双车道桥梁会被完全堵死，短暂的交通信号灯间隔一次只能放行区区几台车就会再次变红。到最后，没人省下任何时间，而市区居民的生活质量却遭到了损害。

这种奇怪的路线规划能够以如此的速度和密度普遍发生，完全是应用程序自身的问题，而这也是另一种"去中心化的千篇一律"，只是发生在人类行为而非审美风格领域。位智引导驾驶员被动接受它认为最优化的替代路线，而驾驶员可能并不知道即将在前方遇到被困窄街的拥堵。这种大多数情况下可靠的应用程序的存在，替代了我们对自行决策和相应判断力的需求。诚然选择不同导航路线并算不上某种文化差异，但它仍是算法推荐代替个人品位的又一次体现。我非常依赖谷歌地图将我引导到目的地，自从用上了导航软件，我早已忘了曾经牢记于心的任何行车路线。查阅高速公路纸质地图已经是来自童年的遥远回忆；我已经完全臣服于自动导航。位智算法是一种将资本与数据凝聚，并以意想不到的方式扭曲现实世界的崭新方式。它一方面通过在个人智能手机中的普遍存在，生成实时交通数据；另一方面利用这些数据，通过对通行模式、燃油经济性和收费综合计算，得出行驶路线推荐。然而驾驶员对这些参数和它们的权重多半一无所知；人类用户只能体验到最终输出的结果。

冰岛整个国家都经历了类似位智高速公路效应的事件，尽管这是一个冰岛人主动有意为之的版本。这是一个自然发展形成的 Instagram 网红打卡地。整座岛屿本来并不比星球上的其他任何地方更容易吸引游客，它独自漂浮在大西洋最北端，基本上由活火山、拒人千里的冰川以及陡峭险峻的峡湾（fjord）构成。实际上，直到大约公元 9 世纪，冰岛都完全无人居住。瑞典维京人加达尔·斯瓦瓦尔松（Garðar Svavarsson）于公元 870 年成为完成导航环行全岛的第一人，而雷克雅未克最早的定居点稍后于公元 874 年建立。雷克雅未克这个名字意为"冒烟的海湾"，命名原因是定居点首领英格尔夫·阿尔纳尔松（Ingólfr Arnarson）在登陆之前注意到地热喷泉口冒出的蒸汽。当冰岛在 1703 年进行第一次正式人口调查时，整座岛屿有略微多于 5 万名居民。哪怕到了今天，冰岛人口也只有不到 40 万，每平方千米大约 4 人，是全世界人口密度最低的国家之一。然而冰岛能够持续吸引每年超过 200 万（本地人口的 5 倍）至少在本地居住一晚的过夜游客。旅游业在 2019 年占到了全国出口收入的 35%，达到了新冠疫情冻结国际旅行前的一个巅峰。旅游业超过了其他任何产业，也就意味着冰岛最具商业价值的产品是自我推销，提供这个曾经人迹罕至的孤岛丰富的观光体验。

旅游业并非一直是冰岛如此重要的支柱产业。游客超过本地人口不过是 2000 年前后才发生的现象，而真正高速增长要到 2010 年前后。从那一年开始，游客数量开始呈指数级别暴增，就像互联网段子的传播一样。讽刺的是，恰恰是一场天灾开启了 21 世纪冰岛旅游业大发展的大门。旅游业大爆发的第一个原因，是 2010 年 3 月的埃亚菲亚德拉冰盖（Eyjafjallajökull）火山爆发，由于空气中大量的火山灰可能损坏飞机引擎，这场火山喷发在 4 月造成了欧洲各地航班中断长达一周。就冰岛本身而言，这场火山爆发发生在一个非常偏远的农业社区，只需疏散大约 800 人即可——算不得什么大事。如此戏剧化的新闻事件得到了世界范围的广泛报道，并且所有那些电视新闻都播放了冰岛的照片，而冰岛这样的国家通常不会占据这么多全球新闻版面。突然之间，成百上千万观众都在观看冰岛清新原始的风光、远方笼罩在地平线上的冰川、奔腾不息的瀑布和浑然天成的温泉。"由于火山爆发，整个世界都忽然看到了我们。"供职于雷克雅未克市政府旅游创新部门的凯伦·玛利亚·约恩斯多蒂尔（Karen María Jónsdóttir）这样告诉我。

一些冰岛人认为，旅游业大爆发的第二个原因就是 Instagram 的诞生。在火山爆发之后几年间，有几百万人试图在自己的账号上复刻那些田园诗般的冰岛风光。把你的度假发布到网上，是 1970 年典型家庭幻灯片活动的 21 世纪升级版。看到一张绝美的旅行照片，尤其是在网上社交空间，会导致一种发自肺腑的 FOMO 感，也就是错失恐惧症（the fear of missing out）。你想要知道照片是在哪里拍的，拍照的人是怎么去的，以及他们在那儿住了什么旅馆或酒店。而凭借 Instagram 的话题标签和地点标签，以及伴随而来的落地引导页（landing page），轻易即可点开一个链接并查看任何地点经过算法推荐的最热门照片。当然，冰岛不是因为有了 Instagram 才变成一个美丽的地方，和咖啡馆刻意设计成 Instagram 兼容的风格完全不同。冰岛之美的成因是地质和地理方面的诸多偶然事件，但 Instagram 给这里的自然风光加上了画框并突出展示，平台的推荐系统将这些冰岛热点的标志性画面推向了数亿用户的信息流顶端，从而使得这些画面成为这个国家事实上的象征。

与银河五百的达蒙·克鲁科夫斯基发现自己乐队的音乐形象，被与 Spotify 算法助推的网络热歌联系在一起，而非乐队成员们自己选择的代表性曲目一样，Instagram 信息流也开始为冰岛塑造一个新的公众形象。在国家航空公司冰岛航空（Icelandair）服务数十载的迈克尔·劳海森（Michael Raucheisen），为我讲解了社交媒体是如何开始改变冰岛航空对游客寻求和如何吸引游客的认知的。"我们从旅客手中看到的视觉图像几乎比我们已有的照片存货还要惊人。"他说，航空公司已经开始在机舱杂志上发表采自 Instagram 的照片。"世界各地的人们都可以在各自的社交媒体频道分享冰岛之美，这样的现实让我们的工作变得容易许多"，劳海森补充道。与之前提到的类似，虽然不是 Instagram 创造了旅游这项活动，但它确实给旅游业带来了大量新机会。冰岛航空提供了廉价机票和中转经停优惠，以帮助旅客在冰岛停留。新的现代化酒店在雷克雅未克各处拔地而起。为游客准备的主题酒吧不断涌现，并冠以类似雷克雅未克美式酒吧（American Bar Reykjavík）这样的名称。

社交媒体也吸引到了新的游客人群，他们的习惯与此前的游客大相径庭。在旅游业大爆发之前的几十年间，大部分到访冰岛的游客都来自邻近的北欧国家，以及德国和法国。这些游客普遍倾向于停留更长时间，规划去往冰岛偏远区域的冒险活动。近年来，游客的主力变成了美国人、英国人和中国人。他们停留的时间较短——有些是受中转经停优惠吸引,在去往其他地方的半路到访冰岛,最终的目的地往往是欧洲大陆——并通常不会离开雷克雅未克太远。从市区酒店出发的旅游大巴将旅行团送到各个主要景点、间歇泉和瀑布,再将旅行团成员安全地送回酒店。算法推荐也在影响这些行程的具体安排。类似客涯(Kayak)和缤客(Booking.com)这样的在线旅行社(online travel agency,又称 OTA 平台),在 21 世纪快速发展,用户每年在这些平台上完成数百万次旅行预订服务。这些网站是搜索引擎、用户自助点评网站和推荐系统的综合体,对航班、酒店和城市给出五星满分的星级评价,仿佛它们也是任君挑选的海量奈飞剧集一样。随着越来越多的游客通过这些平台规划他们的冰岛行程,他们在当地的路线也变得越来越同质化,就像位智将车辆路线规划经过韦斯特波特市中心一样。一个针对消费进行版本优化升级的新冰岛,在这个过程中逐渐显现。

拥有算法加持的全球旅行者也都属于物质条件优越的阶层,与通用咖啡馆的常客们不无相似之处。为了能够随心所欲地在全球自由行动,首先需要合适的护照(很有可能是美国护照),同时还需要合适的性取向和肤色。举例来说,黑人用户在使用爱彼迎的过程中长期困难重重,因为总有种族主义房东拒绝他们的订房申请,直到平台取消了房东在预订前查看房客资料头像照片的功能。并不是所有人都能被轻易认同为群体的一分子,或是融入看上去顺滑无摩擦的空间,对于一个用户群体的接纳并不意味着对所有人都是如此。

在雷克雅未克"最受欢迎"景点榜单的最前面,缤客网站布置了一个"黄金圈一日游"条目,这条环线囊括了冰岛最著名的景观,例如赫伊卡达勒间歇泉(Haukadalur geysers)、古佛斯瀑布(Gullfoss waterfall)以及公元 930 年冰岛第一届议会所在地辛格韦德利国家公园(Þingvellir National Park)。网站在搜索结果下面突出显示,这趟行程收获了 96% 的游客的好评。作为对比,只有 69% 的游客对 3 小时观鲸之旅给出了好评——言外之意便是，别白费工夫了。OTA 平台如何对这些旅游产品进行排序，对于游客最终选择哪些产品具有重大影响，也因此决定了诸如酒店和旅行社的生意当中，哪些能够幸存下来。在我与冰岛旅游局局长斯卡菲丁·伯格·斯坦纳松（Skarphéðinn Berg Steinarsson）的对话中，他很快对这些服务进行了批评。"平台的财务收益源于快速实现销售以及简单的产品，于是平台没完没了地推广前十名榜单，因为那属于简单的产品。"斯坦纳松表示。平台的经营动机并不是提供非常独特的旅行体验；而是说服尽量多的网站访客按下"购买"按钮，与平台提供的内容进行互动。

这样的推荐资讯信息流只能流于表面，引发匆忙而被动的决策；作为互联网用户，我们已经被灌输了最先出现的结果就是最优结果的观念。但我们会因此错过表面以下的更深维度，错过那些冷门景观。2006 年《连线》（Wired）杂志主编克里斯·安德森（Chris Anderson）发表了他的畅销书《长尾理论》（The Long Tail），主张互联网的广度使得小众冷门生意、产品和内容有可能蓬勃发展。用来表示关注度的曲线通常向着代表热门左侧呈现指数上升的波峰；而安德森预测这条曲线更长更平滑的另一端，代表着更多元但相对冷门的事物，可能会找到新的方式延续自身存在，因为消费者在网上总是能够找到他们真正想要的精确目标。安德森观察到了算法推荐的自我实现效应，甚至在 21 世纪初的亚马逊上也出现过，当时算法推荐推动了一本此前鲜为人知的书籍，出版于 1985 年的《无情之地》（Touching the Void）的销量，并最终将它推上了畅销书榜单。"大众市场正在转化为大量的小众市场"，安德森这样写道。

在滤镜世界的时代，这种效应也曾以某些方式实现过。TikTok 确实使得小众内容创作的事业成为可能；我喜爱并关注的一位创作者，通过制作关于极地小岛日常生活的视频，获得了足够养活她自己的收入。但如今无处不在的算法推荐，也使得长尾图表的左侧变得更加巨大，因为即使毫无兴趣的用户也会被平台引导观看那些本已广受欢迎的热门内容标准组合。从游戏直播平台 Twitch 泄露的数据表明，只有最顶尖的 0.01% 的 Twitch 主播才能从平台挣到美国国民收入的中位数水平。安德森当年可能没有考虑到注意力与利润的等价关系会如此直接，因为利润的主要来源是广告，而非例如书籍或 DVD 光盘销售这样的实体交易。"大众文化并不会跌落神坛，它只是会变得不那么大众化。"安德森进行了预测。我们如今知道事实并非如此。如果非要说出现了什么变化，那就是大众文化近来变得比以往任何时候都更审美同质化了。

斯坦纳松哀叹，冰岛旅游的长尾，在 OTA 平台推荐的大潮面前不堪一击。"有太多的地方没出现在那些榜单上，也永远不会出现在那些榜单上，"他表示说，"你要深挖到什么程度，才能开始发现真正非同凡响的事物？"游客们的体验也变得扁平，并不是因为他们没有其他选项，而是因为数字平台让随波逐流变得太过方便，这是一种对老式游客指南加入强制胁迫的版本升级。在将冰岛转化为"过度旅游"（overtourism）象征的过程中，OTA 平台和 Instagram 都起到了作用。"过度旅游"一词是由旅游媒体创业者拉法特·阿里（Rafat Ali）创造的，正被越来越多地用来形容由于来访游客的巨大数量而遭受破坏或发生不可逆转变的地方。数字内容自带规模扩展性：同样的内容可以提供给数量无限的消费者，只要服务器还存在足够的空间，更多的受众并不会改变体验。但是，物理空间无法这样扩展规模。

我在 2019 年去往冰岛进行一次采访任务，体验当时新冠疫情打断全球旅行之前，正达到最高峰的旅游业大爆发。我入住了一间爱彼迎客房而非酒店，选中了处于雷克雅未克规模不大的市中心的一间小公寓。通过爱彼迎搜索功能，我确保选中的公寓与我提前在谷歌地图上发现的工业风咖啡馆相距不远，公寓的名字叫作雷克雅未克烘焙师（Reykjavík Roasters）。爱彼迎房间采用了工业复式阁楼的布局，透过直通房顶的超高落地窗可以看到稀疏的城市天际线。在室内装饰方面，这个看不出个性特征的公寓在墙上绘有一幅巨型布鲁克林大桥（Brooklyn Bridge）照片，让我觉得仿佛在离开纽约之后哪里也没去。即使是我主动选择了这种审美风格，这样的标准化对于一个在物理上相对与世隔绝的角落来说，也太过火了。

我第一次离开雷克雅未克的探险就是经典的黄金圈大巴一日游。这感觉就像是回到了小学郊游，我们一群游客满怀期待地坐在座位上，聆听一位面无表情的导游重复关于我们行程地点的基本常识。巨大的古佛斯瀑布是一处令人敬畏的奇观，每秒110立方米的滚滚水流经过地面上的一道裂缝。仅仅是巨大的水量和仿佛演唱会扬声器啸叫般充斥在空气中的巨响就已经足够震撼了，更不用说再加上周边背景：覆盖绿色苔藓的陡峭岩壁一直延伸到远方。但我所在旅游团中的大部分人只是通过手机摄像头观看这一景致。他们试图拍摄的远景图，视角向下，正是在瀑布的Instagram页面上不断反复出现的同一幅图像。而他们还在进一步复制这幅图像，以确保它作为冰岛通用符号的突出地位。

这让我联想到唐·德里罗（Don DeLillo）1985年的小说《白噪音》（*White Noise*），其中身为大学教授的主角与他的同事默里一起去往乡间，只为一睹"全美国被拍照次数最多谷仓"的风采。除了恶名远播之外，谷仓并没有什么过人之处——不过是一个前互联网时代的段子而已。看着谷仓周围人山人海举着相机的人，默里说："我们不是来这里捕捉某种形象的，而是来这里维持这种形象的，每一张照片都会加强这里人山人海的光环。""没有人真正看到谷仓，"他总结道，"他们只是将拍摄照片的景象拍到照片里而已。"在滤镜世界当中，很难将事物的本质，或者实质，与它以关注度为衡量标准的受欢迎程度区分开来。受到欢迎本身往往与意义或重要性相混淆，就像德里罗小说中谷仓的例子一样。

古佛斯瀑布不得不保卫自身免受拍摄者侵扰——也需要保护拍摄者免受自己的愚蠢行为伤害。沿着经过瀑布的小径竖起了围栏，以阻止游客接近峭壁边缘，或是踩踏可能需要几百年才能重新生长的本地苔藓。瀑布周边也曾发生过致命事故，美国徒步旅行者自拍时摔下悬崖一命呜呼,坠落过程中的惨叫回声似乎仍未消散。"如果你摔了下去,根本没有可能再找到你,你只会从此消失。"旅游局局长斯坦纳松表示,"那张照片又能起到什么作用呢?"他问了我这个问题。唯一的逻辑只能是照片的重要性高过了风景本身。

涌入冰岛的游客数量过于巨大,已经在逐渐毁掉他们舟车劳顿的本来目的:这座岛屿壮丽的自然风光。在类似赫伊卡达勒间歇泉的一些地点,游客们持续不断的沉重脚步已经把土地踏成了烂泥。在夏天的旅游淡季,通常土地本可以重新干燥,然而旅游活动变得愈发全年无休,使得地面再也没有机会复原。"太多的人流只会造成单纯的破坏。"斯坦纳松表示。

由数字平台驱动的旅游业既造成了字面意义上的扁平化,即太多的双脚和车轮造成物理损害,也同时造成了比喻意义上的扁平化。就像我在谈论其他文化种类时指出过的那样,线上内容无处不在的特性拥有一种使描述对象变质的效果,将对象的实质削弱成某种更方便消费的形式,或者直接造成它在被消费的过程中不断消耗殆尽。在滤镜世界中,独特性是一种转瞬即逝的产物,会被算法推荐攫取并一次次重复推荐,直到带来唯一性或特殊性的成分要么遭到摧毁,要么沦为俗套。举个例子来说,以其白色建筑和蓝色穹顶而闻名的希腊岛屿圣托里尼(Santorini),不得不在 2019 年贴出告示,要求到访的 Instagram 用户不要再擅自攀爬建筑物房顶以试图拍摄完美照片。房顶并不是数字内容,而是本地居民的家。一段 2023 年新冠疫情结束后的旅游业反弹期间拍摄自圣托里尼的 TikTok 视频显示,这种扁平化现象反而加剧了,人群在房顶上排起了长队。"因为一个地方看上去很美,而到访当地并全力专注于消费视觉景观,并不应该是旅行的意义。"上传视频的尼基·吉布森(Nikki Gibson)在旁白中这样表示。

这种 Instagram 化的过程,在我参观的两处冰岛温泉上体现得非常明显。第一处温泉,蓝色潟湖(the Blue Lagoon),是一个著名的自拍打卡点。处于机场附近的便利位置的蓝色潟湖，是由一系列优美的玻璃建筑围绕着的一片开阔的池水，周边是凹凸不平的深色火山岩。从淡蓝色池水冒出的蒸汽在外星般地貌的映衬下，构成了完美的拍照背景。虽然蓝色潟湖并不是完全自然形成的——它的温度来自地热发电厂的排放——但我在那里度过了完美的愉快时光，在热水中来回摆动身体，渴了就游向吧台，再把手机装进新买的挂在脖子上的防水壳里拍几张照片。我在自己脸上涂满白色的冰岛黏土，并把自拍照发到了 Instagram 上。在我身边，到处都是做着同样事情的游客。在每年接待超过 100 万人的蓝色潟湖，你绝对不会忘记自己是一名游客。这并不是一件坏事，但对于以尝试寻觅被本地人包围的"正宗"体验为荣的旅行者来说，多少有点奇怪。虽然它真的对于适应时差很有帮助。

我参观的另一个温泉，在我的漫长巴士旅游介绍上被标记为"秘密潟湖"，虽然它的本地名称是 Gamla Laugin，或简称为"老游泳池"。实际上，它在冰岛是历史最悠久的；这座泳池始建于 1891 年，天然的间歇泉水源会将池中的水每 24 小时更换一遍。到 1909 年，这个泳池承担了冰岛最早的游泳教学任务。在废弃数十年之后，它在 2014 年重新开放，建有内设更衣室和沐浴间的一层小平房。与蓝色潟湖不同的是，这里并不是为拍照而设计的景点。水的颜色很暗，而不是浅蓝色，周围是交错铺平的扁石板和布满苔藓的起伏岩岸，有一条窄步道穿行在冒泡的间隙泉之间。一栋破旧的无门无窗的石头小屋成了泳池历史功能的残留纪念，给这个地方带来了一种沧桑感和永恒感。它让人感觉非常本地化。我对于我们这个由十几个外国人组成的旅行团在工作日午后的到访感到有些尴尬，似乎打扰到了零星几个独自游泳的老人的日常规律。但我非常享受这里宁静的氛围，以及这个地方对我除了欣赏它的美，再无任何索求的松弛感。我沉入水中，游向池边，身旁还剩大量的空间，没有人在摆弄手机。

虽然我很高兴自己来到了这个地方，但还是会感到迫近的威胁，像我一样的游客即将滚滚而来，贬损 Gamla Laugin 的独特性，将它变成另一个蓝色潟湖，一个供人录制 TikTok 视频和吸引 Instagram 评论的打卡点。在抓人眼球的 Instagram 旅行照片下方最常见的评论总是"这个地方在哪里"，暗示着另一个问题：怎样才能让我也去到那里？某种特定的矛盾心态一直是旅行的一部分，明知道自己只是个游客，却仍然渴望与一个陌生的地点产生直接的联系。然而算法推荐已经将这个口口相传的过程实现了自动化，将旅游变成了一种扰乱本地文化生态系统程度更深的传送带——在这个过程中，让各个地方，至少是各个地方带给人的体验，变得更加相似。世界只是一坨有潜在内容的一次性饲料，可以骗来几个点赞，为数字平台挣一些钱，接着就会逐渐消失，大概率再也无从得见。对避开这种循环的片刻宁静渴望已久的我，默默离开了 Gamla Laugin，没有发布任何提及它的内容。

爱彼迎人口大迁徙

在新冠疫情期间，之前改变了旅游业的算法影响力，很快开始以同样的方式改变美国国内的人员流动。在区区几周时间内，很多人看待房地产的眼光出现了反转。高密度的城市此前一直被越来越多的人视为理想的居住地，然而随着医院容量过载和对隔离的幽闭恐惧，高密度的吸引力不似以往。在 2020 年和 2021 年，根据美国人口调查局（US Census Bureau）的推算，出现了显著朝向城市郊区和农村地区的人口迁移。像俄勒冈州本德市（Bend, Oregon）、缅因州波特兰市（Portland, Maine）以及蒙大拿州白鱼镇（Whitefish, Montana）这样风景优美的地方，纷纷迎来了人口暴涨，也因此推高了房价。在东北部和中大西洋地区（Mid-Atlantic region），关注的焦点在纽约上州（upstate New York），从哈德逊河谷（Hudson Valley）到宾夕法尼亚州（Pennsylvania）边境的广袤土地。在 2020 年夏天的混乱月份当中，如果你没能买下一栋新的乡下度假屋，次优选项便是租下一间作为逃离城市的避难所，而最便捷的方式就是通过爱彼迎。这个算法驱动的网上市集，让搬家变得像按下鼠标一样容易——但下乡大迁徙发生的速度和规模，也意味着房租飞涨超出了可以负担的范围。如果你动作够快，钱包够深，那么地理对你来说全无障碍；如果你没有这些条件，便只能被迫困在原地，同时被迫接受更高的新冠感染风险。

在 2020 年夏天，我和一群朋友在卡茨基尔（Catskills）订了一套爱彼迎客房，这样我们就可以从华盛顿特区、波士顿、纽约这些不同的城市出发，经过长途跋涉聚到一起。我注意到那些具备最多虚浮空间审美特征的房源——带有白墙的整洁新装修，配上极简风家具和黄铜五金件——多半会最快订出并要价最高。我们的小团体最后在纽约州亨特镇（Hunter, New York）找到了一栋大房子，屋内有来自直销家具品牌Joybird的切斯特菲尔德式（Chesterfield）沙发以及与板状餐桌搭配的黑漆夏克（Shaker）风格椅子。能订到这栋房子算是我们交了好运——某位女士刚刚取消了她整个夏季的订单，而我在12小时后就订下了它。实际上，这栋房子位于一个小院当中，院内还有两间稍小的木屋，由两户布鲁克林家庭分别连续订了几个月，作为逃离城市的避难所。这些爱彼迎出租房都是伴随新冠疫情而出现的。"我们在混乱的疫情早期全力快速完成装修，因为有太多的人在寻找长租房源。"这些地产的主人迪尔德丽·巴顿（Deirdre Barton）后来这样告诉我。巴顿甚至还没来得及上传房源照片，便已经在平台上租出了她的两间小木屋。

  这股移民潮的突然性，在整个纽约上州都引发了一些奇怪的现象。装修纷纷仓促完工，新房源几乎一件家具都还没添置，带着诸如管道故障或地板坑洞之类肉眼可见的毛病就匆匆投入了市场。一位租房公司创始人告诉我，不熟悉全功能厨房的城市租客，造成了像是将馅饼遗忘在烤箱，烧焦后触发火警这类事故。匆匆向北转进的海量纽约城里人，催生了一种强度加倍的士绅化，也占据了北方本已不多的住房供应。一位房产经纪人表示，住宅的成交价可以在挂牌价的基础上提升超过20%。这种现象也不只在纽约上州发生，所有突然有可能（并被迫必须）远程工作的人，都可以在任何地方工作。可行的选项包括有口皆碑的远程工作目的地，例如墨西哥城、里斯本和巴厘岛，这些地方也都见证了新的长期访客大批涌入。这些人都是"数字游民"（digital nomads）——在不断旅行中持续保有报酬丰厚的远程工作岗位或是自由职业短期工作，使用他们的笔记本电脑在风景如画、价格相对低廉的地点完成工作任务的群体。

即使没有爱彼迎，疫情造成的这次人口大迁徙当然也会发生，但这个平台无疑加速和加剧了这一切，一方面通过让租客很轻易就能找到他们真正想要租下的空间，另一方面通过最初鼓励房东将他们的房屋上传到市场上启动了整个过程。从某种意义上来说，是爱彼迎创造了这种可以将即刻搬家付诸行动的预期。公司最重要的口号之一便是"家在四方"（Belong Anywhere），相应的营销活动始于 2014 年。"像本地人一样生活"（Experience a place like you live there）是公司的另一句口号。言下之意是你不再需要只是做一个游客；你可以通过住在本地人出租的自家住宅，扮演本地人的角色。

搭伙租房的布莱恩·切斯基（Brian Chesky）和乔·杰比亚（Joe Gebbia）在罗德岛设计学院（Rhode Island School of Design）曾是共同修读过工业设计课程的同学，他们与负责软件开发的内森·布莱卡斯亚克（Nathan Blecharczyk）一起，于 2008 年共同创立了爱彼迎。大学毕业之后，他们搬到旧金山，产生了在合租公寓的客厅摆放充气床垫并提供非常简朴的"住宿加早餐"（bed-and-breakfast）服务的创意。他们在一场设计大会在市区举办期间获得了第一个客户，因为当时酒店都已爆满，价格合适的过夜住宿选择不多。这种情境，为平台促进人与人紧密联系和人对地点归属感的服务承诺奠定了基础：爱彼迎的本意是利用富余空间，进行一种带有些许净社会效益表象的，本质上近乎公益性的共享行为。陌生人有机会结识彼此，而住家主人（而非偷偷利用平台的专业房东）可以通过出租不常用的房间获利来补贴家用。这种双向需求的交汇催生了一家当前市值超过 800 亿美元，拥有超过 1.5 亿用户的企业。爱彼迎可能是各大数字社交网络当中，能够对物理世界产生最直接影响的一家企业。

在实际操作中，公司建立了一个诱惑力如此巨大的市场，以至于很多房源都仅提供短租——没有人在这些房间居住，让整间公寓甚至有些时候整条街道都充满了酒店的氛围，就像是马克·奥热的非空间突然失控蔓延。在它创立的最初几年，爱彼迎会派出专业摄影师对房源细节进行拍摄记录，以确保所有线上出租信息都尽力统一展现一种冷色调、大广角、过度曝光的审美风格，从而让这些出租信息具备 Instagram 式数字影像的吸引力。配套的小生意也随之兴起，例如在住客离店间隙打扫房间的爱彼迎管家，以及能够给出吸引平台用户装修建议的设计顾问。娜塔莎·福伦斯（Natasha Florence）就从事这样的顾问工作，她在2016年告诉我，房东应该积极采用"工业风或是20世纪中期风格"。"只要看上去不要显得杂乱和陈旧就行。"她补充道。

当我翻阅回顾自己用了10年的爱彼迎账户历史记录时，我看到的是一行行一列列相似的刷着白墙的空旷空间：杰丝和我不得不付了迟到罚金才能入住的里斯本山顶公寓；装有夸张木质百叶窗的塞维利亚（Seville）庭院；纽约上州的玻璃箱体林间小屋，房东是位模特的转型餐厅老板；在闹市中自成一体的东京一户极简复式开间；位于蒙马特尔（Montmartre）附近，拥有一套完美艺术书籍收藏的精致巴黎公寓。我已经去过所有这些地方，但在某种意义上，它们全都是同一个地方，存在于我的爱彼迎账户中，完全不能在真实世界的任何地点找到归属。以上那些真实的城市当然会继续存在，普通市民在当地继续他们的日常生活，其中的丰富程度和独特程度没有任何一趟旅程可以完全覆盖。但我与这些地点的邂逅是受到局限的，我被导向了那些只能加强自身已有观点的体验，顺应了由我线上所有个人资料形成的个人品位总体特征。我感到自己入住了每个目的地的 Instagram 版本——一种肤浅的、流于表面的互动形象，最终并不能反映任何现实。实际上，这种肤浅形象反而遮蔽了现实，让真相更加无处可寻。这种感觉——真相与正宗事物总在半遮半掩，而我们也被一连串数字干预所阻，无法随心所欲地追寻——看起来正是滤镜世界生活体验的核心。

最近几年，反爱彼迎墙壁涂鸦在它占据主导的城市中不时出现。"对爱彼迎和旅游业说不"以及"我们的城市被当成商品出卖"出现在雅典，

"爱彼迎去死"出现在威尼斯，每一个爱彼迎游客都似乎面临被驱逐。我们本地的穷学生租客出现在葡萄牙科英布拉（Coimbra, Portugal）。这些涂鸦标语既是对算法的抗议，也是对美国硅谷科技巨头大范围支配一切的抗议。巴塞罗那和柏林以对爱彼迎的严格监管而闻名，对哪些房东可以在平台上出租自己的空间，以及可以出租多长时间进行了限制。爱彼迎作为一个公司也受到了强烈抵制，人们抗议它激进的收费政策，以及对不可靠房东审批过于宽松。也许酒店，作为原有的通用体验，反而会再次成为潮流？但我从未放弃爱彼迎，我对于平台抽象的许诺实在过于着迷，想要去体验几天正宗的他人生活，例如在里斯本做一个雕塑家或是在东京当一名音乐人。对于我来说，旅行的幻觉只有住在真正的当地人的公寓里才算得上完整——当然它仍然会是一种幻觉。

　　作为一家公司，爱彼迎也意识到了它造成的扁平化效应。2021年年底，我与如今担任爱彼迎首席执行官的切斯基进行了对话。那是一次Zoom视频通话；切斯基在他位于旧金山的家中，虽然滤镜将背景虚化成了一片模糊。他讲话的语速很快，态度坚定不移，带着一种已经确定自己对万事万物看法的语气。"我正努力吸取过度旅游带来的教训，但我本质上并不认为世界上的旅游活动太多；我认为过度旅游主要是由于太多的人同时去了同样的地点，"他说，"如果你能够设计完美的情景，那么你会大致平均地将游客分散到各个不同日期的不同地点，从而不至于让任何一个地方超出承载量。"切斯基出生在纽约上州，虽然比起城里人蜂拥而至的典型哈德逊河谷地带来说，没有那么强烈的浪漫色彩："并没有很多人到访我的家乡，但那其实是个挺不错的地方。"

　　切斯基表示爱彼迎正专注于解决这个"旅行再分配"问题。由于科技平台极少谈及它们造成的社会变革何等巨大，往往更倾向于对自身影响力轻描淡写，切斯基承认爱彼迎不只改变了人们旅行的方式，也改变了他们去向的地点，实际上主动影响到了目的地本身，确实令我感到诧异。他说："我们将需求指向我们拥有供给的地方，指向那些想要迎接游客的城市。"就像滤镜世界中的其他内容一样，地理位置也会饱受发现问题的困扰。当存在如此之多的选项时，很难决定去往哪个特定的地点；推荐系统必须提供有趣的发现，但同时也要提供令人熟悉和易于识别的建议。用户倾向于保持预设的路径，切斯基如此解释道："我们爱彼迎提供 10 万个城市和小镇作为目的地，人们不会在脑海中记住全部 10 万个，他们只记住大概 10 个，而那 10 个就是他们在奈飞剧集中见过的地方。由于《艾米丽在巴黎》这部剧，人人都想去巴黎。"

我向切斯基问及他对大量游客去往同一个地点所导致后果的看法，这些游客的选择和品位都受到了在他的数字平台爱彼迎上面发现内容的影响，最终也通过平台提供的服务，集中涌向目的地。"你的问题切中要害，这也是我们时代的核心问题之一：我们与地点的关系到底是怎样的？在一个人们可以自由穿越国境活动的世界上，民族主义思想究竟是增加还是减少了？"他提出了反问。切斯基最终认为这种变化是正面的："我人格中的乐观部分，希望这一切的结果是让世界感到变小了一些。如果你可以让物理世界变得更小一些而人与人之间的距离更近，那几乎绝对是一件好事。我认为这就是终局。"然而这种缩小世界的愿景处于爱彼迎的主导和控制之下，遵循的是公司设定的模板，以及令公司获利的条件。更小的世界暗示着同质性以及向着整齐划一的方向移动，大概率要以西方作为默认模板，以科技行业的意识形态作为准绳。切斯基暗示的代价，是更多的人员流动只会让身份认同的多样性减少。同样地，身份认同也可以视为某种内容。

第四章 网红经济

追求点赞

对于我来说，互联网一直与劳动联系在一起。线上生活是一种工作与娱乐的结合，两者经常同时发生——这也是可以预测的，毕竟互联网的进化就是为了将网络上出现的文化内容更充分地商品化。哪怕在我进入大学校园之前，社交媒体都已成为一种成人世界专业素质的标志：2006年夏天，你只有在获得了即将入读的大学的电子邮件地址之后，才能注册脸书，而收到录取通知书的学生直到大一开学前的暑假才会得到这个邮箱地址。于是，当我终于拥有了脸书账号之后，主要视它为一种建立专业关系的空间，可以结识其他即将和我一起进入塔夫茨大学的同届同学。我们很快建立了2010届同学的脸书群组，在当时，毕业年份看起来还遥遥无期。我们能看到各自的家乡，就专业选择问题展开辩论，并计划现实生活中的会面。由于我们同是大学新生，社交网络在虚拟世界提前拉近了大家的距离——一种当时还令人感到相当陌生的社交形式，将线上世界与线下的真实生活融合到一起。对我而言，一件意义重大的事也发生在这一社交平台：在那里我第一次与我后来的伴侣杰丝展开互动，我们很快开始给彼此发信息讨论共同的音乐品位。

在我大学三年级那年，互联网也提供了我理想的职业发展领域当中最早的有报酬的工作机会：写作。我在《塔夫茨日报》(*Tufts Daily*)这份报纸上发表了对艺术展的评论文章，并在2008年注册了推特，当时这个平台更像是一个门可罗雀的咖啡馆，而非如今人声鼎沸的体育场。当时和现在一样的是，推特的最重度成瘾用户群都是记者，他们控制不了自己发推的手，就像野狼控制不了自己嚎叫的嘴一样。推特让我对媒体产业和新生的线上出版世界有了最初的接触。埃隆·马斯克也许可以在 2023 年把推特的官方名字改成 X，但它原本的名字在我脑海中的烙印已经太深，无法抹去。

与此同时，当时仍主要以纸质杂志形式存在的《大西洋月刊》(The Atlantic)，也在其网站上推出了覆盖范围甚广的主题博客，从文化到政治无所不包。虽然个别作家拥有属于自己的主题博客，用于收集他们对于特定题目的看法，例如塔那西斯·科茨（Ta-Nehisi Coates），这些垂直类别还是给了很多不同作家发表内容的机会，也包括自由撰稿人。这些自由撰稿人大多是初出茅庐的年轻作者，因为他们必须愿意为只在线上运营的媒体供稿，并且足够饥不择食，愿意接受极低的报酬。一位来自塔夫茨大学在《大西洋月刊》做过暑期实习的朋友，把我介绍给了一位编辑，而她接受了我推销的几篇小文。它们都是有关文化新闻或趋势的短篇议论，如今可能会被归类为"热评文章"（hot takes），因为它们的依据都是未经深思熟虑的一时观点，而非基于调查报道或研究结论。在为《大西洋月刊》供稿期间，我写作的主题是为什么一位创作型歌手比另一位更优秀；之后我在《卫报》(The Guardian) 上发表了对托特包（tote bags）性别象征意义的看法，在 Vice 杂志上讨论产生病毒式传播的艺术品收藏，并在《新共和周刊》(The New Republic) 上赞美了线上交友的诸多益处。这些文章的生命周期都很短暂，其中一些在脸书和推特信息流上引发了讨论，而另一些很快销声匿迹。

回顾这些早期作品并不令我特别感到自豪，但那些内容反映了当时数字生态系统的需求。读者喜欢这些热评文章，因为它们勇于发声并提供了一种可以用来参照形成自身态度的观点；编辑和作者也喜欢它们，因为写起来很快，用起来很便宜，发布上网也够方便。如果你动作够快，一个下午就能从零起步写到发布完成。我为这些文章收取的费用少得可怜但仍不失为物有所值，大概在小几百美元范围内（《大西洋月刊》一开始付给我 50 美元）。就像 20 世纪作家多半也会在自己的作品首次白纸黑字印刷发行时感受到的那样，看到自己的名字以标准的签名字体出现在《大西洋月刊》的数字标题下方的像素点，真的非常激动人心。它给予了文本一种权威性，我独自在波士顿学生宿舍的客厅完成 Word 文档草稿的时候，完全不知道这段文字有朝一日能够拥有这样的权威性。虚拟空间能够像普鲁斯特效应中玛德琳小蛋糕的香味一样激发回忆：在我写下这段文字的同时，我仿佛能闻到写作编辑最初作品时凝固燥热的夏日空气、明亮阳光和宜家沙发硬靠垫的气息。当然，我同时也在推特上分享自己的文章，我在网站上关注了一个新兴的用户群体，主要与艺术领域相关。这也是我与当代人必须持续进行的网上自我推介工作的首次接触。你不只是必须发布一些内容，你还必须同时营销你发表的文章以及你自己。

人气竞赛是文化长久以来的重要组成部分。在史前时代，一定也曾经有过比其他作品更受追捧的洞穴壁画，吸引尼安德特人排起长队，每位观众轮流欣赏。古代中国画收藏家们，会习惯性地通过印章把自己的名号加到喜爱的绘画作品上——就像是发出赞许的推文或是按下大拇指图标点赞一样。大师杰作在经年累月的代代相传中，会积攒下大量的印章，有一些甚至已经覆盖到画中的风景。在西方美术领域，绘画周边镶上带着纹章的华美画框可能有助于表达它的重要性，书籍的畅销标签或唱片的"白金认证"也是同理——所有这些都代表了相应作品具备较高的文化价值，或至少在经济层面获得了认可。这些象征符号向来都是消费者更偏向于为哪些内容买单的风向标，从而也代表着消费者对哪些内容更加欣赏。以畅销书标签为例，它可能会鼓励一位顾客对一本书多看一眼或翻开它的第一页。艺术家也一直不得不担当某种自己作品的推销员，进化出成为作品名片的个人公众形象，就像杰克逊·波洛克（Jackson Pollock）和安迪·沃霍尔（Andy Warhol）所做的那样。当今时代的区别在于，在滤镜世界当中，数据指标——点赞数量、已有的关注度——往往比文化作品本身更受重视。数据指标起到的作用不只是衡量作品是否成功，而是它们本身就能带来成功，因为它们从一开始就决定了哪些内容可以得到推荐并被受众看到。这种情况等同于一个12世纪的中国画家，需要先拿到足够数量的印章才能开始展示作品。

我很快就学会了几乎完全通过数字来判断自己在互联网上取得的成功，数字统计在主流社交媒体发展的早期也很快变得随处可见。在脸书帖子或推特推文下面竖起大拇指的数量，代表了这些内容触达了多少人，以及打动了其中多少人来点下你自吹自擂的豆腐块文章或信口开河的洋洋万言旁边的小按钮。然而，这些数字真的能代表一篇文章内容的质量吗？我们应该凭借这种武断的新指标来衡量自己的价值吗？这些问题会在脑海中浮现，但考虑到新型社交媒体的实用性和瞬间触达受众的强大功能，人们很容易忽略这些困惑，只是继续发布下一条内容。

突然之间，用户可以自行将每一条内容与其他内容加以比较。那些数字不容忽视，在你阅读或观看的每一条内容旁边都会出现。哪怕点赞、分享、转推和收藏数量都是平台自身推行的人造价值尺度，它们还是成为对无穷无尽的内容信息流中，新出现内容质量最快速便捷的判断方式。数字总是越大越好：如果一个YouTube视频有很高的观看数，那么它大概洞见深刻，或至少非常有趣。病毒式传播的强度与品质画上了等号——其他人都喜欢的，你也一定会喜欢。对于创作者，无论是作家还是追求更进一步的Instagram网红来说，数据指标就是目标，是激励，也是心目中评价成功与失败的标尺。在新闻业体现得尤为明显，数字越大，似乎就显得相关的事物更加重要。这是不言而喻的真理：更多的点赞意味着有更多的人看到了一则内容。在看起来符合精英统治秩序的互联网上，任何人都可以上传内容，但确实不是任何人都能打动受众获得关注，而每次点赞都是对优秀者表达支持的一张选票。

病毒式传播的法则——对于算法来说，点赞代表着特定内容值得进行更多推荐——在数字媒体的发展早期尤其重要。各大出版物网站纷纷开始在文章标题周围添加快捷方式按钮，以便将文章分享到脸书、推特和不断加长的平台名单上面的其他网站。接下来，这些按钮也进行了升级，拥有了它们自己的迷你数字，在读者还没看到正文内容之前，就展示出一篇文章已经收获多少点赞或转推。点赞数成为互联网上的硬通货，而记者被迫对它们展开追逐。倒不是说我们真的需要按头强迫，大家多半还是自愿遵从了互联网的规则。

  作为一个作家，我密切关注着自己文章的点击量，当我的文章比其他作者的文章获得更多点赞时我感到由衷自豪。在我把自己的文章分享到推特或脸书之后，会留意到底是哪些内容收获了最多反馈。最成功的作品基本都是与读者个人生活相关，或是将他们已有的某种不满或问题具象化的内容。当我发表专断的或是夸张的言论，也会反过来收获夸张的反馈。我会利用一直打开的谷歌 Gchat 窗口，邀请同事和朋友为我即将大获成功的作品点赞，让他们成为朋友圈里最早发现后来走红内容的先知。多年以后，当这些按钮不再流行，点赞数字也从文章页面消失的时候，实在令人感到松了一口气。但过去十年中，每当我发布一篇文章的时候，都还会因为不确定将有多少人按下点赞和转推按钮而焦躁不安。我可以尝试寻找系统的漏洞，以发现一些可能在社交媒体上带来更多互动的方法，但最终的结果并不受我控制。

  算法生态系统如今已是我们的网上家园，而点赞所占据的专制统治地位，从某种程度上来说只是其中的一个方程。每次点击按钮都会产生又一个将被吸收的数据信号，你正在关注某则内容的初步迹象，而这种信号接下来可以用于训练机器学习系统，以向你提供更多的相似内容。电脑并没有跟踪我们的眼部活动——至少现在还没有——所以竖起拇指这样的按钮，以及不同情绪的表情包，就代表了我们对内容的反应。这些当然是自我表达的方便捷径，但同时也不可避免地为精准广告营销提供了大量原材料。我们通过以如此不加遮掩的方式展现自己的喜好，作茧自缚般参与了对自己生活的持续监视。

  并不只有文字作品被以点赞数论英雄。Instagram 自拍、关于度假和婚礼的脸书状态更新以及宣布新生初创企业的 Medium 博文都遵从同样的逻辑。Medium 是一个由推特创始人之一在 2012 年建立的极简博客平台，曾经一度以"鼓掌"作为站内主要的数据指标。用户可以点击按钮为一篇内容鼓掌，愿意多点几次也可以——最多 50 次。有一段时期，收到的鼓掌数量决定了 Medium 支付给平台上作者的报酬，实现了字面意义上的将点赞与价值画等号。随着时间的推移，发生了某种形式的通货膨胀，每次点赞的价值不断下滑。到 2020 年，为某则内容点赞甚至已经算不上是你喜欢它的信号，而仅仅是某种承认你看到了内容的表示——毕竟它是从互联网的整体杂音中突围而出的。对于记者来说，在自己的社交媒体简介中加入一行"点赞不等于认可"的免责条款，已经是家常便饭。虽然你并不总是因为实际喜欢一则发布内容而按下点赞键，但点赞往往是唯一可用的功能。

每一位社交媒体用户，对于什么内容才能获得点赞，都拥有本能的直觉。就像是古典美人或几何黄金分割一样，公式并不精确，但总能让人一眼看出区别。煽动言论能够吸引点赞，是因为点赞属于一种宣示效忠和一致意见的姿态，象征着用户是站在网络喷子一方还是被喷的另一方。描述愤怒可以带来点赞，因为这些点赞代表着对愤怒的同情：你也很生气，因为怎么能有人不生气呢？因此有一种常见发帖格式，声称没有足够多的人关注某个主题：某场战争、某次灾难、某项糟糕的政策、某个坏人，这种无知本身就足够令人愤慨。性也是吸引点赞的因素，理由不需要解释。政客泰德·克鲁兹（Ted Cruz）的推特账号有一次点赞了一条色情视频，这一饥渴行为最终让一名临时工背了锅。2015 年，一篇文章在标题中给出一条忠告："给老哥们的温馨提示：所有人都能看到你在 Instagram 上点赞少女比基尼照片。"

接下来还有一些更加正面的情绪可以用来吸引点赞。幽默通常很有效果，一方面因为你喜欢这则笑话，另一方面也因为你想要把欢乐传递给他人，因此分享可以带来更多分享。与他人共情也有很好的效果，因为这些内容可以让社交媒体上最广泛的受众在其中看到自己。这类令人感同身受的内容包括习惯、抱怨自己的懒惰以及共同的童年回忆。"你过去有没有过……的经历？"我有一次发了这样一条推特，"很抱歉我迟回了你的电邮，我只是对于打开它产生了没来由的恐惧"，以此对自己的收件箱焦虑症进行了片刻反思。这行字并非特别好笑或是特别有文采，但接近 15 万人为它点了赞——通过点赞，他们也算是自己说出了这句话。一位作家朋友习惯性地记下她最平淡无奇的观察，并在周末把它们发到推特上，基于的考虑是受众往往会在周末寻求特别令人感同身受的内容。这个技巧常常奏效，能够持续地获得成千上万的点赞。最后是易识别性，也就是带来怀旧情绪或熟悉感觉的事物，是完美的点赞和互动诱导因子。你会因为自己了解内容而点赞，比起从未看过的电视剧片段，你会更可能给看过无数遍的电视剧片段点赞，因为前者需要你看完整段视频来评估它到底怎么样。

上述这些引发点赞的情绪，属于我们最根本的人类本能，这也完全合理，因为点赞必须发生在我们继续滚动内容之前的一瞬。这里容纳不下模棱两可、敏感微妙或难以抉择的情绪——你没有一个按钮来表示你还在仔细考虑，还不能轻易下任何结论。绝对性是如今的新秩序。推特长期以来都是社交媒体中最为争强好胜的角斗场，一切行为归根结底都是每日例行的点赞争夺赛。可能这是因为这个空间过于简约——一次只发几句话——而进行交互的方式又十分有限：转推、点赞、回复、忽略。在古罗马角斗士的比赛中，皇帝会通过一个手势决定输家的命运，向上竖起大拇指表示处决，而拇指向下与拳头并拢表示让角斗士免于一死。在推特上，大批集结的用户充斥着想象中的罗马斗兽场，而我们都在实时举起各自的手，来通过点赞传递判决。脸书仍然沿用了竖起大拇指的图标，虽然它早已不代表死亡的意思。我们为某个人对另一个人的猛烈抨击点赞，因为我们同意其中的批判论据。我们也为机智的回击点赞——一次"迎面暴扣"（dunk）——因为我们现在同意起初被批判的人。

每一个动作都被算法信息流进一步加强,并分发给其他人来决定他们的立场。

点赞的专制统治已是如此彻底,以至于2010年前后在互联网艺术圈颇具影响力的艺术家尼克·德马尔科(Nick DeMarco)在2016年构思了一个称为"0赞Instagram挑战"的比赛。这是一种对社交媒体规则的达达主义式(Dadaist)颠覆:与发布最能吸引和打动观众的照片相反,参赛者必须发布尽可能毫无存在感的照片,甚至丑陋的照片都是不行的,因为会过于惹人注意,粉丝们可能会出于嘲讽进行点赞。"这项挑战在简单的表象之下其实无限复杂。"德马尔科在一系列官方规则中这样写道。我当时尝试了一下;在Instagram规模尚且不大的时候,0赞挑战确实更难一些,因为你知道有几个朋友一定会看到你发布的内容,而不像后来的算法信息流成分过高,充斥太多来自品牌广告和陌生人的内容。完全没有亮点的内容效果最好,例如一张拍摄人行道或随机墙壁的歪斜照片。有时候我可能会只获得一个点赞,但从来达不到完全无人点赞的真正目标。德马尔科提出了一种替代方案,找一位朋友共同度过一天,一起不断发布内容,并尝试获得最少的点赞总数,类似高尔夫杆数记分:"当两位选手结束比赛各回各家时,获得点赞数较少的一位就是胜利者。"这是一项引人发笑的挑战,但它同时也突出强调了所有互联网线上活动以点赞数字为目标导向的程度之深。

我在2008年注册推特的原因是看到了一则新闻,一位海外留学的美国学生在埃及入狱,并利用这个网站通知了家人。我当时正准备赴中国留学,于是觉得没准能用得上。我后来当然发现了推特有用,但并不是如此夸张的用途。它让我能持续关注家乡朋友的动向,并接触到新生的线上艺术世界。长期以来,推特都是我生活中固定的一部分,像是为我的每日时光持续注入背景聊天声音的茶水机一样,扮演了朝九晚五上班族生活中闲聊八卦同事的角色。然而,有些事情逐渐发生了转变,推特似乎占据了越来越多的精神空间,同时既担任主持人,又亲自下场推动当日的文化讨论。2016 年作为极度活跃推特用户的唐纳德·特朗普（Donald Trump）当选总统，可能是这一切的转折点。转折点的意义不仅仅在于算法信息流更加普遍，而更在于社交媒体成了宛如"抵抗组织"[①]游戏的公众意见大战的战场，由自由主义者组成的松散联盟对抗特朗普，后者在某种程度上喜欢在网络上造事。特朗普在推特上频频现身，大大加强了平台的存在感，直到他在 2021 年国会山暴乱之后账号被封禁为止。算法信息流确保有尽可能多的用户看到了特朗普的推文，哪怕他们痛恨推文的作者。推特不再仅仅是内容包含新闻，它本身就是新闻。

平台的风向不可避免地影响到了我写作的风格。随着我利用平台来推广自己的作品，并测试各种创意来观察受众的反应，我渐渐熟悉了哪些内容能够上天，哪些内容只能落地的机制。立场鲜明的言论往往能受到关注，简单的一行字笑话，以及对特定问题选边站队的煽动性论点也都效果不错。我们这些 2010 年前后的推特用户开发出了一整套包含术语和缩略语的行话，塑造了平台的实时话语体系。在我使用平台的高峰期，当脑海中出现一个创意的时候，它会被下意识地转换为推特格式，限制在 280 个字符以内。我已经无法再意识到从思想变成推文的翻译过程，我的大脑已经被社交媒体关注带来的多巴胺刺激训练完全控制了，就像巴甫洛夫（Pavlov）听到铃铛响声便会流口水的狗。

点赞并不是唯一的奖励形式；它们存在于更宽泛的在线注意力经济之中，并在无人监控的情况下，自由地对线下经济进行渗透。点赞带来注意力，注意力带来新的关注者，他们会反过来进一步对我的作品进行点赞和传播。更多的关注粉丝会形成个人权威的形象：我是所在领域内不容忽视的声音，是值得关注的新锐作者。这样的声望会给我带来编辑的稿费、兼职副业以及全职工作，再驱使我回到这个循环的起点。获取更多点赞感觉就是我应该做的事；它就像是工作，而我愈发得心应手。

[①] the resistance，又称原版阿瓦隆，是以双方对抗并揪出卧底为主题的桌游。——译者注

在社交媒体上的个人账号之外，商业与文化产品也需要吸引点赞。一个时尚品牌可以通过 Instagram 点赞数衡量成功程度，因为更多的点赞意味着更多的顾客互动和更多的潜在买家。为新电影或电视节目设立的账号，也会因为同样的原因强调点赞数，因为这是营销效果的衡量标准：如果《暮光之城》（*Twilight*）续集《新月》（*New Moon*）的社交账号能够获得更多关注者，那么电影粉丝就会为之更加狂热，并且首映会吸引更多观众。这些压力让内容需要变得更加讨人喜欢、易于获赞，根据相应的算法反馈进行针对性优化。

这并不是一种新出现的压力；想要讨人喜欢是基本的人类心理，而我们最终都会喜爱那些与我们最相似的事物，就如同在对话中竞相模仿他人的身体语言可以显得更有说服力或更具同理心。讨喜的亲和力，通过避免冒犯或疏远他人的共同动机，将社会凝聚到一起。然而人际关系意义上的讨喜属性并非通用的文化评价指标，尤其是我们过去一两个世纪高度重视的创新艺术门类。艺术本身——更不用提作为艺术家的人——往往不受追求讨喜亲和的限制，然而喜欢带来的点赞是当前量化数据专制制度下最优先考虑的指标。在滤镜世界中，讨喜的事物获得成功，而不讨喜的事物注定失败，尤其是在任何文化角斗场当中，拥有受众都是生存的前提条件。而因为美式文化景观几乎很大程度上屈从于资本主义，所有形式的文化几乎都难逃此劫。

算法式文化的空洞性

马丁·斯科塞斯（Martin Scorsese）作为在艺术性和商业性上都取得成功的电影作者，于2021年在《哈泼斯杂志》（Harper's）上发表了一篇文章，这份杂志通常以刊登小众文学评论闻名，很少被人视作国际知名大导演的发声平台。在文章中，斯科塞斯详细记叙了他对20世纪中叶以复杂、浮夸作品著称的意大利导演费里尼（Fellini）的个人偏爱，也借此机会谴责了当代电影业的现状。在流媒体视频的时代，电影本来丰富的内涵已经被扁平化并简单地划分成了"内容"的一类，斯科塞斯写道。内容"成了代表所有活动影像的商业术语：并不区分一部大卫·里恩（David Lean）经典电影、一段小猫视频、一则超级碗广告、一部超级英雄电影续集或一集电视剧"。斯科塞斯接下来描述了我们文化生态系统的结构——我们消费的内容经过算法推荐过滤产生，而算法推荐的基础是我们已经看过的内容，以及手头内容的主题或类型。"算法，根据其定义，便是以计算为基础，将观众视为单纯的消费者而没有其他身份"，斯科塞斯继续写道。只存在一种与内容交互的方式：照单全收，然后点赞。

斯科塞斯主张，这种无所不包的内容分类方式，以及算法对熟悉性的优先排序，已经逐渐削弱了电影作为一种媒介存在的意义："电影业从来都不仅仅关乎内容本身，也会一直如此。"逐渐消失的是作为一种深刻艺术形式的电影创作，这种曾经改变了斯科塞斯和众多从业者的人生的媒介，以及穿透银幕带给观众的美学，甚至道德挑战。观看伟大的电影作品并不总是舒适的体验，而是超越庸俗的消费主义，力求考问社会规范并使观众能够发现新的自我认识。

斯科塞斯以费里尼的电影为例,作为易消化内容的对立面,以及电影制作艺术的巅峰。费里尼 1963 年的影片《八部半》在斯科塞斯眼中是导演的创作顶峰,一部对艺术家人生碎片化的半传记式的冥想。斯科塞斯形容了影片初次亮相时的场景:"人们没完没了地争论关于它的话题——效果就是这么夸张。我们每个人都有自己的解读,并会彻夜不眠地谈论这部电影——其中的每一个场景,每一秒钟。当然,我们从来没有对某种最终的解读方式达成一致意见。"这部电影是如此奇怪而陌生,因此斯科塞斯只能慢慢消化,将它的影响延伸到自己后续的电影作品中。我在斯科塞斯文章中读出的偏执担忧,是 21 世纪的文化再也经不起这样仔细审视的考验了。恰恰相反,21 世纪的文化作品普遍廉价而昙花一现,像微风般轻轻拂过你的生活,留不下任何可见的痕迹。从文字中的激情便可以看出费里尼对斯科塞斯影响之深,哪怕六十载之后他还带着当年的烙印。这种现象的成因可能是为了顺应数字信息流的要求,为了饮鸩止渴般吸引点赞从而实现最大限度的自我推广,文化作品不得不首先成为内容,其次再考虑艺术——如果还能剩下任何艺术成分的话。

斯科塞斯的不满可以归因于他在圈子内近乎年长政治家的权威地位;有一些人甚至可能觉得他的立场过于反动。世界自他青年时代起已经发生了很多变化;他不再需要考虑新的趋势,因为他的声望和资源意味着他可以随心所欲地创作内容。但也有其他人有着同样的厌倦和焦虑感,他们响应了斯科塞斯的失望之情,同样认为算法推荐的某种特质剥夺了文化的内在意义。在美国全国公共广播电台(NPR)播出的一次访谈中,制片人巴里·迪勒(Barry Diller)点评道:"这些流媒体服务在制作一些它们称作'电影'的东西。那些都算不上电影。不过是一些诡异的算法程序创造了能运行差不多 100 分钟的玩意儿而已。""如今的大量文化作品,都带有一种仿佛是被算法生造出来的空洞无物感。"评论家迪恩·基希克(Dean Kissick)在 2021 年这样写道,他是对当代文化最富于洞见的评论家之一。"算法式"（Algorithmic）成了任何显得过于圆滑、过度简化或是明显是为诱导关注而过分优化的事物的俗称：一种庞大生产量与忽视根本内容的结合。

我也感受到了这种空洞性。到了2010年前后以及2020年前后，仿佛许多文化形式——书籍、电视剧、电影、音乐，还有视觉艺术——存在的意义只是为了获得转瞬即逝的关注，并填充永无止境的应用程序信息流。没有任何作品能够像那种让人几十年后不断重温的杰作那样，给人留下深刻印象。对于我来说，一个重要信号来自艺术品世界当中流行的绘画风格，年轻的画家能够借此从画廊和拍卖会获得惊人天价。画家兼艺术评论家沃尔特·罗宾逊（Walter Robinson）在2014年创造了新词"僵尸形式主义"（zombie formalism）来形容这种风格。僵尸形式主义是去除了情感和华丽气派的抽象表现主义（abstract expressionism），涂满稠密色彩笔触的画布或是冷淡的黑白画面，以奥斯卡·穆里略（Oscar Murillo）和雅各布·凯赛（Jacob Kassay）这类画家为代表。评论家杰瑞·萨尔茨（Jerry Saltz）响应了这一看法，并将僵尸形式主义称为"撞脸艺术"（look-alike art）。这些画家追求无意义装饰性的倾向成为大批画家转向描绘华丽超现实场景的始作俑者，例如艾米莉·梅·史密斯（Emily Mae Smith）绘制的拟人化扫帚。迪恩·基希克给它打上的标签是"僵尸具象化"。

这些画作都是为Instagram定制的，收藏家也确实更多地倾向于在Instagram上发现和购买这些作品（往往省去了自己品评鉴赏作品的环节），又一次处于算法推荐的干预之下。他们可以在同样的平台上顺利无障碍地再次出售作品，就像再次分享一篇帖子一样简单。在2014年，臭名昭著的盗图艺术家理查德·普林斯（Richard Prince）直接简化了这个过程，产出了一系列将已有Instagram帖子印刷出来的所谓"绘画作品"，卖到了10万美元的高价。

对算法驱动艺术的恐惧来源之一，是对画家的完全抹杀：如果只用电脑就可以创造或者筛选出说得过去的艺术作品，人类创作艺术还有什么意义呢？像以化名Beeple闻名于世的迈克·温克尔曼（Mike Winkelmann）这样的艺术家，可以通过草草完成的CGI(计算机生成影像）卡通画在Instagram上积累200万粉丝，虽然这种成功的代价是每天都要发布新画，并且极少超出13岁男孩的智识水平。在2021年年初的非同质化代币（NFT）大流行中，Beeple的作品在佳士得拍卖行（Christie's）卖出了6900万美元的高价，既是一个笑话也是对其流行程度完全严肃的证明。作为创作者，对于自己迫在眉睫的过时淘汰感到担忧当然再正常不过。但作为消费者的大众，也会受到同等的影响。

音乐杂志 *Pitchfork*（意为音叉）的编辑杰里米·拉尔森（Jeremy Larson）在2022年的一篇文章中表达了对Spotify的不满，认为在平台上收听算法推荐音乐的体验，已经妨碍到音乐真正打动听众。"即使平台上存在我这辈子想听的任何音乐，其中也没有任何一首让我感到足够心满意足、情绪充沛或是共鸣深刻。"拉尔森写道。虽然艺术家的初衷可能并没有改变，"音乐已经成了流媒体服务的一种广告，你在音乐上投注越多的时间和注意力，只会给科技公司带来更高的收益"。平台在听众与艺术家和作品的关系中间，扮演了过滤网，甚至是屏蔽墙的角色。同时，从一开始就不是所有艺术家都允许流媒体服务播放他们的作品。像尼尔·杨（Neil Young）和琼尼·米歇尔（Joni Mitchell）这样的音乐人，为了对公司的一些行为表达抗议，而从Spotify移除了他们的作品，抗议的行为包括为传播政治和文化阴谋论的播客提供资金支持等。阿莉雅（Aaliyah）的音乐数字版权谈判旷日持久，直到2021年才能在Spotify收听她的作品。音乐人的缺席，造成他们的内容更难获得，从而可能更容易被Spotify订阅用户遗忘——或者一开始就从未发现——因为用户的大部分收听习惯都无法逃脱平台服务的包围。由于Spotify无法从中获利，即使用户可能喜欢阿莉雅、杨或米歇尔的内容，算法也不会进行推荐。它被动地限制了我们感受音乐的方式，拉尔森将其形容为"一种为了替代应用程序之外真实生活中的随机不确定性,而捏造出来的现实"。

对于用户集体受到算法支配的消费,在拉尔森笔下令人震撼的生动比喻是,"数百万用户如今肩并肩坐在同一个装满了音乐录音的巨型饲料槽边,每月只需要支付一个奇波雷①墨西哥卷饼的价钱"。这对于音乐媒介的价值贬损既是象征意义上的也是实际字面意义上的,哪怕订阅费用已经如此之低,Spotify 也只向真正的创作者们转交了其中很小的一部分。在自助餐式的流媒体服务和歌曲数目不限的信息流式播放列表到来之前,一张黑胶唱片、一盒磁带或一片 CD 光碟的稀缺性,都会让听众有动力去真正了解创作者的作品,否则购买音乐的金钱投入就会显得不那么物有所值。算法信息流式播放列表承诺的服务体验,是如果音乐让用户感到哪怕一丝无聊或乏味,都可以点击切换下一首。下一首推荐曲目可能仍然符合你预设品位的范围,而你不用为之另外多付一分钱。

我在观看奈飞电视剧时会产生拉尔森形容的这种感受,尤其是当我无法控制自己一口气看了很多集的时候。当然,这些电视剧很有意思——太有意思以至于我根本停不下来。但我根本想不起来几部让我印象深刻的奈飞出品剧集的名字。我个人在流媒体平台上的成瘾偏好是美食纪录片,我会观看任何属于这一分类的内容:以各大洲街头食物为突出重点的旅行节目也好,带有大量牛排在烤架上吱吱作响补充镜头素材(B-roll)的米其林星级大厨个人传记片也罢,来者不拒。鉴于这些作品中,很少出现极具个人魅力的主持人——如果有这种人持续出镜,就会提升大量制作这些内容的难度——所有美食节目在我记忆中,都模糊地融合到一起,像是超长的屏幕保护程序。这些节目就等同于来自旅游景点的单调 Instagram 帖子——喂养出空洞点赞和无脑互动的饲料,无限自我繁殖的雷同内容。

并不是说这类内容就不能具备艺术性;奈飞购入的诸如《寿司之神》

---

① Chipotle,美国墨西哥式快餐连锁。——译者注

（*Jiro Dreams of Sushi*）和其后照葫芦画瓢的《大厨的餐桌》（*Chef's Table*）这样的作品，其创新点在于将视觉美感放在首位，用柔焦镜头专门拍摄食物特写。它们将 Instagram 照片中的美食色情内容转换成了电视格式。然而这种艺术性是与平静、非颠覆、融入氛围的需求绑定的——产生一种相当于完美亚麻床单的视听媒介等价物。这样的创作不会激发思想，只能带来感官享受。与文艺片院线或独立影碟租赁店需要精选细选，来确保提供给顾客的各项内容都有其自身存在的意义相反，这些节目不需要提供任何富于意义的独立体验；它们只需要以批发形式存在，共同构成一批令人麻木的致幻剂。

　　氛围式的美食纪录片提供的空虚卡路里，可以与 20 世纪 90 年代到 21 世纪初在有线电视崛起的美食频道（Food Network）形成鲜明对比，后者促成了名人大厨不断涌现，并深刻地改变了家庭烹饪的文化。在流媒体服务上，真正做饭的节目几乎无从得见，仿佛它们会鼓励过多的真实世界活动，从而与屏幕争夺用户的时间。流媒体中能够看到的，只有纯粹的、毫无生产力的、令人昏昏欲睡的娱乐节目，因为其核心目的只是让观众们作为"活跃用户"继续使用服务。奈飞对这条经营路线的狂热，已经离谱到不断复制自家剧集，每次换一个新的背景国家并换一种新的语言。《圣诞寻伴》（*Home for Christmas*）起初是一部挪威迷你剧，讲述一位身处乡下小镇勒罗斯（Røros）的单身女性试图在假期之前找到男朋友的故事；这部剧几乎被逐帧翻拍成了意大利语版本《我讨厌圣诞节》（*I Hate Christmas*），设定在基奥贾（Chioggia）——以极低的成本让平台上的内容多了一倍。一旦某个配方被证明有效，它就会被不断重复，或曰规模化，并提供给奈飞的全球观众，让所有人在不知情的前提下消费完全相同的内容。经过复制的电视节目可以通过算法推荐，提供给任何哪怕只有些微兴趣的观众。

　　在流媒体时代的早期，奈飞以其自动播放功能而恶名昭彰，这项功能的最初形式在 2016 年上线。当一集电视剧或一部电影结束时，会有 10

秒倒计时,接着下一集电视剧或下一部电影便会开始播放,要么是同一个系列的下一项内容,要么是算法推荐的替代选项。一位奈飞程序员在 2019 年的一篇黑客新闻(Hacker News)论坛帖子中回忆道,最初版本的 10 秒倒计时能带来"最显著的观看时长增长";5 秒会让用户过于紧张而 15 秒又过于漫长。在当时,自动播放感觉像是一种离经叛道的激进做法。难道一集电视剧不应该简简单单播完就停吗?在有线电视上,你通常需要等待一周才能看到一部电视剧的下一集。但由于奈飞最常见的做法是一次性上线一整季电视剧,这种功能基本上就是强制用户陷入沉迷式观看。它同时也造成用户在算法推荐的观看路径上随波逐流,可能是重复观看同一个类型的内容,例如简·奥斯汀(Jane Austen)的作品改编成的电影或以外星人为主角的动作片,只要自动播放继续一个接一个的推荐。多样性对于算法推荐来说,是一个难以理解的概念。

  奈飞在没有用户打断自动播放功能的情况下连续播放 3 集,或是在 90 分钟的连续观看之后,应用程序甚至会主动暂停,并在屏幕上显示出一条注定会出现的信息,向观众询问:"您是否还在观看?"这项功能时至今日依然存在。从某种程度上说,它是一种防止观众在电视机前睡着之后,节目还在继续播放的保护机制。在几次亲身遭遇这条提示的时候,在夜间客厅或是笔记本屏幕发出的微光照射下,我都感到稍有些尴尬。倒不是因为我真的睡着了,而只是我当时确实看了比平时久得多的电视,一集节目无情地转入下一集,而我却没有足够的意志力让它停下来。沉迷行为是受到平台本身鼓励的,然而这条警示信息还是在暗示着沉迷并非什么积极向上的好事。然而到了 2020 年前后,自动播放已经成了 YouTube 和 TikTok 的标准选项:你从来不用指望信息流主动结束。所有的文化如今都成了内容,而我们用来访问内容的平台,鼓励我们将内容视为可随意被取代的无特色产物。

  亚马逊在 2007 年推出了 Kindle 自助出版(Kindle Direct Publishing,简称 KDP),它是为平台新推出的 Kindle 电子阅读器提供配套的电子书市场。逐渐地，KDP 成了作者们通过在线渠道，绕过传统的代理人、编辑和书店等级制度，进行自力更生的出版活动的枢纽，新书在这里被自动推荐给读者，利用的机制与亚马逊在线商店里将女式衬衫或厨房搅拌机推荐给消费者的机制相同。KDP 是一个文学作为内容（literature-as-content）的空间，在这里主题的具体性和文字的体量要比评论家意见的权重大得多，每位作者产出的书目越多越好。基于一份数据估算，KDP 在 2022 年提供了超过 1200 万种电子书。亚马逊不只是控制了电子书，在 2019 年，它远超实体的数字店面构成了面向成人网上新书销售的四分之三，以及差不多一半的总体新书销量。换句话说，一大部分文学作品只有被迫使用亚马逊的平台渠道，才能被消费者看到，从而迫使书籍纷纷采用特定的出版形式——篇幅巨大的系列丛书，被限制在非常具体的类别，细水长流式持续出版——与推文如果想在推特信息流中取得成功，则必须采取特定的格式是一样的道理。

斯坦福大学教授马克·麦格尔（Mark McGurl）从事有关现代文学在 20 世纪演化历程的研究，研究领域包括跟踪创意写作艺术硕士（MFA）项目的发展对 20 世纪中叶小说作品的影响。原本是小说家的教授们从事教职以支持自己的写作事业，在类似爱荷华作家工作坊（Iowa Writer's Workshop）这类机构辅导他们的学生，并往往鼓励他们采用一种出自个人视角的自我意识文学现实主义风格。温德尔·贝里（Wendell Berry）、理查德·福特（Richard Ford）、迈克尔·夏邦（Michael Chabon）、里克·穆迪（Rick Moody）和塔玛·贾诺维茨（Tama Janowitz）是 MFA 项目模式的一些成功代表。时至今日，MFA 项目仍然起到把关的作用，帮助出版商发现有才华的新人，并为小说家进入出版行业引路。这类学术项目手工挑拣候选人的传统，再加上出版业封闭的小圈子特性，延续了推介风格独特或挑战传统的作者的能力——这是一种塑造品位的行为——虽然本质上确实有些不接地气的精英主义。

麦格尔教授发现了 MFA 写作风格中，逐渐浮现的同质化倾向。但算法起到的筛选把关作用可能比 MFA 要先行一步。年轻的作家们往往在进入 MFA 项目之前，就已经发现了在推特、Instagram 或 TikTok 这些网上平台提升公开存在感的方法。他们让自己的声音屈从于社交媒体扁平化的力量，塑造通俗易懂的人设，这些预先准备的人设甚至可能在竞争激烈的研究生申请过程中起到助力作用。在整个过程中的每一步，任何一个文学创意都要首先测试其在这个竞争注意力的市场上，吸引线上互动的能力。

麦格尔教授认为，人类已经进入了文学历史上的亚马逊时代，这个时代的特征是由这家公司作为审美价值以及商业价值的最终仲裁者。亚马逊"毛遂自荐作为文学生活的新平台"，麦格尔在他 2021 年出版的《内容太多又太少：亚马逊时代的小说》（*Everything and Less: The Novel in Age of Amazon*）一书中这样写道。平台对作品质量的衡量标准来源于数量，与其他算法信息流一样，采用无情的互动数据指标。更多的购买，更多的阅读页数，就意味着一本书比它的同类更好。不仅仅是书籍封面需要设计成在小屏幕上能一眼认出的样式，书的写作风格也需要吸引读者不断翻页——每一行字都需要牢牢抓住读者的注意力，让他们欲罢不能。这当然是优质写作常见的品质，但也并不总是这样。

从一方面来讲，这算是一种民主化：任何人都可以出版一本书，并有机会以同样的方式展示，通过完全一样的渠道销售。没有书店买手或者精心排布的门口展示台作为人为干涉，只有算法带来的纯数学运算结果。超级畅销书作者科琳·胡佛（Colleen Hoover）提供了这样一个抓住机会的例子。胡佛从自行出版她的小说作品起步，这些作品往往被亚马逊划分到浪漫、惊悚、青年作品门类。她前两本书的成功，吸引了主流出版商心房图书（Atria Books）在 2012 年对它们进行了再版，从此她的作品开始持续登上畅销书排行榜。虽然手握其他出版社的报价，胡佛还是坚持自主发行了她的第三本小说。在新冠疫情期间，胡佛将她的旧电子书改为免费——作为另一种提升数字平台互动的策略——并成功地在

TikTok 上掀起了一波涨粉的浪潮，新诞生的书迷社群成员纷纷眼含热泪地对她的作品的影响力给出了积极的肯定。她创作的超过 20 本书籍据估算总共售出了不少于 2000 万本，"比詹姆斯·帕特森（James Patterson）和约翰·格里森姆（John Grisham）这些大牌畅销书作家加起来卖的书还要多"，《纽约时报》的报道这样总结道。飞轮效应的加速作用甚至超出了胡佛的控制："我阅读其他人的书，难免心生妒忌，我想的是，老天啊，他们这些作品的才华远远在我之上，凭什么我的书能卖这么多？"她在 2022 年对《纽约时报》这样表示。

另一方面，对大众互动的需求已经背离了文学的历史，从历史上看，编辑和学者对某本书的意见，要比它上市初期卖了多少册重要得多。麦格尔写道，文学界的权威观点是"亚马逊从不在意的因素，只与一份学生常买的书籍列表稍微有点关系"。在平台过滤机制下，"所有的小说都只被划入小说大类"，他继续写道，无论是耗费十年光阴才最终完成的实验性作品还是无限续写的情色文学电子书系列第五卷，都会被视为同类。麦格尔识别出了在亚马逊 KDP 市场尤其如鱼得水的作品流派。浪漫小说表现通常不错，包括诸如"霸道总裁爱上我"（alpha billionaire romance）这样的细分门类，《五十度灰》（Fifty Shades of Grey）是其中最著名的代表。细分种类的命名方式本身就类似于针对搜索引擎优化的语言，这并非巧合。宏大史诗是另一类大受欢迎的作品，包括篇幅漫长的奇幻作品系列。

在最容易观察到的层面，亚马逊文学的现象只出现在一个相对较为受限的小空间：平台的数字店面和 Kindle 阅读器。二者都被限制在特定的情境，并且可能尤其适合进行诸如阅读令人羞于启齿的喜好（guilty pleasure）作品之类的活动——在 Kindle 上，没有人能看到你正在阅读的书籍名称。避开算法的影响并不难，只要去一家实体书店，也许就会有店员能够提供人性化的推荐。然而麦格尔同时也发现了亚马逊引导读者形成的消费习惯，与像 21 世纪头十年的自传体小说（autofiction）这样的高雅文学流派（high-literary genres）的兴起之间的关联——后者在出版业的等级梯队中，并不被视为主要由算法或市场力量驱动的部分。

自传体小说是一种"以几乎没有虚构成分的作者兼主角为叙事中心"的流派，麦格尔写道。虽然它起源于20世纪70年代的法国，是由理论家谢尔盖·杜布罗夫斯基[①]（Serge Doubrovsky）首先创造的术语，自传体小说在近年来随着包括希拉·海蒂（Sheila Heti）、本·勒纳（Ben Lerner）、蕾切尔·卡斯克（Rachel Cusk）和卡尔·奥韦·克瑙斯高（Karl Ove Knausgård）在内的小说家们的成功，渐渐形成了流行风尚。他们的作品都是通过一种在作者与叙述者之间，紧密而模糊不清的关系，而联系在一起的：卡斯克始于2014年的《边界》小说三部曲当中的"我"，到底真的像一部回忆录一样，就是卡斯克本人，或者说叙述者和事件都属于完全的虚构？作品的吸引力正来自这种不断猜测到底谁是谁的、窥视般的张力。当然，读者在社交媒体上，已经通过亲身体会熟悉了这种互动方式，在社交媒体上总能看到其他人以不同程度的真实性展示他们的生活和自我，不管是以推文或照片的形式。自传体小说有点像是网红的Instagram账号：碎片化、非叙事性，往往带有欺骗性。

根据麦格尔的分析，卡尔·奥韦·克瑙斯高和蕾切尔·卡斯克这两位作者的自传体小说都是以系列形式呈现的，给读者带来大量的内容，将成功作家的生活进行了间接代入，几乎是消费主义式的展示。有时这些书籍几乎要化为一种愿望载体，至少对于它们的文化精英目标受众来说正是如此。买下这样的书，就仿佛买下了从偏远度假屋到书展嘉宾讨论的作家生活方式，阅读就好像是观看电视真人秀。"我就像渴望酒精毒品一样渴望下一本"，扎迪·史密斯（Zadie Smith）曾经这样评价《我的奋斗》（*My Struggle*）六部曲，对于一季《贵妇真实生活》（*Real*

[①] 疑原文误作 Doubrosky。——译者注

Housewives）真人秀也可以进行同样的评价。①我认为卡斯克和克瑙斯高是 21 世纪的很值得一读的两位作家，但我可能无意中忽视了在很大程度上他们的作品看起来先锋颠覆的文学风格，掩盖了相比之下平淡和主流得多的实际内容。我回想起卡斯克的《过境》（*Transit*），她的《边界》三部曲的第二部作品当中，实际是包含了如此之多关于高级沙龙美发和住宅装修的趣闻轶事。到底是卡斯特从根本上改变了我与叙事的关系，还是我只不过希望自己在伦敦的理想社区，拥有一套能够体验重建乐趣的公寓？

这里并不是要试图证明，克瑙斯高一边描写他身处挪威乡下的青年时光，一边心里实际想着能在 Instagram 收获多少点赞，而是算法已经改变了整体的文化景观，对我们的品位产生了潜移默化的影响。一切事物都存在于为被动、无障碍顺畅消费而打造的算法情境之中。无论一本书或是其他文化内容是否看起来独立于算法生态系统之外而存在，它仍然会受到算法信息流引发的主流审美风格和趋势的影响。算法式文化的终点，是持续流动的相似但略有不同的内容，分区度刚刚好不至于完全无聊，但永远不会有足够的颠覆性导致丁点儿的陌生感。追求雄心勃勃的艺术理想，可能要让位于墨守成规的雕琢，服务于点赞和互动高于一切的目标。

21 世纪早期许多流行的文化形式，似乎都已经要么被简化为使人麻木的氛围增强剂，要么被退化成简单的智力游戏，供观众轻松解开，再继续求解下一个。这种趋势波及甚广，哪怕是我们时代规模最大的文化制作也无法免俗。像 2019 年的《复仇者联盟 4：终局之战》（*Avengers: Endgame*）这样的电影，本来应该像《星球大战》（*Star Wars*）正传三部曲的结尾曾在公众心中留下深刻印记一样，为多年以来的漫威超级英雄

---

① Real Housewives 是一系列富豪生活真人秀的统称，最早播出的是《橘郡贵妇的真实生活》（又称《橘子郡娇妻》），影响较大的《比弗利娇妻》已经播出 13 季，根据地点不同，另有亚特兰大、纽约、波托马克、迪拜等版本。——译者注

电影树起一座压轴里程碑。在电影远超通常大片的长达三小时放映时间当中，《终局之战》的重点放在了视觉特效和满足粉丝们对细节彩蛋的要求——当所有正面角色最后一次全体集合来击败反派，你可以看到自己最喜欢的超级英雄——而忽视了剧情叙事的质量。漫威死忠可能会感到满意——"粉丝服务"（Fans Service）这个创作术语，所指的就是明显迎合铁杆粉丝诉求的内容——但最终的效果在情感冲击和创意表达方面，近乎意义全无。

与鼓励原创艺术成就背道而驰的是，算法信息流创造的是对已有内容的需求，从而进一步产生更多内容：电影需要提供高潮剧情场景的现成 GIF 动图，以便分享到推特或 TikTok，影片中还要有方便构成营销段子的抖机灵台词，这样的作品才符合算法信息流的要求。对互动的需求可能会让作品完全倒向粉丝服务，或至少进行这样的尝试。

原版《权力的游戏》（Game of Thrones）电视剧在 2019 年完结的时候也遭遇了同样的问题。2000 万观众收看了大结局——这让它成为历史上观看人数最多的电视剧集之一，然而它让很多观众大失所望。经过了许多季的精心策划，塑造出了完整的角色人物弧光之后，走向结局的最后几集似乎将已有的人物设定全部抛诸脑后，让丹妮莉丝·坦格利安（Daenerys Targaryen）变成了邪恶的杀人狂。贯穿全剧的朝堂权谋退化成了飞龙喷火烧毁 CGI 城市的魔幻战争场景，视觉奇观取代了情节。也许在推特上分享的节选片段看上去还不错，但这几集的实际观感非常离谱。这暴露出剧集背后的制作人大卫·贝尼奥夫（David Benioff）和 D. B. 威斯（D. B. Weiss）不得不自行设计大结局的情节，因为小说家乔治·R. R. 马丁（George R. R. Martin）没能及时将原著系列写完——也许这也算是数字流媒体对文学的又一次胜利。由于缺乏原著的内在逻辑视角，两位美剧大佬选择追求可能在线上获得最大化关注的路径，并以快刀斩乱麻的方式了结剧中纷繁复杂的情节线索。追求流量的优化算计，对于像马丁作品这样的个性化叙事完全无效，尽管耗费了巨额资金，但《权力的游戏》

最终季还是沦为转瞬即逝的内容，几乎一夜之间就被观众遗忘了。

爱尔兰作家萨莉·鲁尼（Sally Rooney）的前三部小说，当前被追捧为西方千禧一代小说的顶峰，是在多愁善感的爱尔兰和欧洲大陆背景下，戏剧化描绘个体成长故事的浪漫小说三部曲。它们都是充满氛围感的作品，通过鲁尼简洁、优雅而略微冷淡的笔触，温和地融入了有关财富和当地知识的细节。这些小说见证了其中的角色陷入爱情又失去爱情，爱情穿透年轻自我意识中的自恋情结，并在这些难得的时刻达到顶峰。小说当中也大量呈现了即时消息和电子邮件内容，它们是鲁尼笔下角色的自然交流媒介。鲁尼作品的优势在于，它们精准地反映了人们的数字社交生活。在读者间接感受主角经历的娱乐价值之外，这些作品还描绘了种种社会问题，这些问题在小说面世之后成为推特讨论的核心，各路专家纷纷就手头问题选边站队，抒发自己的感想（实际上，鲁尼自己在学生时代就是辩论俱乐部的明星辩手）。在《聊天记录》（*Conversation with Friends*）当中，问题是多角恋和自我伤害。在《正常人》（*Normal People*）当中，问题是具有受虐倾向的性爱。在《美丽的世界，你在哪里》（*Beautiful World, Where Are You*）当中，问题是阶级差距和文学带来的声名本身，向着自传体小说更近一步。

所有三本小说都引发了关于角色在外形方面具备或应该具备怎样的魅力的争论，这一事实既与鲁尼作为女性小说家的性别立场相关，也与这些故事从根本上基于审美愉悦的前提相关：颜值往往是叙事的推动因素。鲁尼的前两部小说也都被转化成了文学流媒体内容，由BBC参与联合制作了两部电视剧。对2020年的电视版《正常人》最恰如其分的解读方式可能是一系列连续的软色情GIF动图，如果Tumblr没有在2018年封禁成人内容的话，可能会在平台上极度火爆。鲁尼自己也使用推特，和很多其他千禧一代知识分子一样，她也对推特讨论话语的流变习以为常。在她声名鹊起成为受到过分关注的公众人物之后，她选择离开了推特平台，她并不想被这么多粉丝关注。尽管如此，她的小说也已经与其在网上的平行存在形式无法分割。

　　滤镜世界的文化生态系统存在着将马车摆在马前面的本末倒置：对推广和营销的需求取代了本应推广的对象本身。不仅文化作品需要被迫按照能够产生外部内容的方式进行设计，以配合数字平台进行营销，平台也要从新增内容带来的互动增量中获取收益。这既可以看成一种共生关系，也可以看成一种恶性循环，总之都是不断强化适应平台审美风格要求的需求。针对这一算式进行优化——提前猜测创作的过程——比寻找替代方案要简单得多。事情发展到这一步之后，许多当代文化作品都与社交平台本身的内容近似，或是对其进行美化——一切为了接下来通过这些社交平台传播。

网红的崛起

有一部流媒体电视剧可以看作算法平台时代文化扁平化效应的缩影。它在 2020 年 10 月于奈飞首播，当时正处在将全球大部分人困在家中的新冠疫情期间，大家除了看电视，也没有别的选择。即使如此，它占据一切讨论中心的速度也是十分惊人的（起码在线上是如此，毕竟如今家庭之外的谈话也大部分发生在线上了）。《艾米丽在巴黎》是达伦·思达（Darren Star）的新作，这位导演兼制作人以《欲望都市》（*Sex and the City*）系列剧闻名，该剧对 20 世纪 90 年代后期的曼哈顿生活进行了既华丽又真实的描绘。《艾米丽在巴黎》最初是为有线电视打造的，但最终在流媒体平台落地，整季同步上线，方便沉迷连续观看。

作为一部既是关于社交媒体，也是为社交媒体传播定制的剧集，标题主人公艾米丽·库珀（Emily Cooper）——由莉莉·柯林斯（Lily Collins）贡献极致浮夸的演绎——是一位 20 岁出头，来自芝加哥的年轻女性。她可以被称为某种当代年轻人的"基本款"，在营销公司工作，梳着长马尾，习惯以运动休闲的方式在城市周边慢跑。艾米丽前往巴黎，将她的美式专业知识带给 Savoir 公司，一家虚构的奢侈时尚品牌营销代理商。具体来说，艾米丽的职责是培训当地员工如何在互联网上制作内容。就像一个充满善意的传教士一样，她打破了法式传统的相对平静状态——漫长的午餐时间、纸质杂志广告、时装走秀——并试图让当地人改宗 Instagram 帖子作为新的信仰。

在思达的旧作《欲望都市》中，主角卡莉·布兰德肖（Carrie Bradshaw）是一位报纸专栏作家，写作主题包括她的约会经历、购物习惯和深厚的友情——剧中文章只有她坐在笔记本电脑旁边时出现了几行煽情的草稿作为示意。布兰德肖的作家角色让她成为文化中的生产者：她是在构建一种独特的个人生活与爱情哲学。作为对照的艾米丽，则仅仅是一个全职的专业消费者。她的生活中与布兰德肖写作对应的部分，是用手机拍照，这也是新剧中一直出现的场景。

在《艾米丽在巴黎》第一集中，她掏出手机，并配合她法式佣人房（chambre de bonne）窗外的风景来了一张自拍，接着象征性代表她手机屏幕的画面在镜头的现实取景框中弹了出来。艾米丽把自拍照发到了没有名字的 Instagram 式平台上（这样处理是为了防止版权纠纷），她在这个通用平台上的粉丝数便出现在了屏幕上。她把自己的用户名称从 @emilycooper（本名艾米丽·库珀）改成了 @emilyinparis（艾米丽在巴黎）。在同一集接下来的剧情中，她又拍了一张巴黎自拍——屏幕上的粉丝数已经翻了四倍，而在她发布图片之后还在继续增长。她对这个数字的反应是一种茫然的满足感。到了第二集，当她发布当地市场的快照时，显示的粉丝数已经提升了一个数量级。她发布的图片下面点赞和评论的数量也像是老虎机的转盘数字一样不断攀升：她已经摇中了社交媒体大奖，正在不断收集陌生人作为她个人生活的深度粉丝。

同样的视觉处理技巧在整部电视剧中持续出现，每当艾米丽继续进行更多自拍，记录派对盛况或是炫耀时尚穿搭时，都会显示社交平台屏幕。在这个过程中，既没有创造新的事物，也没有传授新的见解；这些社交媒体发布只是随着角色在她收获粉丝的成长小说中不断前进而进一步累积。与比方说一位艺术摄影家在按下快门前深思熟虑、精细构图不同，对于艾米丽来说，拍摄 Instagram 照片的行为看上去是即刻发生而不经思考的。她只是根据直觉行动，已然被社交媒体的重度使用调教成了适当的行为模式，将自己的生活实时转化为经过优化利于传播的数字内容。

当我第一次观看这部剧集的时候，它刻画和美化社交媒体的方式对我而言是一种反乌托邦的可怕图景，虽然它完全是写实的。我们线上形象的幽灵每时每刻徘徊不去，令我们不断反思自己生活中到底哪些场景才值得输入信息流，向我们自己面对的观众广播。更糟糕的是，《艾米丽在巴黎》还特意美化了将生活转化为数字内容的过程，将其作为见证主角人物成长历程的证据。艾米丽由于精通社交媒体推广而在 Savoir 公司取得了成功；她所从事的为时尚品牌打造内容的职业活动，与她通过同样媒介构建的自我认知意识之间，根本就没有清晰的界限。她自己就是社交平台上的一个商业品牌，并为之沾沾自喜引以为荣。

在剧集打磨光滑的表面之下，存在着一系列隐藏假设。对艾米丽自带的特权完全没有展开讨论，仿佛是天经地义的既成事实一般。她是白人，非常苗条，有着符合传统的美貌，并且总是化着浓妆。看起来完全不接地气的艾米丽，算得上是建筑师库哈斯笔下所形容的那种诡异的"关于正常标准的幻觉"。她的穿搭精致而昂贵——更适合原地拍照而非到处走动——每一天都盛装出镜，而剧集没有给出任何关于这些奢侈服饰与购置它们的资金来源的线索。仿佛艾米丽只是一位心血来潮的贵族小姐，可以随心所欲地选择一项事业，而刚好就选中了在网上发图片。剧组剩下的选角也都是以白人为主，从艾米丽的心仪对象，到她的老板和大部分同事都是白人，这对于一个国际都市的环境算不上什么准确的刻画。不过话又说回来，真实的巴黎在剧中的作用，大部分情况下也不过只是艾米丽自拍的背景。

在第一季当中，艾米丽成了网红——拥有这个头衔的人并不需要从事什么了不起的创意活动，只需要在网上有足够多的粉丝，能吸引大量点赞就可以。主角最终得到了 Savoir 公司大牌客户的推广合同，在剧中这是值得庆祝的胜利时刻，就像过去的乐队与唱片公司签约，或是作者获得出版合约一样。与遵守算法规则代替创造性自我表达一样，营销活动也代替了创意活动——新的方式都对原创性不那么在乎。《艾米丽在巴黎》对于生活被社交媒体占领的程度，以及任何种类的文化创作——时尚品牌、零售门店、公共艺术装置——如今必须能够同时派生数字内容的现实，都有着清醒的认识。剧集不加批判地展现了我们如今惨遭碾压的扁平化文化；而随着剧集进行，这种扁平化也变本加厉地加速进行。到了第三季，每个重大剧情转折点都要通过一条 Instagram 帖子来展现，还有几集出现了不加掩饰的真实世界品牌植入，包括麦当劳（McDonald's）、迈凯伦（McLaren）以及 AMI Paris[①]：剧集中的虚构营销活动变成了字面意义上的真实营销活动。

剧中庆祝主角成为网红还是有一定道理的；2022 年的一份美国问卷调查发现，在年龄范围从 13 到 38 岁的受访者中，有 54% 表示如果有机会想要成为网红。另一个对 3000 名儿童进行的调查表明，他们当中有 30% 更希望做 YouTube 博主——网红的另一种形式——而不是其他的职业，例如专业运动员、音乐家或宇航员。在 21 世纪头十年，网红的形象完成了从最初发明到癌细胞般扩散转移的全过程，成了文化景观中或许是唯一的主角。如此说来，如果大量文化现象如今都在社交媒体上产生，还有什么比能够控制注意力的流动，并能以特定方式引导受众的角色更强大的力量呢？网红就是骑乘驯服狂野算法信息流的牛仔。

在英文中，"网红"（influencer）这个词本身的肤浅就已经说明了问题：字面意义"影响他人意见的人"当中的"影响"（influence）从来都不是终点，而只是传播特定信息的一种方式。通过网红赚钱的方式对其进行定义，是最简单直接的。就像出杂志或播客的传媒公司一样，网红出售向他们聚集起来的受众群体展示的广告。但起初吸引这些受众的内容往往是网红的个人生活，他们生活中高颜值的周围环境（以及他们本身的高颜值），再加上有趣的日常活动。关于他们生活的素材——自然发生和按剧本表演的程度各不相同——在类似 Instagram 这样的社交媒体平

[①] 法国服饰品牌，标志性设计是桃心加 A 字图案。——译者注

台上进行大量记录，同时网红们也在这些平台上发布赞助的品牌广告。一处区别在于，与街头分发的免费报纸或发送信号的广播电台不同，网红并不持有他们传播媒介的基础设施。他们只是搭乘数字平台内容分发能力的顺风车，一方面通过广泛安装的智能手机应用程序，另一方面通过应用内的信息流，网红的内容也可以通过数字平台到达用户的屏幕。

对某个人物着迷，尤其是关注他们的外表或个人生活，从而为个人推广铺平道路的现象，其起源要远早于互联网。在历史上这种现象更多出现在皇家宫廷或是都市知识阶层的小圈子当中，其中的成员因为地理空间上的接近，得以在日常状态下密切观察彼此，就像如今我们发到 Instagram 上的生活日常一样。尼侬·德·朗克洛（Ninon de L'Enclos）于 1620 年出生在巴黎的一个富裕家庭；在她的父亲被迫流亡而母亲不幸逝世之后，她只能在法国独自生活，并决心终身不婚。她成了不断更换情人的交际花，其中有贵族，也有作家和反对宗教的哲学家。在她漫长情史当中一个特别戏剧性的片段，发生在她与长期情人分手并从乡间搬回巴黎之后。她的前任，维拉索侯爵（Marquis de Villarceaux），马上搬到了街对面的一栋房子来监视她，时刻留意新的访客。为了安抚侯爵，她剪短了长发作为分手礼物。这一安抚措施发挥了作用，但也同时开启了一股疯狂模仿短发发型的风潮，被称为"尼侬式发型"（cheveux à la Ninon），贝茜·普里奥洛（Betsy Prioleau）在她的著作《神魂颠倒》（*Seductress*）当中对此进行了记述。以今天的眼光来看，这就是一位技艺高超的网红引领的一场美发网络时尚风潮。

到了后来的 1882 年，英国交际花兼演员莉莉·兰特里（Lillie Langtry）担任了 Pears 香皂代言人，并成为第一位为产品宣传背书的名人，她的形象反复出现在品牌广告海报上。兰特里以她明亮的雪白肤色闻名，虽然这多半是来自遗传而非香皂的效果，但她的个人形象为广告提供了额外的说服力。实际上，兰特里本人也因为她的形象随广告宣传不断复制而变得更加知名，起初由英国最出色的画家绘制油画，后来在明信片上草草印制素描。这些复制图画如此供不应求的现象，本身就代表了足够的认可——图像的传播就相当于那个时代的点赞。

消费者一直对名人的生活方式选择十分关心，虽然这些名人成名的原因跟这些选择毫无关系：演员的节食规则、大亨的赛马、画家的婚外情。名气——也可以被定义成收获的注意力——自然会散发出光环，使得任何鸡零狗碎的细节都显得有趣。在20世纪60年代，安迪·沃霍尔与他的一群"超级明星"一起，对名气的平庸本质进行了终极的揭露。在沃霍尔20世纪60年代早期的"屏幕测试"（Screen Test）系列作品中，一组在圈子外相对不为人知的反传统文化名流，纷纷在摄影机前长时间摆出肖像式的静止姿势，镜头只是观察他们的面部表情，就像为一部不存在的电影做试镜一样。今天，这些作品则会让人联想到在脑海中为自拍照提前排练，或是用手机前置摄像头开始录制TikTok视频之前的准备。这些视频表明，我们只需要盯着某人，就会产生他们很重要的感觉——镜头取景框和放映机的组合能够施放魔咒。

电脑或手机的屏幕也能够实现同样的效果：任何出现在TikTok信息流中的人看上去都像任何另一个人一样有名气，这又是另一种扁平化。沃霍尔曾经说过，"在未来，每个人都可以做15分钟的世界名人"。1991年，音乐家及线上博客先行者Momus颇有先见之明地将这个预测更新成了"在未来，每个人都会成为另外15个人眼中的名人"。在社交媒体上，这基本上成了事实。每个用户在他们的粉丝眼中都算是名人。

网红算是博主（blogger）的某种后继产物，后者是21世纪初主流互联网上的明星。博主也使用数字工具来自行发布关于个人生活的戏剧化内容，采用持续不断的文本形式——始于2002年前后的"妈咪博主"（mommy bloggers）风潮便是其中的代表。博主也售卖广告，采用的形式包括赞助商要求的文章内容和网页边缘的广告栏。根据谷歌趋势跟踪器对搜索关键词热度的记录，"博主"一词的热度在2011年之后呈现缓慢下滑的趋势，而"网红"一词从2016年年初开始强势出现。这与

Instagram 用户数量达到 5 亿，以及社交网络的信息流普遍变得更加由算法主导几乎是同时发生的。Instagram 为网红提供了完美的主场：不需要进行连篇累牍的写作，也免去了多愁善感的自我情感流露。只要有华丽的形象，就能吸引到足够的关注粉丝，以便进行后续的变现。与"博主"一词的字面含义"写博客的人"形容一种从事写作的文学活动相对，"网红"在英文字面意义上的"施加影响力"（influencing）更强调与之相关的财务收益。这是一份销售工作，为了说服受众购买某样东西，首先就要构筑一种令人向往的生活愿景框架，然后再用商品来将它填满。

帕特里克·贾奈尔（Patrick Janelle）算得上是奈飞剧集主角艾米丽·库珀的真人版，虽然他的网红生涯要比剧中女主长得多。在 21 世纪头十年，他早早将自己的生活转化成了数字内容，并逐渐从中构建起了一份职业，接下来是一桩生意。虽然主要业务重心已经转移，但他的 Instagram 账号在以 @aguynamedpatrick（一个名叫帕特里克的家伙）这个平易近人的用户名活跃了十年之后，时至今日仍有超过 40 万粉丝和累计超过 6000 张照片。他的 Instagram 帖子就像是《GQ》这样的男士杂志上刊登的时尚硬照：宫殿般的酒店房间、充满通透空气感的咖啡馆、他豪华的曼哈顿公寓里装饰着艺术品的墙面，所有这些都由粗犷又英俊的贾奈尔本人担当主角。这些照片简洁、清晰、几何构图平稳，全部由贾奈尔自己使用 iPhone 拍摄，偶尔有遥控开关协助。不过他的生活并非一直如此精致得体，如果回到他刚刚注册 Instagram 的 2012 年，就更不是这样了。

我第一次见到贾奈尔是在好几年前，他推荐的位于自家附近纽约苏豪区一角，名为荷兰人（The Dutch）的餐馆。这家餐馆不出所料地配有必备的球形吊灯和开放式置物架，它对贾奈尔来说算是某种行动总部，他甚至在网站上专门对此进行了介绍。2011 年，他刚满 30 岁，搬到了纽约，为美食杂志 *Bon Appétit*（意为"好胃口"）担任兼职设计师。Instagram 成了他与朋友们分享自己生活的平台，有一些朋友相识于他在世界各地的旅行，而另一些来自他从小成长的科罗拉多（Colorado）

家乡。"这个平台就是为记录生活而专门打造的",他对我这样说。这位网红拥有专业模特般不动声色的自信。由于在准备杂志工作时需要常常到访曼哈顿的各种咖啡馆,贾奈尔创立了一个 Instagram 话题标签 #dailycortado(每日告尔多咖啡),他提到的这种小杯卡布奇诺,在当时是咖啡爱好者们的最爱。每一天,他都会将画着奶泡拉花的咖啡静置在大理石或木质桌面上拍一张照——这种手工风格的表面材质正好可以与光滑的陶瓷咖啡杯形成怡人的对比——再把照片传到 Instagram 上。这些素材象征着高消费和品质,它们的浑然天成感和纹理质感与智能手机屏幕虚有其表的扁平感产生了鲜明的对比,虽然这些照片本身很大程度上也只是数字养料。

贾奈尔是这种审美风格在 Instagram 上的领军人物之一,在将这种风格牢牢确立为有品位通用咖啡馆设计象征的过程中出了大力。他同时也将自己创立的话题标签变成了其他人也会使用的流行风尚,像所有快速风靡的互联网段子一样欢迎新人的加入。十年过去之后,#dailycortado 依然有人使用,已经成了平台基石的一部分。如今,这个话题标签常常出现在用户为了让更多人看到内容,而在自己发布的标题中大量堆砌使用的一长串标签当中,因为这个标签可以诱使算法将照片推送给咖啡爱好者。

如果我们回顾这些照片,就会发现它们自相矛盾的特质。贾奈尔捕捉的,是放慢节奏并集中注意力的瞬间:你放下自己的咖啡杯,落座,并在开始饮用前先行欣赏的时刻。这是庸碌城市生活中的一个静息瞬间,你在此刻一动不动,而外面街上人来人往猛冲猛撞。然而每一个 Instagram 帖子都是在喂养信息流这头巨兽,它只会在你眼前以尽可能快的速度发出尽可能多的内容——完全是放慢节奏的反面。与放慢节奏表象背道而驰的是,这种照片是加速的载体,既增加平台内容消费,也扩展了贾奈尔的线上足迹,也就是帮助他作为网红赚钱的受众。贾奈尔可以放慢节奏,但也只是为了拍下完美的四平八稳构图照片,而他的观众可能也可以短暂地获得一种放慢节奏的代入感，但他们的注意力接下来马上就会被信息流用更多的视觉刺激卷走。

"一开始只是发一些咖啡图，以及我认为能在视觉上带来满足感的图像，围绕的主题都是在都市里生活。"贾奈尔提及他早期使用Instagram的方式时这样说。他发布的照片都来自街头摄影的常见主题：防火逃生通道、建筑外立面、拥挤的人潮。但随着Instagram和网红群体的热度不断提升，他对城市高端生活方式表达向往的照片，逐渐变成了一种通往照片中所描绘的生活方式的路径。假装奢侈生活的幻象给了他真正通往奢侈场合的钥匙。"高端生活方式带来高端生活方式，像流量一样自我增殖。"他告诉我，"随着我持续发布照片，有更多活动邀请我参与，我拥有了接触更多机会的渠道，也能够在财务上真正建立起一个品牌。"他在自拍中展现出的时尚敏锐度，帮他获得了拉夫·劳伦（Ralph Lauren）的推广合作订单。他发布的度假照片帮他收获了免费的酒店试住体验。

做网红成了一种全职职业，虽然贾奈尔不喜欢诸如"品位塑造者"这样的词汇。他说："我不认为自己是在创造品位，或是塑造人们的偏好，不过我确实是在选择自己认为新鲜和有趣的东西，并将它们记录下来。"2014年，美国时装设计师协会（Council of Fashion Designers of America）将贾奈尔评选为"年度Instagram用户"。2015年的一天，我在自己的Instagram发现页面上看到了贾奈尔，这个页面综合展示了算法推荐认为我可能想要点赞的帖子和可能想要关注的账号。我的猜测是，我已经关注了足够多的纽约餐馆和室内装修设计灵感账号，其中充满了纽约下城风格复式阁楼和20世纪中叶家具，以至于贾奈尔的账号与我认定的品位严丝合缝，起码算法是这样认为的。

我住在布鲁克林的时候也是年近三十，并在寻找一些成人生活意味着什么的定义——本质上说，就是如何，以及在哪里，能把手上攒的这一点小钱花光。贾奈尔四平八稳又精耕细作的照片给了我一些线索，但他后来进化出的炫富旅行家人设，比起之前的街头风格抓拍，不那么容易让人产生共鸣。Instagram 这个载体，在我眼中也为这种生活方式内容加上了一层真实正宗的滤镜，媒体集团印刷的杂志达不到这种效果——虽然贾奈尔的帖子本身也是另一种方式的大企业产物，由 Instagram 这家科技巨头进行过滤之后才能让我看到。"我能理解自己代表了一种令人向往的形象。"贾奈尔这样告诉我，"通过由我上传一张图片并让它在受众面前获得一定的曝光，我隐含的意思就是，'我为它背书'，我希望能以这种方式帮助人们跳过选择的过程，直接让他们自己享受到尽可能好的生活。"

在贾奈尔的成功路径上，阶级问题的影响挥之不去：他扮演了上层阶级消费主义的刻板形象，并通过这样做拥有了上层阶级式的消费能力，进一步加强了他们的地位象征，就像很多网红所做的那样。引人眼红是网红事业的燃料。身为白人、符合传统审美、体形匀称的贾奈尔很容易承接他为自己打造的奢华形象。从某种角度看，他已经提前预备好了接受算法曝光，因为他的外表是如此容易接受，能够与现存的都市财富视觉语言完美融合。而在贾奈尔持续涨粉的同一时期，其他一些用户发现自己的账号被算法推荐限制了流量，或是被咄咄逼人的审查制度彻底噤声：发布政治煽动段子的活动家、自我推销的性工作者以及想要在 Instagram 上像贾奈尔经常做的那样上半身不着寸缕的女性。

经年累月，随着社交媒体的大踏步前进越过了他，贾奈尔已经成了某种过气历史人物。他的 Instagram 粉丝数在 21 世纪头十年达到了顶峰，这也是他的审美感发生停滞的时间：那个时代属于仿工业风的餐馆，名字里面一定要带有 "&" 符号，属于费力混调的复杂鸡尾酒，也属于整齐学院风的男性时装（所有人看起来都像是参加婚礼的伐木工）。实际上，贾奈尔可以回忆起他与 Instagram 关系的转折点，虽然他至今仍然在使用这个平台，变化发生在 2016 年，当时平台的信息流从时间排序变成了算法排序。

"对于我个人来讲，考虑到我在社交媒体上成长的历程，平台将权力交给算法这种变化，是不能更糟糕的事情了"，他这样告诉我。原本，他可以每天发布好几次，并清楚地知道这些内容可以被自己的粉丝看到，实时传输，按时间排序，从而让粉丝易于理解他的叙事创意。现在他无从知晓他的图片会在什么时候按什么顺序出现。这对于消费端来说，也像生产端一样令人泄气："没有人有机会选择自己做出决策，自行按喜好对看到的内容进行筛选排序，一切都被算法强制安排了。"

Instagram 这些年来也不断改变着自身模式，从静止图像的信息流逐渐偏移，先是加入了故事（stories），模仿 Snapchat 在 24 小时后消失的内容功能；然后是较长视频的 Instagram TV；最后是拷贝 TikTok 短视频的 Reels 功能。整个应用程序逐渐失去了自己本来作为一个相对简朴的自我品位表达空间的独特性格特征。"这些决策从来都没有站在让平台更好地为作者创造内容服务的角度，"贾奈尔说，"这些完全是由增长团队和商业团队做出的决定，只是为了让他们的权力扩张。"

Instagram 界面设计不断变化的特点，意味着几乎没有可能以最初发布的存在情境，去体验贾奈尔的作品。举例来说，无论从图片网格还是时间线操作，你都无法倒转时间，去看看这个账号在 2015 年是以怎样的方式呈现的。数字平台缺乏那种文化内容长久保存所必需的稳定性，正是那样的稳定性才能让人时隔几十年，还能在博物馆欣赏摄影家当年的旧胶卷负片。随着公司改变优先级次序，旧有的情境也被一扫而空。"不只是当下的事物正在发生变化，而且由于这一切都是以数字形式存在的，过去的时空中也可能发生变化，因为我们并不拥有这一切，我们对于如何呈现、如何使用，根本一点控制也没有。"贾奈尔表示。Instagram 信息流先是从全部统一的正方形图片变成了任意尺寸，再加入与静止照片产生冲突的视频内容，所有改变都以增强竞争力的名义进行，号称要更快、更个性化，提供更吸引人的内容。

贾奈尔对 Instagram 虽然感到不满，但也无意转向 TikTok 这类较新的替代平台——在如今的网红经济中想要存活下来，往往就要参与这种切换平台的跳房子游戏。他明白 TikTok 也许可以提供更好的商业机会，但同时也会耗费他过多的创意能量。打脸的是，最新潮信息流的吸引力可能还是太令人无法抗拒了：在我们聊完这个话题之后不过几个月，他也开始尝试发布 TikTok 视频并在新平台上累积粉丝了。网红们持续不断地努力掌握下一个大型社交媒体平台玩法的需求，让人回想起早期无声电影明星们在 20 世纪初努力向有声电影转型，或是戏剧演员转向电视屏幕：并不是所有人都能成功，也并不是所有人的艺术手法都能在新的媒介继续受到欢迎。

每次转型需求之间，如今已经只是相隔很短的几年（即使不是一年）而非几十年，并需要对天花乱坠的技术细节有更强的敏感性。你必须懂得在何时避开注定要完蛋的平台，比如昙花一现的移动视频流媒体服务 Quibi（"quick bites"，即"速食"的缩写），虽然花大价钱制作了内容但没能吸引到多少用户，不到一年便匆匆倒闭。有很多炒作都无法兑现，而网红对一个失败平台的任何投入都只能打水漂。

贾奈尔是一个精明的创业者。滤镜世界的潮流瞬息万变，而与苦苦追逐潮流，不断按照信息流的最新偏好改变自我创作方式相反，他建立了一家名叫未命名秘密（Untitled Secret）的公司，在不断扩大的团队帮助下，代理了十几位其他网红的经纪业务，并与大企业客户协调谈判营销合同。他成了对网红们施加影响的网红。

虽然贾奈尔所代表的 21 世纪头十年工业时尚风，作为空间的整体氛围仍然随处可见，但潮流尖端的品位已经转移到了更加凌乱无序，甚至是刻意虚假的人造景观。如今的网红也动辄拥有几百万粉丝，在这样的规模尺度上几乎不可能产生个人情感联系，与传统名人和普通人之间的距离感如出一辙。卡戴珊（Kardashian）式的真人秀电视节目迎来了一批网红新贵，他们在小屏幕和更小的手机屏幕之间切换自如。你可以在电视上看到金·卡戴珊（Kim Kardashian）并在 Instagram 关注她，成为她如今 3.49 亿粉丝中的一分子，这些散落各地的粉丝，数量已经超过大部分国家的人口。与贾奈尔的情况不同，Instagram 并不是卡戴珊名气的来源，而只是承载她巨大名气的又一个容器而已。已有的名气是快速启动算法推荐的最佳方式，而算法推荐会让名气越来越大。

虽然社交媒体的早期使命曾经是让用户与他们真实世界中的朋友联系，随着时间的推移，虚假的浮夸反而成了值得追求的事物。科技公司 Brud 的共同创始人特雷弗·麦克费德里斯（Trevor McFedries）和莎拉·德库（Sara DeCou），在 2016 年注册了一个用户名为 @lilmiquela［小米凯拉（Little Miquela）］的 Instagram 账号。账号的个人简介描绘了一个巴西裔 19 岁美国女生的形象，而上传的图片都是标准的 Instagram 套路：随性自拍、与朋友合影快照、以城市建筑外墙为背景的摆拍人像。米凯拉的审美属于通用网红风格，算是在她之前所有成功账号的平均水准。她本身也代表了这种通用性：她根本不是人类，而是计算机渲染出来的合成图片。

她的皮肤拥有柔润的质地和人类难以企及的光滑程度，由内而外散发光泽，而她的眼睛有些诡异的空洞无神。尽管如此，她看起来是出现在真人身边，穿着真实的衣物，身处真实的场所。这个账户的实质是一个虚拟的三维模特，一个能够以任何想得到的方式进行摆拍的，近乎超写实主义（photorealistic）的数字玩偶。米凯拉账号中只比大部分时尚大片略微虚假一点的华丽影像，其效果最终得到了证明：她作为第一个著名的"虚拟网红"登上了新闻头条，并与经纪公司 WME 签约（或者至少是她的创造者们签了约）。米凯拉目前的 Instagram 粉丝接近 300 万，也和大部分成功的网红一样，接到了像 CK（Calvin Klein）和普拉达（Prada）这样的高端时尚品牌推广合同。

米凯拉并不真实存在的事实，反而让她的网红形象更有销路，因为没有一个具备独立人格的真实人类，就没有独立思想对广告营销造成阻碍的风险。米凯拉不会像贾奈尔一样对信息流的改变感到陌生疏离，也不会无法适应下一个标准版本的多媒体内容格式。她也会永远保持 19

岁——直到让她突然变成别的年纪，去吸引另一个人群变得更加有利可图。而当一个账号渐渐不再受人关注，就可以轻松地关掉它，再去重新打造一个新形象。这也是随着信息流变得规模更大速度更快之后，内容的高度可替代性带来的另一个后果：我们在一项内容来源被换成了另一项的时候未必会注意到。曾经让用户对帕特里克·贾奈尔这样的网红产生兴趣的亲近感光环，如今正围绕着完全虚构的角色进行打造。如果网红们的生活已经染上了虚构色彩——其中点缀着赞助商提供的免费旅行和品牌赠送的名牌服饰，却并不透露这些幕后交易，而假装这些增光添彩的细节都是顺理成章发生的——那么这些网红本身就已经因此变成了虚构人物，并不比早餐麦片品牌的卡通吉祥物更真实。

  网红的身份，一直以来既可以是职业化的也可以是去中心化的。确实存在这样一条可行的职业路径，首先迎合信息流，然后积累粉丝，最终出售触达粉丝受众的广告机会。查莉·德阿梅里奥在 2019 年 5 月注册 TikTok 时，不过是家住康涅狄格州郊区的一位默默无闻的 15 岁舞蹈爱好者，当时平台的主要内容是对口型表演以及舞蹈视频。通过不断踩准热点以及参与热门网红舞蹈表演，德阿梅里奥如今有超过 1.5 亿粉丝，可能是有史以来增长最迅猛的素人社交媒体账号，而这一切都要归功于 TikTok 的算法信息流。在短短几年间，德阿梅里奥从小圈子社交媒体明星成长为完全意义上的社会主流名人，甚至与一名卡戴珊家族的边缘成员约会，这一跨圈组合几乎够得上有线电视情景喜剧的八卦标准。

  去中心化的个人网红在 2020 年以后已经不那么引人注意了，因为有太多的数字平台用户在种种压力下自行摆出网红的架势，持续输出内容，试图累积受众，并探索变现的方式——要么直接通过接广告订单，或者稍微含蓄一些，通过朋辈关注寻找变现机会。人人都在用网红的方式对他人施加影响：在 Instagram 上试图引起画廊或策展人关注的视觉艺术家；通过没完没了的推文记录写作过程的小说家；拍摄面包制作 TikTok 视频并与评论区互动，尝试在自家公寓开启一份小生意的业余面包师。此外，还存在着婚恋网红和个人理财网红这样的细分类别。对于滤镜世界中的很多职业路径来说，遵从各种信息流的要求，已经成为一条几乎无可避免的戒律。这种压力是如此巨大，以至于推广内容似乎总能找到某种方式，去代替被推广的事物本身。

内容资本

在滤镜世界当中，文化已经变得越来越具备重复迭代特性。创作者现在很难直达最后一步——拍摄一部电影或是出版一本图书：首先需要发布其样品素材，描述其愿景，并在网上聚起一批受众，作为与其作品进行紧密互动的粉丝。以一本图书为例，第一步是要发出几条引人注目的推文，接着放出更多素材，写成精彩的文段引发公众讨论，最好能够带来后续跟踪点评或是登上报章评论版。读者们必须转发作者推文中的思考，并在各自的 Instagram 故事中分享摘抄节选。一位经纪人必须注意到这股方兴未艾的讨论热度并签下新鲜出道的作者。接下来可能才会发生最后一步，会有出版商考虑作者的书稿——如果作者已经积累了足够的"平台"，即足够多的社交媒体粉丝，以及影响内容流的能力。这里的词汇选择很有信息量：人本身也是平台。一旦出版商真正出钱买下了书稿，新书真正在书店的书架上现身，作者就要继续利用平台，对粉丝发出宣传推文，发布封面图片，在 TikTok 视频中手举新书面向镜头——在所有渠道为新书发布聚集注意力，多多益善。对于你现在手中的这本书来说，我也是打算这么做的，起码如果我有这个本事，就一定会努力做网络推广。

这种通过在社交媒体上的成功，提前为作品聚拢受众的需求，一个有用的新短语"内容资本"（content capital）可以给出不错的解释。学者凯特·艾科恩（Kate Eichhorn）在她 2022 年的专著《内容》（*Content*）中提出了这个概念，用于形容互联网时代的一种状态，即"一个人从事艺术家或作家工作的能力，越来越依赖于这个人的内容资本；也就是，这个人生产与其作为艺术家、作家或演员的人设相关内容的能力，而非与自己作品本身相关的内容"。换句话说，重点不在于作品本身，而在于围绕它的气场，创作者生活方式的人设所产出的那些附属素材。附属素材可能是 Instagram 自拍，画家工作室的照片，旅行的纪念物，即兴的推特观察评论，或是一段 TikTok 上的视频独白。所有这些附属内容都为作为主角的个人积累受众，而这些个体与他们创造的作品之间维持一种独立互不相关的状态。如果罗兰·巴特（Roland Barthes）1967 年的文章预测了"作者的死亡"，而作者的个人品牌如今却成了唯一重要的东西，那么实际死亡的其实是作品本身。

艾科恩提出的内容资本，回应了法国社会学家皮埃尔·布尔迪厄在 20 世纪 70 年代提出的"文化资本"（cultural capital）概念：对各种高等文化形式的熟练掌握，能够赋予人社会地位，并帮助精英阶层的成员彼此识别。拥有文化资本，意味着理解山羊绒是一种比棉花更能代表世俗成就的面料，以及理解杰克逊·波洛克的绘画作品有着远非孩童的信笔涂鸦所能复刻的内涵。布尔迪厄指出，在西方社会，对激进的审美风格实验和抽象作品抱持开放态度，是精英阶层的标志。文化资本也不仅仅是对艺术本身的理解；它是对艺术在社会情境中的附加含义，以及不同的作品或艺术家分别象征着哪些事物的理解。照此看来，内容资本就是对数字内容的熟练掌握：知道需要生产哪些种类的内容，知道各个平台的信息流如何运作，会优先推送哪些内容，以及受众可能对特定的创作给出怎样的反馈。拥有更多内容资本的人会获得更多粉丝，从而在滤镜世界的文化生态系统当中拥有更大的权力。

下面这条规则是线上生活中平平无奇的事实，如此普遍以至于很容易忘记它的存在：更多粉丝与更多互动永远是看上去更理想的状态。任何人都不应当再仅仅满足于几百个粉丝，虽然那可能就是你在现实世界中能认识的人的数量上限。主要的激励机制就是为了让数字不断提升。

"个人积累自身内容资本的方式，无非是在网上消磨时间，或者更准确地说，发布能够产生回复的内容，并因此带来更多的粉丝并产生更多的内容。"艾科恩这样写道。这样产生的内容资本可以直接利用，或转化为其他形式的资本：通过出售赞助商权益，或直接对粉丝销售商品来赚取收入，不管是用网红账号名称作为装饰图案的T恤衫，还是作者署名的精装书。这两者作为对特定人物狂热迷恋的物理象征，并没有什么不同，都可以称为不当得利的割韭菜的罪证。

以下等式在任何文化产品或领域都是成立的：粉丝越多，赚钱越多。社交媒体将文化量化为一套平庸的指标，衡量观看数、链接点击数以及购买率这一最终目的。这套机制的整体效果，是随着创作者全部追逐同样的激励措施来吸引更多关注，互相抄袭任何时刻效果最好的随便什么内容配方，进而导致的同质化。"随着时间的推移，不同媒介之间（例如电影、视频、录制音频、纸质图书）以及流派之间（例如纪实与虚构或电视正剧与情景喜剧）的区别看上去越来越不重要。"艾科恩这样写道。她形容了那种永无止境的比赛："这个现象愈发严重，重要的事情只剩下不断生产内容本身，以及不断增加内容产出的频率和数量。"在书中的另一处，艾科恩用更简洁粗暴的方式表示："内容引发更多内容。"

这并不是说内容能够带来艺术。实际上，算法信息流要求的多余内容往往对创造艺术构成妨碍，因为它正以不断提升的高比例，将创作者有限的时间消耗殆尽。"那些在过去可能只专注于写作图书，或制作电影，或打造艺术品的文化生产者，如今必须同时花费大量时间来生产（或付钱委托别人生产）关于他们自己和他们作品的数字内容。"艾科恩这样写道。就像任何曾经试图在网上帮助一项事业起步——不管是烘焙卖场、派对还是艺术装置——的人已经知道的那样，附属内容很快就会变成一种分散精力的负担。作者（我本人）在用Instagram分享他富有艺术气息的杂乱书桌，广播宣传他的典型作家身份，以及检查相应的点赞情况这些繁忙重要的事务中，根本抽不开身来实际写他的书。

人人都需要为自己的线上内容资本操心，哪怕只是在网上与朋友联系。总有一些饭馆餐点或度假胜地比其他选项拥有更高的内容资本，从而能形成更值得炫耀的 Instagram 帖子，就像总有一些人生里程碑在脸书信息流中能激起更大的水花一样。也许有人可以利用生日或婚礼来获得多一些算法推广，但更多的曝光对个人来说并不总是能带来积极肯定。

在 TikTok 上，即使一段视频显示的是镜头前的人在叙述个人创伤经历，或展示新的艺术创作，评论区也会充满了关于视频创作者穿着哪些品牌服饰，或是他们家里有哪些家具这样的狂热提问，就好像相关商品推荐才是创作者能做出的最重要的文化贡献。我能够回忆起 TikTok 上的一位女士，面对她的 iPhone 的镜头，讨论工作中遇到的一起骚扰事件。评论区的用户却不断纠缠询问她穿的露背上衣是从哪里买的；衣服的品牌是 Zara，但那显然不是这段视频的重点所在。哪怕是对个人脆弱情感的表达，也沦落到了不过是又一则普通视觉内容的层次。我还观察到一位美食主题视频作者，在她波澜不惊的烹饪过程视频当中，一边将蔬菜切碎翻炒准备做汤，一边加入了关于她经历过的种族歧视的讨论。烹饪视频的视觉氛围被用来掩盖她个人内容的真实意图，可能会让这段内容更容易在算法信息流中找到三心二意的观众。

积累内容资本是一种分散精力的负担，虽然这可能是为了让消费者看到作品而不得不经历的过程。在滤镜世界中，单纯地创造艺术作品而不将消费作为最终目的，是不可想象的。与之相反的例子是像 2022 年去世的卡门·埃雷拉（Carmen Herrera）这样的画家，她一直到九旬高龄才获得了一定的名气，一生当中在她极简主义的画布上默默无闻地艰难跋涉了将近一个世纪。今天的世界经常让人有这样一种感觉：没有关注度就不会有创意，而没有算法推荐的加速剂作用，就不会有关注度。

我个人的内容资本只能说是比上不足，比下有余。虽然作为专业记者工作了十年以上，并自从推特诞生早期的 2008 年就是平台上的活跃用户，我也"仅仅"拥有大约 26 000 位粉丝。在 Instagram 上，我的粉丝数刚刚超过 4000——我也想不通这个数字从何而来，因为我发布的内容只是一些对于自己现实生活存在感的平凡见证：自己做的晚饭、家里狗狗的照片，还有一些过度追求静态和正常的场景，其中有些是模仿斯蒂芬·肖尔（Stephen Shore）的作品，他是我最喜欢的艺术摄影大师之一。我发布的图像基本上属于自产自销，是为了构建个人生活档案库而非针对更广泛的受众。因此，它们并不值得来自其他用户的太多互动。

我很早就决定了，不让自己的表达方式完全适应算法信息流的规则——又或许谈不上是一种决定，而是我感到自己没有能力适应算法。我既不够酷，也不够有趣，不够有吸引力，也不具备马基雅维利式的（Machiavellian）不择手段来知晓并选择需要操纵的算法参数。我的推文很少形成病毒式的传播，而我绝对也没有足够的高端生活方式素材来充实 Instagram 信息流。我永远做不成那种网红。然而多年以来我渐渐意识到，即使我不是拥有几十万粉丝的 Instagram 明星，我也对观看自己发布内容的这一组观众有着一定的影响力，而最终他们的关注也确实反过来影响到了我发布的内容。

我发现存在一些特定方式，让我可以在展现自己正在做的事情同时，将可能获得的内容资本最大化。我在分享自己每一篇最新文章的推文当中进行了辛苦的尝试，来搞清楚到底怎样才可以得到更多的转发：一个引发好奇心的填空式标题，提出一个没有答案的问题可能会吸引读者进一步点击，又或者是突出一篇故事中最吸引人的一句话。我不断迎合自己的线上受众，重复让自己成名的招牌话题：小众设计批判、对硅谷文化的不满、引用艺术历史的参考文章。见证我个人生活的内容，例如对我当作工作场所的咖啡馆的抱怨，总能取得不错的效果。问题在于，我逐渐开始分不清信息流鼓励的主题和我的个人品位偏好——我写了推特想要看到的内容，但这开始阻碍了我对自己本来想写什么或对什么话题有兴趣的感知。

发出的帖子即刻引发的一阵点赞潮，可以帮助算法推荐评估哪些内容应当进一步推广，但同时也给创业者带来了前所未有的实时数据，能够看到哪些内容与受众产生了共鸣，就像是所有想法都通过尼尔森收视率（Nielsen rating）进行了测量，而只要有智能手机就能查看结果。文化的扁平化是其中的一项后果。但同样的机制也在作用于我们的公开政治表态，使其越来越偏向极端，因为造成冲突和表露争议性的言论能够在信息流中脱颖而出，大量吸引点赞，而别有深意的微妙表达或两不得罪的模糊话语，永远都达不到同样的效果。

Instagram 诗歌

能够得到数字平台和算法信息流奖励的文化内容，从形式和内容上，都与在人类品位塑造者传统模式下取得成功的文化创作有很明显的区别。对于算法信息流是如何不加掩饰地改变了一种艺术形式以及公众接受这种艺术的方式，诗歌领域是最直白的例子之一。在过去十年间，一代"Insta 诗人"在 Instagram 上崛起，通过让作品适应平台的结构和需求，他们获得了大量粉丝并实现了数百万册图书销售。露比·考尔（Rupi Kaur）是其中最著名的：她是一位 1992 年出生于印度的加拿大女性，通过以适应 Instagram 方形图片框的格式发布拆成数行的短诗，并配上自创的手绘线条插图，她积累了 450 万粉丝。这些诗作采用标准衬线字体（serif font），全部由小写字母组成，就像是用手机键盘一气呵成匆匆写就——当然它也是对作者家乡旁遮普（Punjabi）语言的致敬，这种语言不区分大小写。其中一首诗的一部分读起来是这样的："他们没告诉我会伤得这么痛 / 没人事先提出警告 / 我们会因友情感到心碎。"这些诗歌–图片组合最后会有"-rupi kaur"的小写字母签名，这一举动加强了作者的个人身份——名字就是品牌标签——而同时也起到了某种原作水印的作用，考虑到这幅图像有很大的可能被移出它原本的数字情境，或在信息流的其他位置被人转发。无论在哪里，观众都能知道谁是最初的原创者。

另一些 Insta 诗人，则是作为男性去贴近一种主动展现脆弱一面的刻板阳刚形象。一位以假名阿提库斯（Atticus）示人的诗人，拥有 160 万 Instagram 粉丝并发行了数本畅销书。阿提库斯的诗作图片经常随意排版，文字直接覆盖在红酒瓶或度假人群的普通照片上，聚焦的主题包括爱情、美以及买醉："我亲爱的 / 就让你和我稍稍漫步一下人生"就是其中一张图片的全部内容。还有一位名为 R. M. 德雷克（R. M. Drake）的诗人，粉丝人数 280 万，他更喜欢写一些听起来像是毫无新意的自我激励口号的散文诗段落："如果失去了一个对你屁事不管的人，那也算不得什么损失。"他的一首短诗是这样开头的。R. M. 德雷克也将自己的名字加在每一幅 Instagram 配图中，看起来就是考尔的汉字版本。这些作者共同发展出了 Insta 诗歌的通用风格，与各个国家的极简风咖啡馆有着一样的同质性。这种风格符合本书概述的滤镜世界特征的原则：这些诗歌作为图像也必须能起到与文字同等的作用，并能在各个数字平台间进行无缝衔接的平滑移动，无论是 Instagram 信息流、脸书帖子还是 TikTok 幻灯片。诗歌本身的内容必须能让人感同身受并适合分享，更少涉及个人化的经历或视角，而更多覆盖广义的、耳熟能详的主题。

考尔既成了这一新型诗歌运动的头面人物，也成了承受人们指责的替罪羊，这有失公平，因为平台本身可能应该对于 Insta 诗歌索然无味的审美风格负有更大的责任。考尔起初在进行诗歌朗诵表演，之后转而在 Tumblr 上发布诗作，最后才在 2013 年改用 Instagram 平台。2014 年，她还自行出版了自己的第一本诗集《牛奶与蜂蜜》（*Milk and Honey*）。随着她在网络上声名渐隆，这本诗集由一家专业出版商在 2015 年进行了再版，并随后热销了 200 万本，还在《纽约时报》畅销书排行榜上拿下过冠军。然而，评论家们——长期以来都是诗歌这一小众艺术形式的独家仲裁者——绝大部分都厌恶考尔的作品。他们将其与复印的问候卡片相提并论，并对浅薄直白的文风表达了不满。考尔的作品经不起任何长时间的推敲。

有一些评论也许不经意间反映了她的诗歌在多大程度上满足了 Instagram 对大量传播的需求："考尔的诗歌用视觉上引人注目的方式，叙述了明摆着的，趣味有限的意识流脑洞，就是人们在洗澡过程中会冒出的那种随机想法。"其中一位评论家法蕾娅·费苏丁（Fareah Fysudeen）这样写道："她的诗歌内容都在意料之中，再明显不过，而且空洞无物，描画一种深刻的假象但实则毫无内涵。"在 Instagram 上，一切都必须以视觉为中心：因此考尔频繁换行能带来画面的清晰感，而线条插图能引起观众更多的兴趣。如果一则内容设计的本意只是在信息流中出现一次，吸引视线几秒钟，并在不冒犯任何人的前提下自然过渡到下一条内容，从此不再出现，那么肤浅就算不上是什么太大的缺陷。"考尔作为艺术家的成就，就在于她的作品非常正式地体现出，很大程度上定义了当今时代的人类生活的技术到底是什么：智能手机和互联网。"小说家鲁曼·阿拉姆（Rumaan Alam）在 2019 年为作为传统文学评论堡垒的《新共和周刊》(*The New Republic*)撰写的一篇题为《露比·考尔是新一个十年的作家代表》("Rupi Kaur is the Writer of the Decade")的文章中这样写道。

我在 2023 年给阿拉姆打了电话，问起他后来对于当时判断的看法，当时颇有一些评论家同行对他的说法不以为然。"我感到自己的判断获得了证实。"他这样回答："能够在一瞥之间轻松容纳的文本，让用户完全不必操作手机屏幕就能阅读领会的内容，会有着强得多的吸引力。"他提到了诗人玛姬·史密斯（Maggie Smith）2016 年的作品《骨架良好》(*Good Bones*)作为例子，它可以被压缩在一张截屏图片之内，因此常常被作为网络段子分享转发，在推特和 Instagram 故事中都很常见。"生命短暂，虽然我并不这样告诉孩子们。/ 生命短暂，而我做了太多缩短自己生命的事情。"这首诗像神秘的咒语一样开头，并在短短 15 行之后结束。阿拉姆表示，露比·考尔"并不是一个优秀的诗人，但那并不意味着她不具备巨大的影响力，她发现了一些成功要素，事关品位塑造过程的转变，以及作品传播过程的转变"。"艺术需要不断调整，以适应当代生活中短暂的注意力持续时间。"他补充道。

考尔本人强烈的视觉特征也对她的走红不无助益：她修长的脸型、尖锐的下颌线、宽大夸张的眼睛都在同样充斥她 Instagram 账号的自拍照中突出呈现。近几年来，她已经形成了一种交替发布诗歌图片和个人头像的习惯，大部分是完全的摆拍（而非标准的休闲快照），以精致妆容和高端时装全副武装。她像自己的外表形象与艺术创作同台呈现，这种融合并不是任何创作者都能够或者想要实践的。我们在各人眼中对颜值的评判层面都是不平等的，这也是另一种不同的算法。一个人必须先拥有外形魅力，才能成为成功的艺术家吗？当然不是这样，但外形绝对有帮助，尤其在当前的 Instagram 时代。

考尔和她的诗歌都拥有着最大化的内容资本。她既是诗人，更是网红，这两个身份在她的身上并没有相互抵消，而是互相加强：她成为高人气网红的原因，有一部分来自她的诗歌，而她的诗歌具备高人气，有一部分原因在于她已经建立的线上受众群体。同样的动态效应在作为摄影师的帕特里克·贾奈尔身上也能看到——我们忽略他的艺术技巧但关注他花样翻新的高端生活方式——而也许像 2022 年的小说《渣男》（*Fuccboi*）的作者肖恩·托尔·康罗（Sean Thor Conroe）也符合这个模式，他的书中使用了大量来自社交媒体和手机短信的语言，夹杂着警句式的只言片语和数字平台俚语黑话。康罗自己的 Instagram 账号充满了故作深沉的抽烟自拍，和他小说最终选用的封面相差不多，一方面忠实记录，一方面夸张表现了作家以坏小子小说家为模板的生活。成为一个仍在产出作品的艺术家，总是意味着要同时具备某种公众形象，但在滤镜世界当中，完美化的形象是创作艺术作品的前提。

考尔清楚地知晓 Instagram 对她作品施加的审美风格压力，某些主题会以从平台得到更高的关注度作为奖励。在 2017 年接受《娱乐周刊》（*Entertainment Weekly*）访谈时，她表示，"我在网上发表的爱情诗歌和心碎作品会得到最多的爱意回应"。举例来说，关于性别暴力的诗歌，就没法得到那么多点赞。她一度转为在一整个月份只发表带来大量点赞的基础主题，也确实获得了更高的互动数据。但她表示，这也让人感到虚伪。艺术家必须积极对抗社交媒体提供的激励措施，那种持续诱惑作者向受众简单地提供他们最常点击内容的压力。同时也要注意的是，受众也像作者一样自行做出被信息流操纵的决定。"当你在迎合受众的思路中入戏太深，你就会让其他人的想法改变你想要创作和写作的内容。"考尔表示。社交媒体上持续的被动消费行为，导致了一种深刻自我意识的缺失，考尔本人也承认这一点，哪怕她的作品正是利用了这一点才把老生常谈打扮成了独到见解。"我们与数据线的连接是如此牢固，以至于我们与自我的连接几乎要断掉了。"她这样说。根据一些访谈提供的信息，考尔自己的手机上并没有社交媒体应用程序，而像很多名人一样，有一个员工团队负责管理她实际的账号，即使她的线上形象暗示出与受众的紧密联系令她获益，她也要将自己的真实生活与线上形象分隔开来。

任何将社交媒体看作艺术对立面的评价，都受到某种程度精英主义情结的影响。并不是所有人都有途径接触传统的、更为艺术圈广泛接受的艺术创作过程：常青藤（Ivy League）大学、文学杂志、纽约切尔西（Chelsea）艺术区的画廊。充分利用引人注目的形象或是网络上的强烈存在感，可能只是草根普通人为了形成初始受众群体，证明存在已有的兴趣，并打入封闭的生态系统的方式，而精英艺术家们根本无须预先自我证明。读者可能被艺术家在线上平易近人的形象吸引，也就是艺术家兼网红的形象。举例来说，数百万人对考尔的作品给出了足够高的评价，以至于他们购买了她的图书也成了她在 Instagram 上的粉丝，而她的每一张诗歌图片都可以积累几十万次点赞。实际上，有证据表明诗歌作品的消费量在近年来得到了整体提升，比如 Poets.org 的网络流量从 2020 年到 2021 年提升了 25 个百分点，以及诗歌相关图书更高的销量——在英国，诗集销量从 2018 年到 2019 年提升了 12 个百分点。这种现象的一部分原因，可能是互联网鼓励消费碎片化的文字信息，当然同样可能是由于过去几年混乱的世界局势激起了人们对精神冥想的渴望。严肃文学诗歌——或者说能够被精英把持的建制体系接受的诗歌——也仍然不难找到，它们与 Insta 诗歌共存，虽然通常销量要少得多。

在文学语境下，我很欣赏金明美（Myung Mi Kim）的诗，她是一位生于 1957 年的韩裔美国诗人。金的一些作品也可能同样适合放进 Instagram 图片的尺寸，但它们远不是那么即刻易懂。她的诗作《囤积土地》(accumulation of land) 是由三列短语组成的网格——"清点牲畜所有物""产生继承人数字""孕育孩子养育"——目的是让读者能够以任何顺序动态阅读这些短语。它们能够引发一种来自人类史前遥远过去的思古幽情，但并不对这种感觉加以明确锁定。金的诗作中激进的碎片化语言处理，试图与我们时代本身的语言碎片化现象展开对话。在另一篇短小（虽然或许也可以理解为无限长）的诗作《开端："名字以何种方式"》(Exordium: In what way names) 当中，她用区区几行字就暗示了规模巨大的解构："名字曾以何种方式赋给了事物／过滤／并不是所有曾经使用过的词汇／都仍然存在。"首句的过去时态初读上去并不明显，细思之下则令人心碎。

Insta 诗歌和严肃文学诗歌，是一目了然的文字风格和简单直白的主题表达，与佶屈聱牙的语言和需要接受无法明确解读主题之间的对比：一种审美取向并不比另一种更好或更差；它们只是一组不同的选择。然而在滤镜世界中，我们面对的文化环境无可避免地将前者放在优先地位，因为它能通过算法信息流更高效地进行传播，而在如今资本主义统领一切的环境里，除了信息流，能让创作者接触受众以便养活自己的途径，也已经越来越少。无论是推特、Instagram、TikTok 还是亚马逊，艺术家对抗的都是一种看不见的力量。他们可以选择全情投入地跟随自己的个人愿景，并可能对互动数据以及未来的潜在生计造成损害，或者也可以选择迎合信息流以及受众——相当于只创作有关爱情和心碎的口水诗歌——并寄希望于成为网红来养活自己，并拥有一旦艺术品本身不够赚钱，就改为通过出售赞助合同以及割韭菜周边产品赚钱的后备选项。归根结底，算法信息流可能也不意味着艺术的死亡，但它往往代表了一种对艺术发展的阻碍。

书 stagram 和书 tok[①]

社交媒体网红是强大的营销力量：他们可以为几乎任何事物带来人气，无论是时尚品牌的一件新产品还是一种破坏性的政治意识形态。如果你想要一件事物在滤镜世界广受欢迎，最迅捷的方式就是得到网红的支持。在网红万有引力般强大影响力的作用下，有许多行业的整体面貌都已经改变了。汉娜·奥利弗·德普（Hannah Oliver Depp）从 2018 年起就准备在家乡华盛顿特区新开一家名叫忠实书店（Loyalty Books）的图书销售公司，她决定围绕着一群组成了"书 stagram"的蓬勃发展的网红团体，来设计店面样式。这些网红依靠推荐图书吸引到了受众，而非时尚或旅游，同时对于一本正经的出版行业来说，这些图书网红的权力与威望正不断提升。"我当时看到了一个机会，去创造一个我想要身处其中的美好空间，因为我知道这也是 Instagram 创造内容所需要的空间。"德普告诉我。她首先试水开业了几家快闪小书店，配备了十分上镜的蓬松扶手椅，供访客摆拍照片。接下来，她把一些书店改造成适合 TikTok 上文学类网红的样式，并把名称也改为了"书 tok"，为录制视频而非静止图像提供了更多空间。

我通过一位小说家共同好友的介绍，第一次遇见了德普；她正在进行自己新书的巡回推广，并邀请我在她的首都分店主持她的本站活动。鉴于疫情的起伏没完没了且不可预测，我和小说家实地聚在一起，但华

[①] 这两个词分别是从 Instagram 转化而来的 Bookstagram 和从 TikTok 转化来而来的 Booktok，分别代表 Instagram 和 TikTok 平台上的图书类网红群体和他们推荐的作品。——译者注

盛顿站的新书讨论会是通过 Zoom 视频会议，向着并不在场的观众广播进行的。这一超现实时刻带来的好处，是在活动结束之后，德普、小说家和我能够一起去德普最喜欢的酒吧——红德比（Red Derby）。这是一个杂乱无章，显得破旧松散的店面，有着凌乱的墙面和宽阔的屋顶吧台，提供大量的姜汁威士忌鸡尾酒（whisky gingers）。红德比是那种对自己所处的地理位置和服务的社区有归属感，并引以为豪的酒吧：它从不试图取悦 Instagram 或积攒 Yelp 好评。酒吧和它的老板都是在本地从事创意活动的群体中有口皆碑的良心甲方，形成了热情好客的氛围，也是德普发展自己生意的灵感来源。

在红德比一杯接一杯喝酒的过程中，德普和我讨论了互联网对图书的影响：写作图书、销售图书、寻找图书以及阅读图书都脱离不开干系。德普身上有一种浑然天成的权威感；作为身处白人比例极高、非常同质化而且一本正经的图书出版与销售领域的一位黑人同性恋女性，她必须画出自己的路径地图，并建立一种新型的制度机构。她原本主修的专业是艺术史，从而对视觉文化有了独特的品位，而之后还在例如华盛顿特区的政治与散文书店（Politics and Prose）这样的传统老字号工作过。发现其他有色人种组成的社群在网络上，起初利用推特而随后改用 Instagram 讨论图书，让她有了自立门户的信心。算法信息流也可以帮助人们找到同类并建立社群。忠实书店创业伊始并没有固定的地点，但德普非常细心地布置她的临时店面，让一切看起来像是准备长期经营。她复制了自家起居室的审美风格，"古董店遇上宜家"，她这样描述。

她注意到了华盛顿的书 stagram 网红密度很高，部分原因在于这座城市的主要产业，大量受雇于政府机构、受过良好教育的公务员，拥有打理社交媒体账号所需的大把自由支配时间。书 stagram 网红们也感到被文学领域的当权建制派孤立了。印刷出版物无视他们而选择传统书评人；出版商在过去几年刚刚开始直接与网红合作，发出屈指可数、难以"染指"的长条校样（galleys）。书 stagram 网红们"往往要么是女性，要么是同性恋"，德普说。"他们想要这样一家书店，没人对他们表示：'干吗要拍照片？'或是认为他们的阅读品位本质上较为低劣。"通过社交媒体成名的图书种类，主要是浪漫和幻想小说，例如凯西·麦克奎斯顿（Casey McQuiston）的《星条旗与皇室蓝》（*Red, White & Royal Blue*），描写了一个美国人与威尔士亲王相爱的同性爱情故事，以及维多利亚·舒瓦（V. E. Schwab）的《艾迪的隐形人生》（*The Invisible Life of Addie LaRue*），关于时间旅行和永生诅咒的奇幻故事。

所以当德普最终搬进她的长期店面时，这些空间必须充满有趣的细节，来充当适合拍照的背景。"推动销售的是视觉成分，有什么元素可以让路人走进店里并感叹，'天哪，我必须得拍张照片发出去'？"德普表示。"所有物品排布的方式，都是为了让你随便拍一张快照，都看上去不错。我脑海中店面的每一寸不只是一个三维的、真实世界中存在的空间，更是每一个正方形取景框或一段长视频，它够不够抓人眼球？"店面是针对创造线上内容进行了优化的，因为书店和图书都需要在物理空间运作的同时，通过算法信息流进行传播：对于网络上的路人和真实世界人行道上走进来的路人，都要具备吸引力。

德普相对没法控制的，则是哪些图书会在书stagram或书tok上流行开来。Instagram相对变化更加缓慢，也更集中于本地；书商可以通过关注她本地客户群当中的流行趋势，来确保准备的存货能够吸引买家上门。很多书店也都开始布置"Instagram热门书"专柜了。但TikTok则更加瞬息万变，并能够接触到更广泛的，甚至是全球性的受众。"它用一种快得多的方式脱离你的掌控范围，"德普表示，"它单纯是一种强大得多的趋势算法。"出版商经常被某本书的病毒式传播爆火打得措手不及，并且费尽九牛二虎之力也很难印出足够的书本运往正确的地点，这也就意味着像忠实书店这样的书商很难囤下足够的存货来卖给顾客。这有时会导致消费者回过头去找算法大反派亚马逊，因为作为最大的商家，它可以接收和囤积多得多的存货——部分也是因为出版商会优先供应大客户。

网红们推广的文学题材也形成了同质化，范围缩小到方便利用信息流加速推广的类型。"卖得最好的都是异性恋白人女性写出的莫名其妙、感情充沛的作品：个人成长导向的图书、浪漫小说，或是接近浪漫小说的题材。"德普解释道。书 tok 明星科琳·胡佛可以算入后者的范畴，而玛德琳·米勒（Madeline Miller）的两部改写希腊神话的小说——《阿基里斯之歌》(Song of Achilles)和《喀耳刻》(Circe)，它们都在受到书 tok 推荐之后大卖超过 100 万册，将宏伟的古代原型与非常具有千禧一代情感特征的爱情和关系融合到了一起（奥德修斯在其中成了一个被困岛上的网红渣男）。

　　TikTok 时代的人气倾向于赢家通吃，而每当一本书或话题形成人气的时候，试图搭上流量便车的跟风仿品便会接踵而至。"同质化带来的问题还不只是无聊；最得罪人或最不得罪人的东西往往会升到排行榜顶端，因为那种东西最能吸引点击，"德普说，"问题的关键在于不管阿猫阿狗，全看谁这个星期在 TikTok 上流量够大：没有读过某本书的人也要做一段关于它的视频，因为那就是热门话题。最开始的内容都是出自发自肺腑的兴趣，但随着第 1000 条视频发出来，可能就与它讨论的对象毫无关系了。"算法信息流将图书的表面符号价值提取出来，却与它实质的文学价值逐渐疏远。

　　由算法负责内容筛选展示，也会疏远消费者。埃莉诺·斯特恩（Eleanor Stern）是一位作家和新近入学的研究生，作为书 tok 网红的一员，她对它持有保留意见。她在新冠疫情期间的 2020 年注册加入 TikTok 平台，并在 2021 年年初开始制作视频。我认为她是文学评论家的 TikTok 原住民版本。她对着镜头进行口头评论文章演讲，话题从晦涩的语言学研究到新书和杂志文章，无所不包。她拥有超过 7 万名粉丝，对于她的话题来说数目已经十分可观。在文学这一文化类别上，TikTok 的算法信息流"确实在把一切向着同一化的方向驱赶"，斯特恩表示。这会造成问题，因为 TikTok 的"推荐"信息流，既是你的个人定制化算法，也可以被视为"你潜意识的外化版本"。斯特恩已经观察到 TikTok 是如何鼓励用户将自己划入身份认同的特定类别或流派，就像它将文化流派分门别类一样。"你消费吸收的任何事物都只会成为你对自我的一种表达；它存在的意义只在于它能在多大程度上形容你这个人。"她说。在平台上，图书受到推广流行的方式，不是作为用来阅读的文本，而更偏向于可以购买的生活方式配饰，某种身份的视觉象征。这就是滤镜世界所怂恿鼓励的自恋情结。

德普发现，有些人会来到店里，并对于她没有将最新的超流行 TikTok 图书摆在店铺当中感到诧异，有时甚至这些书店里根本就没有。他们期望这个空间执行信息流的相同逻辑，但实际上并不是这样。这是因为德普亲自选择店里的每一件物品：完全由个人执行的算法。"由于他们看到所有资讯的方式都是由互联网上看不见的手负责筛选展示的，他们没法意识到，店里的内容筛选展示并不是由某个互联网上的第三方负责完成的。"她说。在足够配合算法信息流和过度依赖算法信息流之间走钢丝，是非常困难的。招揽极度关注的诱惑，以及极度关注带来的利润，始终都会存在，但由此造成如此依赖自动化信息流的总体叠加效果，反而造成了某种钝化脱敏作用。我们最终没有办法想象，文化是否能以除了算法驱动的任何方式运作。

创意受到的算法压力

我第一次遇到好友哈莉·贝特曼（Hallie Bateman）是在 21 世纪早期，当时我们都住在布鲁克林。她从湾区搬家过来，一边从事咖啡师的工作，一边继续追求她绘画和给文章插图的艺术事业。我们通过一个运营博客的共同好友结识，哈莉——这里用她的姓氏显得太生分了——负责为博客画漫画，而我负责写文章。但我们真正每天跟踪彼此的创作进展，还是通过推特和 Instagram 来进行。当她不断发表绘画和文章时，我鼓励她继续前进，她先是在类似"锥子"（The Awl）这样的网络平台上发表，它在 2018 年关停之前是一个颇有影响力的纽约博客网站，而最后她的作品登上了"纽约客"（The New Yorker）网站这样的顶流媒体。

哈莉艺术作品中的古灵精怪和个性元素总能打动我。21 世纪头十年的时代主流是干净、扁平的设计风格，顺滑、淡色系的图像元素看上去总像是被熨烫机压平过。一个叫作扁平人类（Humans of Flat）的推特账号，收集了符合这种通用视觉风格的初创企业视觉设计案例，它们是为在社交媒体上快速推广而专门预先处理的。哈莉与这种风格截然不同，她坚持在纸上作画，运用潦草而波动的线条，让人回想起像琳达·巴里（Lynda Barry）和罗兹·查斯特（Roz Chast）这样的漫画艺术家。干净的完美主义从来不是重点；相反，她的重点似乎在于能往每一幅信手涂鸦当中倾注多少感情，无论是为她的狗画的快速素描，还是带有叙事性质的描绘生活混沌本质的场景。她最著名的作品之一，是在 Instagram 上发布的白底正方形上，零星几个小小的人物形象步行穿过的画面，每个人身后都有一条各自主题颜色的线。几个人的线条中，没有任何两个人看上去能有交叉的迹象。在画面的正中，哈莉写道："我们能相遇，真是个奇迹。"这是一件让人感到苦乐参半的作品：我们的人生真的是只会和世界上如此之少的人产生交集，然而能够产生任何交集这件事情本身，就值得庆幸。这件作品大受欢迎，传播范围远远超出了哈莉的个人账号，甚至很多人将这幅图画纹到了自己的身体上，却不知道最初的作者是谁。在滤镜世界中，任何内容都会被强制剥离它原本的情境。

我还记得在哈莉位于布鲁克林的公寓起居室的矮咖啡桌周围，度过那些漫无边际的夜晚；她的室友们包括学者、作家和其他艺术家。整个房间的氛围使得任何人都能生出无限创意：你不需要把自己当成一个艺术家才去画画、弹奏乐器或是写一首诗。同时也没有其他人，不管他们的专业水平如何，都有资格去评判你完成的随便什么作品是否算得上艺术。完全是互联网的反面，在网上人人都自命不凡品头论足。哈莉在她网上的形象也流露出这种精神——这也是为什么我后来看到她开始发布再也无法忍受 Instagram 的帖子内容时，感到有些惊讶，毕竟她在这里聚集了超过 10 万名粉丝，且以此为平台售出了作品的印刷版，并最终与大出版商签约出版了图书。

哈莉在网上的职业和艺术事业的发展曲线，描绘出了 21 世纪初到头十年之间，创意产业在互联网上的历史，这个过程伴随着用户自创的小型网站逐渐被巨型社交平台取代，而在这些社交平台上由算法决定受众能看到的内容。它也同时展现了这些信息流的巨大规模和高度自动化，是如何疏远了起初帮助信息流吸引受众的创作者群体。

我给身在洛杉矶的哈莉打了个电话，她当时住在那里，并在自己的公寓保留了一块作为工作室的空间，用绘画铺满——她不再把这些作品那么频繁地发布到网上。在带有镜子的大衣柜上方，她用胶带把几张纸贴在房间墙壁的高处，上面用瘦高的大写字母写成一句简单的信息：我对你有信念。她在 2007 年就读于加利福尼亚大学圣克鲁斯分校（U. C.

Santa Cruz）期间开设了推特账号；因为当时平台看起来像是一个私密的个人空间，她使用了一个自己名字的无厘头版本"hallithbates"，这个名字从此在她的所有社交平台如影随形。她起初在线分享艺术作品是在 Blogspot① 博客上。她在大学毕业之后才注册了 Instagram 账号，当时她正独自在巴黎和巴塞罗那旅行。"打开 Instagram 是想摆脱一种孤独感。"哈莉这样告诉我。

随着一份为技术网站做全职插图师的工作告吹，哈莉搬到布鲁克林，开始轮班做咖啡师。推特和 Instagram 成了她分享自己作品，并与其他艺术家联系的方式，可以倾听她想要融入和共事的同类人群，交换关于画笔和纸张种类的意见。社交媒体提供了一个艺术家社群，而随着她与最初在推特上认识的网友线下会面，这种社群联系也渗透到了现实世界。

"我当时并没有在专门创作准备上传 Instagram 的内容；我只是对我的素描本进行拍照，一切都非常随意。"她说。她收获的点赞在专业画家生涯的早期给了她不小的鼓励：人们关注她的创作并愿意成为她的粉丝，哪怕她没有任何艺术学院资历认证或是专业机构背书。"这感觉就像是老天对我竖起了很多大拇指，来鼓励我坚持继续做我正在做的事。"当哈莉搬去纽约的时候，她拥有 1000 名 Instagram 粉丝；到 2015 年她已经积累到了 20 000 名粉丝。她开始扫描自己的画作，更细致地进行编辑修改，并对在 Instagram 上发表的作品像自己的漫画出版作品一样尽心尽力深思熟虑。平台不再是实现分享交流这些目标的手段，而成了目标本身。

哈莉同时也意识到了，Instagram 信息流会奖励特定的品质特征。虽然她一直在将视觉艺术与写作相结合，但具备清晰的文字中心思想的帖子能获得最多互动。"如果我只是发了看起来漂亮的图片，就不会得到那么多回应。"她说。这种效应并不完全是算法信息流造成的结果；消费者也有自己的品位，却并不总是与艺术家的愿景相吻合。然而，信息流的

---

① 成立于 1999 年的博客服务，现由谷歌控股。——译者注

加速作用，以及反馈的即时性，还是会导致艺术家本身不断加剧的刻意行为。哈莉在开始发布她的"指路"系列作品时，看到了自己 Instagram 账号的最大规模增长，粉丝数从 3 万达到超过 6 万。在这一系列作品中，她在画面上留下格言式的人生建议——"不要把伤感与深刻混为一谈""将你爱他们的原因清楚明白地告诉你爱的人"——在彩色绘图纸上使用粗体油墨书写。

"那是一种格式，很容易辨认，也很容易重复，我可以一次画出一大批作品，再慢慢筛选发布。"哈莉解释道。这是一种类似于生产网络段子的流水线过程，与 Instagram 配合得天衣无缝：鲜艳的颜色和简单的文字为她粉丝的信息流增添了一丝风味，而作品简单的中心思想也不难理解。她的账号对粉丝的黏性越来越高，单纯因为有这些作品。"人们成为你的粉丝，并继续期待看到更多同类内容。"她说。每一张"指路"画作都能获得几千次点赞，这个系列如果按互动数据的标准来计算，称得上是势不可挡的成功，但哈莉对此感到左右为难。她的创作风格一直以来都是持续变化，富于多样性的。"我开始反感这个系列的高人气，并对它为什么如此受欢迎感到迷惑。我不得不告诉自己：'别受影响，不要多想，持续前进。'但这一个系列的高人气，也开始让人感觉是在对你的其他作品进行厚此薄彼的评价。"她说。事实上，她所有其他作品都没能获得这么高的点赞数，难道这就说明其他作品都更差吗？她是否应该不假思索地永远持续创作"指路"系列作品？哈莉所感受到的这种要将她所有作品改为相似的鲜艳、清晰、简单内容的压力，与音乐人感受到的，把歌曲招牌旋律前置以便在 TikTok 上更加成功的压力，以及作家感受到的，追逐热点、发表热评、争取在推特信息流上爆火的压力，有着很多共同之处。

与此同时，Instagram 本身也在改变。哈莉在 2017 年前后感受到算法信息流出现了显著的不同，和帕特里克·贾奈尔以及其他人产生相同感受的时间相差不远。"我开始实际地感受到自己心理的变化，从好玩和感到鼓舞变成有些疲惫和不知所措，Instagram 推荐机制正在变得愈发不稳定。"她说。Instagram 推荐机制将她的作品推向了根本无法理解语境的受众；而当她的绘画或配图文字提到政治话题时，她开始收到充满恶意的评论。

正是因为以上这些原因，哈莉决定离开社交媒体。她仍然创作大量的其他艺术作品，但不再把它们发到网上。此前，在反馈回路持续不断地作用下，她在创作过程中无法完全抗拒网上热点内容的影响。如今，一切都已不同。"我已经从一个'预先放风揣摩受众反应'类型的艺术家，转型成一个'我在酝酿大量的作品但除了自己的朋友不告诉任何人'类型的艺术家。"她说，"只要我不是在为某个平台创造艺术，我就是在只为我自己，或为了全人类创造艺术。"

这样一种根植于内心的创作过程，哪怕仅仅是独立思考的过程，在滤镜世界的时代都是稀缺品，毕竟如今任何创意或想法都可以即时面向大众收集反馈，测试出互动数据就代表了反响如何。艺术家兼网红的身份不是吾日三省吾身式的内向自察，而是依托于事物转瞬即逝的表面而存在，不断根据受众的反应进行迭代和调整。哈莉的评论让我感到一丝自怜的情绪：我是不是已经在社交媒体的荼毒下，无力真正自行思考，或是不再有意愿在没有虚拟观众捧场的鼓励下，进行任何创意活动？哲学家韩炳哲形容，生活在后互联网时代的人类，可能"不再拥有自主的潜意识"。

如今艺术创造和传播的方式，与之前几个世纪已经完全不同。在旧日艺术家们安静的画室、工作室中或写字台旁，并不存在类似如今社交媒体上受众持续不断地喧闹。创新并不来自适应衡量持续互动的数据指标，而是来自可能起初看上去荒谬绝伦的创造力飞跃。当艺术家们在创作之前就过度看重成品是否符合预期，或是将自己的想象力重新整理，按照某一组特定参数对号入座，也就意味着那种创造力飞跃可能变质或是中断。这对于艺术家和消费者来说，都是糟糕的情况。"有些时候，人们直到你把作品呈现到他们眼前,才能知道自己到底想要什么,我内心的一部分仍然抗拒草率地对观众的要求照单全收。"哈莉说。

我问哈莉是否担忧,不去追求更高粉丝数会影响到她的生计。她的解释是不再依赖算法反馈之后,如果粉丝数还能稍有增长,反而会让她感到更安心,因为自己的创意实践会有一个更稳定的基础。趋势和平台总在变化,但她能够确定自己可以把握作品发展的方向:"如果我试图把握每个趋势,或者跳转到每个新平台并试图建立新的粉丝群体,我只会建造一个又一个海滩上的沙雕城堡。如果算法现在就会让我们失望,也就说明它永远不可能稳定。它就像是一个只能同甘不能共苦的表面朋友。"

沙雕城堡的比喻显得非常恰当。所有的关注、点赞和互动数据,只代表我兴趣中最便于归类的一小部分的实时推荐结果——它们都是临时的事物,取决于平台本身,而平台不可避免地会随时间而改变和消逝。21世纪头十年的殷鉴不远,脸书迅速崛起而又逐渐边缘化,已经说明了没有哪个社交平台能够做到大而不能倒,或是不能被选择采用新的游戏规则的竞争对手取代,不管这些规则是社交意义上的还是技术意义上的。当这样的改变发生,用户只能自谋出路,毕竟影响我们数字虚拟生活的决定都是基于商业利益做出的,绝少考虑用户能否获得最大利益。

第五章 对滤镜世界进行监管

莫莉·罗素事件

时至今日，我们这些普通用户，正处在任由算法推荐和信息流摆布的境地。它们是弗兰肯斯坦式（Frankensteinian）的现象（弗兰肯斯坦博士是科幻小说《科学怪人》中的角色，他试图扮演上帝操纵生命，用人体残肢拼装出了一个无法无天的怪物），由人类发明并赋予力量，却远远超出了它们本应扮演的角色，而我们无力控制它们，也无法施加足够的影响。数字平台已经成为现代成年人生活的必要组成部分，只要我们还在继续使用数字平台，算法推荐和信息流就无从摆脱。就像邮局、下水道或电网一样，数字平台不可或缺，然而和这些公共设施不同的是，它们既不受政府监督监管，也不受选民投票的约束。推荐系统如同脱缰野马一般不受控制。我们往往倾向于忽略推荐系统在文化领域的任意妄为，也许是因为它们所影响的事物，看起来不如像自来水那种生活必需品那么重要。如果 Spotify 只是在用户听过一张金属乐队（Metallica）专辑之后，开始推荐一连串的金属音乐，那么对于算法带来的单调重复问题完全可以一笑置之，或视为无伤大雅的小毛病。算法造成的单调重复此时看起来并不特别危险，毕竟最大的风险无非是让用户感到无聊。但实际上，算法对内容的加速聚集效应，可能成为生死攸关的大问题。

一位名叫莫莉·罗素（Molly Russel），来自西北伦敦的 14 岁学生，在 2017 年 11 月自杀身亡。然而，罗素的悲剧并不完全应该由她自己承担责任。北伦敦地区高级验尸官安德鲁·沃克（Andrew Walker），在 2022 年用另一种方式描述了她的死亡："她的直接死因是自残行为，而导致她走上绝路的，是持续遭受抑郁症折磨，以及网络内容的负面影响。"在这个史无前例的时刻，沃克验尸官正式将社交网络列为一项可能致命的、医学意义上的危险因素。死者罗素的背景故事与其他社交网络时代的年轻人并无太大区别，她在线上的虚拟人生内容丰富，并不亚于线下的真实世界。像所有十几岁的青少年一样，罗素在数字平台上消磨了大量时间。在身亡之前的6个月内，她在Instagram上接触了超过16 000条内容。政府对罗素死因的调查表明，其中2100条内容，即13%都与自杀、自残和抑郁相关。罗素同时在Pinterest上创建了包括469张上述主题图片的图板。社交媒体信息流可以作为建立友谊甚至恋情的媒介，也可以基于用户的任何兴趣提供相关内容。但这些塑造了漫威电影粉丝圈，也孵化了网络神曲的社交与技术力量，恰恰也能够影响或加剧精神疾病。

在罗素接触到如此大量精神疾病相关内容的过程中，算法推荐起到了决定性的作用。根据《连线》杂志刊出的报道，罗素曾经收到一封标题为"你可能喜欢的抑郁Pin图"的邮件，其中包括一张带血剃刀的图片，因为系统认为其适合加入她的消极情绪主题图板——将这类负面画像，与Pinterest上比比皆是的装修灵感图片一道，一视同仁地对用户进行推荐。其后，脸书透露，罗素收到了30个"用户名中涉及悲伤或抑郁主题"的用户账号推荐，从而增加了获取负面信息的渠道，可能令她的精神健康状况雪上加霜。在她自己未公开的推特马甲账号上，罗素转发了来自"抑郁语录"这类账号名称的内容，分享了美化自杀的图片，并试图与谈论抑郁症的网红建立联系。所有这些社交网络信息流，构成了验尸官口中的"沉迷阶段"，其间罗素大量接收这些自动推送给她的内容。

罗素的身故，只是算法越界造成的死亡名单上的又一个数字，算法越界使得内容的更新速度和规模都超出了人工审核的能力范围。没有哪家杂志的编辑，会出版如此泛滥的抑郁相关内容，也不会有任何一家电视台如此播出节目。但算法信息流可以即时打包一组信息，按算法所理解的用户需求，提供最可能吸引罗素的内容，哪怕这些内容对她有害。罗素的悲剧案例，凸显了滤镜世界的问题往往是结构性的，这些问题已经深深融入数字平台的运作方式本身。用户改变自身行为，能起到的作用是有限的；我们无法确信，平台背后的机制是将用户的福祉置于首位，还是持续追求互动量，从而提升广告收入。用户只能在数字平台上，发挥有限的自主性。举例来说，用户可以追寻特定的内容主题，但无法改换算法推荐的计算方式。我们在浏览互联网的过程中，在算法信息流之外，没有足够多的其他替代选项，而当前互联网被零星几家公司垄断支配的程度如此之高，也是造成这一现象的部分原因。

结构性垄断

我们如今的线上体验是高度中心化的。消费者们像羊群一样，被驱赶到屈指可数的几个巨型平台——推特、脸书、Instagram、TikTok、YouTube——并在平台禁锢的范围内，假装自由地搜寻他们想要发现的内容。由于观众是如此集中于这几个平台，创作者们也必须与这些平台合作，将他们的作品转化为内容，并做出调整，以适应平台的信息流规则。如果他们不这样做，那么就基本上会被锁死在"隐形"状态。虽然我们在网上能看到的内容中，有如此高的比例属于"用户生成内容"——来自作者的自由上传，既没有把关限制，也没有额外支持——但这些内容，仍然需要严丝合缝地嵌入大企业预设的条条框框。当然，互联网数十载的历史中，已经经过了好几轮在中心化与去中心化之间的循环往复，而在更早的时代，可能提供过一种更好的用户体验模式。

1969 年，联网的计算机只有寥寥几部，全部属于美国国防部下设的防务高级研究计划局（简称 DARPA）。ARPANET（阿帕网）是第一个广域的计算机网络，当时网络上的每一部计算机都可以在一小张美国本土形状的示意图上标出——它不仅是一个中心化的网络，而且用户只能通过位于政府和大学的终端进行访问。后来，这个网络逐渐扩大范围。如果 ARPANET 可以看作一个地铁系统，只能连通特定的点，那么在 1980 年创建的 Usenet 则更像是道路系统：任何人只要有合适的交通工具，就可以使用它。Usenet 是最早通过互联网传播和获取信息的方式之一，它是一个最终与 ARPANET 实现联通的电子布告栏系统。任何拥有服务器的用户都可以组建一个"新闻群",其他用户可以用它来发布文章和帖子。新闻群提供的讨论空间容纳各种内容,从最新时政消息到自酿葡萄酒的最佳技巧,包罗万象。每个新闻群都有自己的主题和规则,而没有任何一个新闻群具备对整个网络的控制能力。每个新闻群的内容筛选排布以及讨论节奏,都完全由它们各自的参与者决定。

当然,这个时期的这些网上内容受众,本身就是一群熟稔互联网早期技术,并经过群体内自我筛选的强力用户(power users)。同时,他们也更可能属于受过高等教育的富裕阶层。大部分人第一次接触Usenet以及互联网本身,都是在他们本科就读的大学,也由此带来了一个古怪的问题。每年九月,都会有一大批不明所以的新生涌入各个新闻群,但完全不知道网上讨论的规则和发言礼仪。这并不是他们的错,他们只是从来没有涉足过任何线上社区而已。然而,这些新生往往会造成巨大的混乱,发布离题万里的评论、挑起无谓的争吵("网络喷子大战"),像闯入瓷器店的公牛一般,扰乱原有的社区氛围。渐渐地,这些菜鸟(noobs)——我们这一代互联网老人对他们的俗称——的数量开始占据压倒性的优势,令老用户们不胜其烦。大公司也开始通过家庭拨号上网,提供对Usenet的接入服务。美国在线(AOL)于1993年并入了Usenet,由此造成海量菜鸟突然涌入的现象,被称为"永恒的九月"(Eternal September)。这个词的字面含义是从此以后的每一天,都像以前的每年九月开学一样,出现大批首次上网的新人,而隐含的意思则代表着,对于老用户来说,曾经小众的世外桃源社区,突然被非我族类的外来用户鸠占鹊巢。数字世界的和谐景观,作为网络文化的早期版本,一度看起来惨遭毁灭,当然实际上它坚强地存活了下来。

AOL将互联网简化为轻松易读的菜单选项,使其在2000年前后达到了中心化的顶峰,拥有2300万的订阅用户。AOL寄出的光盘无处不在(不管你是否已经订阅服务,都会每个月夹在其他邮件中出现),读取光盘便会加载一个简单的网络界面,包括一系列长条横幅链接。用户点击这些链接,即可进入包括诸如娱乐、体育、个人理财等话题在内的各个指定网站板块——这和 Usenet 类似,但使用更方便,没有那么多用户生成内容。这些主题频道,也是我个人在 20 世纪 90 年代最早体验互联网的地方。当然,我花时间最多的板块是"少儿频道",这里设立了专为儿童提供的安全(仅限于理论上的安全,实际显然并非如此)聊天室、"作业辅导"和带有在线高分排行榜的原始电脑游戏。

我对这些早期互联网空间最清晰的记忆,来自家庭旅行期间,从我祖父母家的台式机上登录网站。也许是因为在那里我的父母不会对我盯得那么紧;在位于连接客厅的一个杂乱的前厅的"电脑房"小桌旁,我可以坐到一把来自 20 世纪中叶的转椅上,凝视粗笨的白色显示器屏幕上的内容。房间里还有高高的一摞如今绝对属于过时文物的透明 CD 盒,里面装着电脑游戏和软件,但真正让我发现新大陆的,是意识到有那么多事情可以完全在网络上完成,根本无须使用 AOL 以外的软件,因为当时 AOL 软件已经整合了 Internet Explorer 浏览器。我被这种无限可能性的感觉深深吸引。AOL 的各个频道,是我经历的社交媒体初代版本,以及我第一次接触网络上的文化。这些频道给我带来了这样一种感觉,还有很多其他人,也在通过他们各自的屏幕做事和思考。

但我在力所能及之后的第一时间,就离开了 AOL 的企业化网络空间,去进一步探险,并发现了更广阔的互联网,而这又成了更偏向去中心化的版本。人们自己构建 HTML 格式的网站,既没有监管,往往也不是那么专业。整个网络像是一个新手村,由拥抱某种特定粉丝圈,比方说,电视剧《吉尔莫女孩》(*Gilmore Girls*),或是小众爱好(打造独木舟)的手工制作网页构成,这些网页通过早期的谷歌搜索很容易找到。你可以利用像 1994 年发布的雅虎地球村(GeoCities)这样的服务,以基础的工具建设并托管一个网站,但任何两个雅虎地球村页面看起来都会有所区别。这些网页的主要特征,是混乱的框架布局与相互碰撞的怪异 GIF 动图的组合,就像小孩子的作品一样。

成立于 1999 年的 LiveJournal 提供了一种更简单直接的日记形式体验，用户之间的区别不在于网页布局，而在于他们发布的文字内容。它是后来更流行的博客形式的前身，在博客上的用户可以拥有自己的个人页面，并设计内容展示的方式，以匹配他们的个性或选中的主题。论坛架构也允许用户自行设计社区中的个人空间——那些软件工具的名称，像是 vBulletin 或 phpBB，就能让我回想起论坛上的个性头像和签名栏。我当时加入各种论坛，就是为了参与各种大型多人在线角色扮演游戏（MMORPG）的玩家社群，我对这类游戏爱不释手。

其中一个网站叫作商人公会（Merchant Guild），论坛的页面绿金相间，人们在此讨论《仙境传说》（*Ragnarok Online*），当时年纪尚小的我极度沉迷这个韩国 MMORPG 游戏。在论坛上我可以与使用假名的陌生人交流，他们会把我当作平等的同伴，这让我感受到了一种在生活其他方面相当缺失的自主感，线下的我不过是在中学课堂上乖乖听讲，学校里电脑的存在只能让人玩一玩《数字大嘴巴》（*Number Munchers*）或是《俄勒冈之旅》（*Oregon Trail*）这类具有教育意义的古早电子游戏。在论坛上，我不用再在英语课上举手回答问题，而是可以与其他用户辩论怎样给骑士游戏角色进行最佳装备搭配。我在网上学到了很多，只是学到的东西当时还跟我生活的其他方面毫无关联。我参与讨论的其他论坛，还包括特定果酱品牌或者共享演唱会录音这样的主题。这些小众爱好我在线下接触不到，因为我和这些同好社群之间的物理距离太远了。

大致来讲，如果一个网站存在，那一定是因为有人——一个或更多——付出了努力，让它出现并持续运行。我第一次在网上发表作品的经历来自高中，当时我在 2002 年升上 9 年级（美国高中为四年制，对应中国初三至高三），一位名叫帕克（Parker）的朋友在她自行打造用作艺术作品集的网站上创建了一个博客。在连续几周阅读她发表的博文之后，我请求她也为我创建一个同样的博客，接下来我花了数不清多少个小时，摆弄横幅设计和字体种类。我最终的成果会让人想起咖啡馆的内部装修——我能记得网页横幅上有一张修图痕迹严重的冒着热气的咖啡杯照片——或是安静的图书馆房间,页面的背景色调是柔和的灰色和棕色。即便在当时,这种氛围也让我感到向往,虽然我那时唯一常去的咖啡馆只是占据了独栋建筑的一家星巴克,有一个得来速（drive-thru）汽车取餐窗口,而我在那里最经常下单的饮品,是盛在中号（tall）纸杯里面,过分滚烫的绿茶。

我在博客上发表了几十篇文章,才真正意识到"发表"意味着什么,虽然那些文章大多不过是关于学校或家长的抱怨。我甚至没有充分认识到,任何人都能够看到这些焦躁不安的碎碎念。在互联网的早期就使用它,当时仍然是一种足够书呆子气的追求,以至于没有几个人能理解这些行为的含义。没有人在学校拿这件事开玩笑,因为其他小孩根本不知道论坛是什么,而数字世界的虚拟生活也要比现在更安静,因为如今人身攻击无比猖獗的社交媒体公众角斗场,在当时还不存在。"网络喷子"或机器人账号的大军无法骚扰任何一名个人用户。所有一切的规模都更小,因为当时没有那么中心化。而帕克,也很有可能是唯一一个读过我博客内容的人。尽管如此,博客也帮助我理解了拥有一个数字世界的虚拟自我形象意味着什么——另一个版本的生活与个性只存在于网络空间。在当时,在网络上再造自我感觉像是革命性的创新,一种令人耳目一新的新奇事物,我可以完全控制在网络上自我呈现的方式。不过在当时,我对屏幕另一边有什么人在关注并没有特别留意,部分原因是我们的网上分身与现实生活并没有那么强的联系——在网络上使用完整的真名会显得非常古怪。在社交媒体征服世界之前,它本身也曾经是一个小众产品,一种鲜为人知的业余爱好。随着互联网变得与现实生活密不可分,这种与现实的脱节感也逐渐改变并消失了。

到了 2004 年,我注册了一个 MySpace 账号,但在学校只有几个好友也使用这个网站,而在这个平台上最受欢迎的活动,是不断重排你的最爱歌曲列表和最好朋友列表。出现在 MySpace 之前的 Friendster,在比我年纪稍大的用户中一度很流行，当时也还存在。脸书在大学生群体中率先推广开来，与早前的 Usenet 一样，进入大学是进入脸书网络的前提条件。这个如今世界通用的社交网络，最初只是用来联系同学、发布派对照片或恋爱状态更新，但它很快变得像真空吸尘器一样，吞进了各种其他数字内容，尤其是在开放非大学生用户注册之后。

朋友们的状态更新被分散在群组通知、新闻文章和广告之间，一切内容都要预先经过算法信息流过滤。脸书也是这种将不同内容进行拼盘展示的先驱，并不是因为用户的强烈要求，而是因为这样做符合公司自身利益——就像沃尔玛或亚马逊一样，如果脸书可以一站式提供所有内容，那么用户就对竞品的服务没有那么强的需求了。从手工制作 HTML 站点的完全特殊化开始，互联网一直在向着一种为所有用户提供通用产品（one-size-fits-all）的方向发展。脸书既是个人博客，也是论坛，还是新闻信息流，同时也是照片库，这一切功能都糅合在一起。非常清楚的是，马克·扎克伯格作为创始人并不想让脸书仅仅是一个网站，而是想让它成为我们数字生活的全部。互联网已经开始凝结成一小撮巨型平台。

脸书在 2010 年前后确实面临一些竞争。在脸书发布两年之后推出的推特，为沉迷时事新闻，只想在尽可能小的界面看到尽可能多信息的用户，提供了实时的按时间排序的信息流，这也是最初 140 个字符内容长度限制的魅力。Tumblr 提供了一种更偏向于用图片传递信息，更加亲密的体验；就像是对 LiveJournal 的升级版本，它承载了更多的个人沉思与秘而不宣的收藏内容。我最喜欢的一些 Tumblr 账号，在页面上纷纷筛选布置了类似激动人心的动漫截屏，或是中世纪手抄本上的装饰插图这样的素材。艺术性高低不等的色情内容也占据了可观的容量，这也是 Tumblr 与其他社交网络的主要区别。但这一系列竞争对手，都没能对脸书掌控线上社交的态势构成威胁，直到 Instagram 问世。我还记得 2011 年注册 Instagram 的时候，这个新应用程序让人感到吸入了一口新鲜空气。Instagram 做到了脸书最初实现并大获成功的功能，将自己定位为让用户能够看到朋友们都在做什么的窗口。但 Instagram 与脸书不同，没有巨大的规模，没有混杂的内容组合，没有凌乱的界面试图把一切不同形式的内容同时呈现。Instagram 的信息流当时并不使用算法，只提供一种内容。它是一个极简主义工具，只负责一件事：在一个看起来漂亮的环境中分享智能手机拍下的照片。

扎克伯格很快意识到，这家小公司——Instagram 当时只有 13 个员工，没有任何收入——是一个威胁。2012 年年初，他向脸书当时的首席财务官，表达了对 Instagram 以及例如 Path 和 Foursquare 这些其他社交应用的不满，"如果它们成长到较大的规模，就会对我们构成相当程度的颠覆"。于是，他的解决方案是把小公司买下来，给出极高的报价让创始人无法拒绝——他建议出价 5 亿或 10 亿美元。把这些应用买下来，可以"在其他人能再次达到相似的规模之前，让我们拥有一年或更多的时间，来整合这些应用的新特点"，扎克伯格表示。换句话说，脸书将会买下这些公司，将它们融合到脸书的生态体系当中，再复制它们带给用户清新感的元素，从而消灭竞争对手。"后续的新产品不会再有这样强劲的增长势头，因为我们已经把相应的产品机制以大得多的规模投入部署了"，他说。

公司执行了这个方案。扎克伯格出价 10 亿美元要求买下 Instagram，而在 2012 年 4 月，Instagram 的创始人兼 CEO 凯文·斯特罗姆（Kevin Systrom）接受了出价。他不认为他有什么其他选择。就像斯特罗姆对一位 Instagram 投资人说的那样："我不认为我们能够有机会，从马克的怒火中死里逃生。"要么是脸书买下公司，要么它就会通过切断初创公司对脸书巨型平台的访问，包括业务软件和社交数据，来扼杀这个小公司的增长。这个策略可以称为"要么买，要么埋"（buy or bury）。

在收购后的头几年，Instagram 大致还是原来的样子。但在 2015 年，应用程序加入了广告功能，到 2016 年则切换为算法信息流，而在 2017 年加入了故事功能，这种阅后即焚的临时帖子，是平台复制（并摧毁）

竞争者 Snapchat 的尝试。Instagram 逐渐变得越来越像脸书本身：不同的内容形式混杂在一起；个人的和非个人的社交联系；以及一个不关心用户想要什么，而只会不断推荐公司近期重点业务的信息流，例如视频或是网购内容。这些杂乱无章的改变，对于一个起初致力于美感体验的应用程序来说，实在令人灰心。2018 年年底，斯特罗姆和与他一起创办了 Instagram 的共同创始人迈克·克里格（Mike Krieger）完全离开了脸书。"从来没有人会因为一切都棒极了而离开一份工作。"斯特罗姆当时表示，暗示了他的不满。

在脸书收购 Instagram 的时候，已经让人觉得互联网的高墙对用户的包围又收紧了一些。像雅虎地球村那种网络服务承载的丰富的可能性、毫无章法的多样性，以及 Tumblr 上的个性表达，都已经走向末路。数字生活变得愈发模板化，从一张自行绘制的画布，变成了一系列固定格式的填空题。你无法重新设计自己的脸书用户信息页，只能更改头像。这给我带来了某种失落感，但起初这种用创造力交换传播范围的权衡取舍似乎还是值得的：你可以在社交媒体上同时和这么多人展开对话。但是这种过量曝光也渐渐让人心力交瘁，令我十分怀念过去互联网作为一个私密场所的那种亲切感——网络曾是远离现实生活的藏身之所，而非影响现实生活的决定性力量。当网络的围墙从四面不断迫近，算法信息流的影响和权威不断提升，所向披靡。

创新的节奏不断放缓。一度不断涌现的诸多其他工具和平台，都迅速地被脸书和谷歌的巨大流量挤到了舞台边缘。推特在 2013 年创建了短视频网站 Vine，但由于管理不善在 2017 年终止服务。谷歌自己的社交网络 Google Plus 自 2011 年发布以来一直让人摸不着头脑，直到它在 2019 年悄无声息地消失。像 Kickstarter 和 Patreon 这样的众筹服务，通过允许支持者们为自己想要看到的作品直接付费，给更多小众文化项目带来了希望，但它们始终都没有产生后来 Snapchat 和 TikTok——只有这两家公司才对脸书在社交领域的支配地位构成了真正的挑战——实现的那种强劲发展势头。

很快，脸书的下一个威胁出现了：即时通信（instant messaging）。公司发现，新生的应用程序正在利用智能手机用户的联系人列表，代替手机短信和苹果 iMessage 作为人们直接相互沟通的方式（这些通信软件使用互联网连接而非手机信号）。脸书也有自己的通信工具，发布于 2011 年的一个叫作 Messenger 的应用程序，但公司的担忧是正确的，确实有可能存在一个通信软件，不断成长扩大规模，形成大型社交网络，从而将用户抢走。

即时通信领域"是最危险的滩头阵地之一，非常可能出现能够转化为脸书形式的竞争对手"，一位脸书副总裁在 2013 年年初写下这个论断。成立于 2009 年的通信应用 WhatsApp 证实了这一论点，它的地位正在变得越来越突出，尤其是在亚洲和欧洲市场。到 2013 年年底，WhatsApp 已经拥有超过 4 亿用户，它的收入来源于下载和订阅费，而非广告。于是，扎克伯格又提出了一个让人无法拒绝的报价。2014 年年初，脸书同意以 190 亿美元的价格收购 WhatsApp——尽管 WhatsApp 先前一轮投资的估值仅有 15 亿美元——对于一家初创公司来说，这是一个不可思议的高价。WhatsApp 后来也在脸书的影响下变质了。2020 年，WhatsApp 也加入了广告功能，但它从来没能成为对脸书构成竞争的社交网络，因为脸书控制了这家公司的目标和追求。扎克伯克可以阻止 WhatsApp 扩充它的功能——这次收购，为作为母公司的脸书，消除了真正的威胁。

Instagram 和 WhatsApp 只是脸书进行的几十次收购中的两个案例。谷歌也以类似的方式，在 2006 年收购了 YouTube 并将这个视频上传网站变成了媒体消费巨无霸，成为有线电视的替代品。很多其他社交媒体没能存活下来。例如一度与推特和脸书并驾齐驱的 Tumblr，在 2013 年被雅虎（Yahoo）以 11 亿美元收购。然而，Tumblr 接下来蒙受了多年经营失误和增长下滑的折磨，对最初版本的产品几乎没做任何改变。它最终在 2019 年再次出售给了 WordPress（全球最受欢迎的开源博客软件和内容管理系统），要价仅 300 万美元。如果当初的情况发生变化，也许同样的命运本来也会降临在 Instagram 这样的应用程序头上，但我们已经无从知晓——它已经被脸书星系的巨大引力吸了进去。脸书已经变得太过巨大——不只是大而不能倒，而是或许已经大到了法律所不应该容许的程度。上文提到的很多内部业务细节，都来自美国联邦贸易委员会（US Federal Trade Commission，简称 FTC）于 2020 年提起的诉讼，主张脸书已经通过其"反竞争行为"（anticompetitive conduct），在社交网络领域构成了垄断。很多州政府也加入了本次诉讼，或是自行提起了相似的诉讼。

亲身经历这些年间互联网的变化周期，总会让人有一种在车祸中扭到脖子（whiplash）的感觉。我们这些用户本以为自己的某种行为举止是正确的，事情却朝着相反的方向发展，就像从论坛时代的网络化名变成社交网络时代的实名一样。互联网对用户的要求，起初是利用工具建设属于自己的空间，自由表达自我，接下来却改为强制用户适应社交媒体预先决定的模板。然而，一旦某种标准占据主流，它似乎就会开始失去控制力。对于数字平台来说，没有以目的为导向的发展轨迹：它们并不像不断发展的新款硬盘逐渐扩大数据存储空间那样，朝着趋向完美的单一方向运动。相反地，数字平台的发展是周期性的，在不同的中心化和去中心化策略之间，像钟摆一样来回摇摆。

创新总是始于细微层面，由一个新应用程序的一群用户验证一种新形式的活动，例如发布全新种类的内容或是创建新的社群。曾几何时，数字文化也让人感到既充满自发性又新奇刺激，与之前的文化不同。但是接下来，那些新的活动和特色功能都会通过直接抄袭、业务压力或兼并收购，被更大的公司收入囊中。用户会热情地尝鲜他们老应用上发现的新乐趣，但随着创新被过度强调收入变现榨干，新奇感也会消失不见。针对任何新的表达形式带来的乐趣，都会进行无情的商业化开发，最常见的形式就是加入更多广告。这样的整个过程，都透露着一种西西弗斯式（Sisyphean）的徒劳无功。就像用户们难免会抱怨的那样，网络文化中真实真诚的精华部分总在被糟蹋，但也总会有新的原创精华内容再次涌现。没有任何一个平台能完全高枕无忧。哪怕是最大的现存巨头也会受到微不足道的新生势力威胁，哪怕是一点点技术革新——例如 Snapchat 的自我销毁发帖机制，或是 TikTok 完全由算法驱动的信息流——或是人们无可避免会喜新厌旧的事实，而技术就像时尚一样，必须持续调整转变，来保持对用户注意力的掌控。

不管怎么说，当前时代的互联网还是前所未有地显得铁板一块。独立的网站已经全部汇入了奔腾不息的信息流。所有内容都不得不严丝合缝地嵌入零星几个模板样式。内容创作者们也许可以选择各自发布的平台，但这些平台本身也愈发彼此相像，并以雷同的方式运作。这种现状给人的感觉，是我们的所有选择都被限制在瓶颈之中。现存的互联网巨头已经规模如此庞大，权力如此稳固，有着数十亿用户和几千亿美元的股票市值，哪怕是最具颠覆性的初创公司，也很难蓬勃发展，而不被这些巨头想方设法、不择手段地消灭。巨头们的优势过于巨大，也没有任何动机去改变他们不断掏空用户体验的压榨式手段。就像联邦贸易委员会对脸书提起诉讼时主张的那样：“最终的结果是更少的竞争、更少的投资、更少的创新，并让用户及广告商只剩下更少的选择。”

我们这些用户无法凭借自身力量对抗这种乏味单调的环境。在应用程序之间切换，或是调整设置选项，只能实现有限的效果。为了打破滤镜世界的钳制，必须在产业层面发生变革，变革的规模要触及科技巨头本身。去中心化往往能给予用户最大限度的自主性，虽然这也会对个体造成更重的负担，需要付出更多辛苦，承担更多责任。去中心化也是对抗滤镜世界的最佳方式，同时也可能带来数字生活的更多创新形式。但科技巨头们不可能主动拥抱去中心化，因为这通常意味着更少的利润。唯一能带来改变的途径，可能是要通过法律强制。

对于一个如此庞大而有影响力，直接影响着几十亿人生活的行业来说，社交网络这门生意几乎不需要面对太多的政府监管。它似乎落在了位于硬件行业与传统媒体行业之间的一个被遗忘的夹缝当中，前者的设备和生产供应链都受到严密监视，而后者一直就美国宪法保护的言论自由，究竟覆盖哪些内容传播业务的法律问题争论不休。社交网络到底是否应该按报纸和电视频道的方式监管，让平台对产生的一切内容负责？它们长期以来都逃避了相关责任。或者说，社交网络更应该被视为电话线的同类，只是理论上中立的信息传播媒介？但显然它们并不中立，因为平台上的算法一直在进行价值判断。又或者也许社交媒体应该属于类似灰色产业（vice industry）的范畴，需要严格规定来加以限制，防止用户滥用，来保障他们的安全。不管怎么说，确实有太多的用户已经成瘾。

不管我们对组成滤镜世界的数字平台如何分类，非常明显的是，它们需要某种程度的监管。作为用户，我们只能感受到平台架构带来的结果，并相应调整我们的行为来适应平台。新的行为模式，以及随后才能产生的新兴文化形式，需要新的架构作为前提条件，而这些新的架构，只有在打破了科技巨头的独家垄断或多头垄断之后，才能诞生。

追求透明度

能改变数字平台运作方式的最快方法，可能就是强制要求透明度：要求各家公司必须解释各自的算法，是以什么方式在什么时候运作的。透明度至少可以让用户获得一些信息，对决定我们所见内容的后台持续决策有所了解。而如果我们知道算法是如何运作的，也许就能够更好地抵御它们的影响，做出更多属于自己的决定。

在 2016 年唐纳德·特朗普当选总统之后，美国公众对于用户是如何被算法信息流操纵的，有了更进一步的了解。民主党支持者根本无法理解特朗普的投票率，因为他们的脸书和推特信息流根本就不会推广来自政治光谱另一端的足量信息，打造出一个伊莱·帕里泽口中的过滤泡，一个数字世界的虚拟回音室。在线上，民主党支持者生活在所有人一致认为不可理喻的幻觉当中。与此同时，特朗普的支持者也被不断加强他们自身观点的内容包围——另一种形式的同质化。推荐系统将受众整整齐齐地分成了两类，彼此根本不需要产生任何重叠，而在由人类编辑的报纸或是电视新闻节目中，更可能同时出现一些来自对立双方的观点。更大的可能性并不是一种保障：传统媒体也可能产生同质化的偏差，比如《纽约时报》也不愿意在报道中提及特朗普胜出的可能性。

我在本书前面的章节提到了对过滤泡的批评，这一现象与其说对特朗普当选的事实本身产生了什么影响，倒不如说是对特朗普胜出感到不可思议这种普遍情绪背后的主要影响因素。社交媒体信息流的茧房效应确实是一部分原因，导致了特朗普的人气完全出乎自由主义者们的意料，从而小看了他，没能把他当成一种威胁，让他更加轻易地赢得了大选。

他确实搭上了算法技术的便车。竞选活动利用脸书精准广告投放，取得了非常出色的效果，将竞选广告推送给了从线上历史行为来看，有可能被其政策打动的选民。他的竞选团队购买了590万个脸书广告栏位，在11月大选投票之前的5个月耗资4400万美元，在这一领域对希拉里·克林顿（Hilary Clinton）构成了压倒性的数量优势，后者的竞选团队只购买了66 000个广告栏位。特朗普团队与脸书公司本身进行了紧密合作，利用精准广告投放软件来测试哪些内容效果最佳。脸书上的广告费用结算方式，往往是基于广告效果而非展示次数；客户为有效点击率和类似政治捐献这类行动转化率付费。特朗普的竞选活动进行了如此周密的安排，以至于算法信息流板上钉钉地站在他们一边。

站在用户的角度，也越来越难以分辨脸书上哪些内容是付费广告推广，而哪些内容才是来自用户自身关注账户和话题的有机产物。信息流变得越来越杂乱，从而也更容易让用户晕头转向，受到操纵。上述因素的组合，使得公众对脸书展开了当时尚属罕见的抵制行动。

在这场闹剧尚在进行当中的2016年11月，脸书聘用了一位名叫克里希纳·加德（Krishna Gade）的工程师，他此前在Pinterest和推特都担任过管理职位。他担任了脸书新闻信息流的工程主管，负责内容排序系统，这在当时是一项不可或缺的工作。"除了来自外界的质疑，当时还有着更多来自企业内部的提问，大家都想知道新闻信息流的工作机制"，加德告诉我。他认识到了信息流内含的同质化力量："通过算法推荐，久而久之，用户会获得一成不变的内容，我们要如何打破这些规律？"

加德开发了一个内部调试工具，以理解算法推荐运作的具体方式。工具可以分辨出一则内容在特定时间得到推广的具体原因。它在各种内容的末尾加上了一个短小链接，其中显示了相关内容出现在信息流上的几条理由，也就是导致算法提取这些内容的参数。来自这款早期产品的截图，展示了一系列解释，包括用户与发帖人是好友，用户更倾向于在包含图片的帖子下面评论，或是帖子在成员包括该用户的特定群组中受到欢迎。逻辑都很简单，大部分围绕着互动这一核心指标——已经具有高人气的内容会得到更进一步的曝光。虽然它提取的理由都不是什么新鲜事，但最起码这项功能让信息流看起来更合乎逻辑了。当然，首先你得乐意大费周章地点击打开工具的按钮，才能一探究竟。

这项功能对于加德来说，是数字平台合理运作方式至关重要的基础。"用户应当有权提问，试图了解正在发生什么事情"，他告诉我。这一原则公认的标签是"算法透明度"，它主张所有与用户产生互动算法的参数和权重，都应该是公开可访问的，就像仔细端详驱动钟表盘面的齿轮结构一样。按照它理想的形式，透明度代表了"一种及时看到、理解并管理复杂系统的方法"，迈克·阿纳尼（Mike Ananny）和凯特·克劳福德（Kate Crawford）在他们 2016 年发表在期刊《新媒体与社会》（*New Media & Society*）上的论文中如是说。了解某则内容是如何以及为何得到推荐的，也许有助于驱散围绕我们线上体验的算法焦虑症状，因为我们可以识别出，算法推荐到底在关注我们的哪些过往行为。当然，透明度也将责任留给了用户自己：了解算法如何运作和能够控制算法，并不是一回事。"透明度本身并不能创造能对行为负起责任的系统"，阿纳尼和克劳福德在论文中写道。

联邦贸易委员会在 2015 年成立了技术研究和调查办公室（Office of Technology Research and Investigation），它的职责包括探讨加强算法透明度的可行性。哪怕早在那个时候，算法正在人们生活中扮演愈发重要的角色，已经再清楚不过了。"无论他们是否知情，消费者每天都在与算法产生交互，而直到如今，我们对于这些算法如何运作、背后有何动机、使用哪些数据和具体怎样形成见解，都近乎零"，时任联邦贸易委员会首席技术专家的阿什坎·索尔塔尼（Ashkan Soltani），在 2015 年接受《个人计算机世界》（*PC World*）访谈时这样表示。但自那以后，在加强算法透明度方向上进展寥寥，尤其是在社交媒体方面。联邦贸易委员会办公室的行动，还是更多集中于监管数字广告、加密货币以及用户隐私，而相对不那么关心信息流如何运作。

虽然多年以前就加入了推荐内容的解释功能，但脸书此后在拥抱透明度方面并无建树。根据我使用自己的脸书信息流进行数月实验的结果，它给出的最常见的推荐理由无非是某个帖子"与你观看过的其他帖子相比更受欢迎"。这种假设，对于所有平台上能够找到的任何受到算法推荐的内容，基本上都是成立的。

不久之前的2021年，担任脸书母公司Meta全球事务总裁的尼克·克莱格（Nick Clegg），仍然在规划一条通向更高透明度的康庄大道（他此前曾担任英国副首相）。"你应该拥有反驳算法的能力，并有意识地调整或忽略它做出的推荐"，他在极简博客平台Medium上发布的一篇题为《你与算法：两个人一起才能共舞探戈》（"You and the Algorithm: It Takes Two to Tango"）的文章中这样写道。根据克莱格的说法，"通过平台设计中预留的喘息空间，在清醒客观的条件下调整你的个人算法"应当成为可行的选项。这是一种动人的表达方式，暗示了存在不受算法推荐摆布的空间，但他的雇主并没有将唱出的高调落到实处。脸书当前提供给用户的少数几项对信息流的控制功能之一，是选中账号和群组作为优先展示的"特别关注"（Favorites），这意味着算法会更频繁地推荐来自他们的内容，或者更少将这些内容进行"短暂沉睡"（Snooze）处理（减少展示特定账号，虽然只是临时地）。用不了多久，算法就会再次开始发挥原有的作用。用户无法平均展示一系列话题，无法选择多看好友帖子而少看新闻报道，也无法减少信息流中对政治不满的宣泄而多看到一些积极的内容。虽然每个用户的信息流看上去各有不同，针对各自的喜好和习惯进行了调整，但它们本质上都在以相同的方式运作，由企业巨头全权控制。

加德在2018年10月离开了脸书。他决心自行努力解决算法透明度的问题，并与他人共同建立了一家名为Fiddler（此处大意为"摆弄物件的人"）的新公司。Fiddler帮助它的客户破解机器学习模型，并观察其内部构造。具体来讲，这可能意味着分析为什么算法驱动的银行业务流程自动为某个用户提供了贷款，却拒绝了另一个用户，或是为什么像亚马逊Alexa这样的语音控制程序经常性地误判某个特定的单词。Fiddler的服务，也可以对脸书算法推荐为何在信息流中推广一则特定内容，给出更加深刻的具体原因解读——当然，首先需要假设脸书允许访问它的数据和模型。

Fiddler创建了一个由参数与结果组成的控制面板，让客户得以实验性地做出调整，并相应地根据结果更新他们的内部模型。它的软件还可以深入内部，检查这些通常被称作"黑盒子"（black box）的算法系统。黑盒子这个名词"多少带有一些夸张的成分"，加德告诉我。虽然机器学习发展出的抽象规律可能对于人类来说无法理解，但其他机器可以感知并描述这些规律。"Fiddler可以为你提供一副观察内部结构的透镜"，他说。

加德通过视频聊天进行了一次Fiddler控制面板的功能展示。在一家公司上传了它的模型和数据之后，软件可以"测试平等性"，利用诸如不同性别和种族的特定用户案例来对系统进行测试，以确保得出的结果是稳定的。许多算法推荐的基础都是对内容的解读，分析帖子、标题或用户点评这样的文本，来评估一则特定内容的相关性。但算法可能会对语言进行误读。加德为我展示了一个案例，其中的模型给"gay"这个英文单词赋予了非常负面的含义，也就意味着含有这个单词的内容不会优先展示。如果这个词是用在正面的语境中，模型可能就犯下了巨大的错误——或许它应该被解读为一个中性词汇。如果自动化的内容审核或推荐系统误解了某个词汇或某种行为，"你可能潜在地剥夺了某些人群发声的机会"，加德表示。这就是为什么能够看到某个算法决策产生的过程，是如此重要。

推特提供了算法不透明带来损害的一个具体教训。当埃隆·马斯克在 2022 年收购这家社交网络公司时，公众普遍希望这位创业家能够帮助这家步履蹒跚的服务商恢复活力，实现全部潜能。但接下来发生的，是一连串随机而考虑不周的变化，大部分情况下都让用户体验变得更加糟糕，尤其是在信息流方面。每个版本的推特信息流——无论是移动应用程序、网站还是 TweetDeck 软件客户端——看上去都有着不同的运作逻辑。一位用户可能会打开"最近"（Lastest）信息流，这个名称本来暗示着推文应该按照时间顺序展示，但实际看到的却是各种奇怪的反常现象，例如来自付费账户的大量推文集合，或是正常浏览顺序被没完没了的算法推荐推文打断。我开始感觉自己每一天都说不准第二天算法信息流会如何运作，更不要说对以年为单位的用户体验有任何预期了。虽然我曾经像依赖不可或缺的公共服务一样依赖推特平台的服务，它却提醒着我，自己从来都不知道在幕后都发生了什么。由于推特对它的用户缺乏任何真正的责任感，平台的运作没有透明度，也就更谈不上什么稳定性。

发表与推广

就像数字平台不负责解释它们的算法信息流原理一样，它们也不对信息流推荐的内容负责——将平台本身与推荐系统的结果隔离开来。他们可以这样做的依据是美国《1996年电信法》，其中包括的《通信规范法》（Communications Decency Act）内含一个叫作"230条款"（Section 230）的免责规定。230条款使互联网得以在过去数十年间以指数级别飞速发展，如果没有它，我们的数字世界将完全呈现另外的面貌。但在社交媒体时代，这一条款同时也给替代了传统媒体业务的科技巨头们大开方便之门，允许他们在没有传统媒体安全保障的条件下运营业务。230条款对于例如脸书这样的公开平台和用户在平台上发布的内容，做出了明确的区分。"交互式计算机服务的提供方或用户，均不得被视为来自其他信息内容提供方之信息的发布者或发言人"，法条的陈述是这样的。这是一个非常重要的区分，因为"发布者"（publishers）对其发布的内容是负有法律责任的：例如，如果一本杂志印刷了涉嫌诽谤某人的内容，相关方就可以提起诉讼。相比之下，脸书可以完全无视这种风险，因为从技术上讲，是作为第三方用户，而非平台，在真正发布内容。

230条款的来由，是20世纪90年代的两宗案件判例。1991年，Cubby诉CompuServe（Cubby v. CompuServe）一案始于两家数字媒体公司的冲突。罗伯特·布兰查德（Robert Blanchard）的Cubby股份有限公司是一家出版商，提供名为Skuttlebutt的新闻服务，它起诉了唐·菲茨帕特里克（Don Fitzpatrick）的出版物 *Rumorville*（大意为"传闻小镇"），因为其中发表了一篇文章，对 Skuttlebutt 构成了诽谤。*Rumorville* 通过一个网络论坛供用户查阅，它使用了 CompuServe 的托管服务，后者是家庭互联网服务的早期供应商之一，在 20 世纪 90 年代颇具实力。布兰查德在起诉菲茨帕特里克的同时，将 CompuServe 本身也一并列为被告。美国联邦地区法院（US District Court）的结论是，CompuServe 只是声称具有诽谤性质内容的传播渠道，而非发布者。换句话说，作为一种网站托管服务，CompuServe 的角色更像是报摊或书店。它对发布的内容没有任何控制，只与素材最终到达消费者手中的过程有关。一个 20 世纪 50 年代的案件判决已经确认，书店不可能在法律意义上审查经过书架的每一本书，因此对书本所含内容并不负有法律责任。

有关数字内容传播的第二个案件，却有着不同的结果。1995 年的斯特拉顿·奥克蒙特诉 Prodigy（Stratton Oakmont v. Prodigy）一案由纽约州最高法院（New York Supreme Court）进行审理，被告 Prodigy 服务公司（Prodigy Services Company）是一家网上论坛的托管商，论坛包括一个讨论财经话题的分论坛。Prodigy 的一位用户在论坛上发布了涉嫌诽谤的评论，目标直指股票经纪商斯特拉顿·奥克蒙特股份有限公司［由《华尔街之狼》（*The Wolf of Wall Street*）原型创办的一家金融诈骗公司］以及它的总裁丹尼尔·普拉什（Daniel Porush）。这个案件本来看上去和 Cubby 诉 CompuServe 案类似，但问题在于 Prodigy 对于自家服务上发布的实际内容确实有所参与。论坛对于可以发布的内容有一套规则，同时也推行了审核机制，包括自动过滤和人类论坛管理员。法院最终判定，在这种情况下，Prodigy 确实是内容的发布者，而非单纯的传播渠道，所以对于网站上出现的素材负有法律责任。"Prodigy 明显在做出关于其内容的决定……而这些决定代表了编辑对内容的控制"，法院判决书上出现了这样的文字。Prodigy 基于 Cubby 诉 CompuServe 案的判例，要求驳回原告诉讼请求，但没有获得成功。

这两个相互冲突的案件判决引发了一个根本性的自相矛盾：将内容

完全不加过滤，直接提供给用户的互联网服务得到了法律的保护，而试图过滤内容的，哪怕仅仅是为了基本的质量或安全，却不能得到法律的保护。互联网公司任何试图影响内容的行为都会招来更大的风险。两位美国国会众议员，克里斯托弗·考克斯（Christopher Cox）和罗恩·怀登（Ron Wyden），决定必须解决这个问题。"如果那样的判决不被推翻，那么互联网就会成为无法无天的狂野西部，没有任何人有任何动机保持互联网上的文明"，考克斯后来在接受《连线》杂志采访时这样表示。考克斯和怀登的 230 条款允许数字平台干预平台上的一些内容，尤其是任何"冒犯、猥亵、淫荡、污秽、过度暴力、对人造成骚扰或其他令人反感"的内容，但不会因为这种干预行为而为平台发布的任何内容负上法律责任。换句话说，网上内容传播渠道可以"善意地"干预内容，只要形式上是出于用户的整体利益。230 条款由时任总统比尔·克林顿（Bill Clinton）于 1996 年年初签署。

然而，2010 年前后的主流社交媒体，与 230 条款的关系已经不可同日而语。1996 年，互联网还是一种只涉及大约 1600 万用户的小众体验，它在媒体传播的角色远非今日可比。如今，推特和脸书已经成为数亿用户消费所有形式媒体内容的主要方式，从娱乐到新闻不一而足。

社交网络在几重意义上代替了传统出版商，首先是吸收广告收入，其次是将内容分门别类注入算法信息流，最后是调节干预内容发布者与内容消费者之间的关系。这一现象的后果，是传统媒体公司遭到了削弱，其收入相比过去几十年大幅收缩，而所有出版物都被迫以小得多的人员规模，继续维持负责任的发布者角色。哪怕在资源相对紧张的条件下，传统媒体公司也需要继续对他们刊发的每一则内容担负法律责任。与此同时，数字平台能够以 230 条款为借口，声称他们完全不是媒体公司。

当前角色的区分，实在变得过于模糊了。在这种新的生态体系下，数字平台决定了哪些内容可以接触到消费者，从而承担了发布者的部分功能。如果 CompuServe 可以在法庭审判中，以平台并没有影响

Rumorville 发布的内容为由，强调自身的中立性，那么脸书的中立表象甚至都很难成立。算法进行的筛选排布动作，类似于报纸选择将哪些报道安排在头版。230 条款一直是这些公司的保护伞，将社交网络本身与个人用户在平台上发布的内容区隔开来，而这些内容囊括了从 #MeToo 女权运动相关调查，到种族歧视言论和暴力威胁的广泛范围。针对这一法律条款的质疑情绪开始不断滋长，而越来越多的法律诉讼试图让社交网络对它们所传播的内容负责。

2015 年 11 月，巴黎发生了一系列恐怖袭击事件，之后极端组织"伊斯兰国"（ISIS）自行宣称是幕后主使。130 人遇害身亡，包括一位名叫诺赫米·冈萨雷斯（Nohemi Gonzalez）的美国学生。冈萨雷斯的家人认为，谷歌、推特和脸书都应对她的死亡负责——尤其是谷歌旗下的 YouTube——因为这些公司通过算法推荐，向用户推广了这个相关内容，从而在参与巴黎袭击的恐怖分子走向极端化的过程中，扮演了重要角色。从本质上说，这些公司必须对此承担一定程度的责任，一方面因为这些恐怖主义内容在平台上存在，另一方面因为平台的算法将这些内容推给了观众。这桩法律诉讼起初被驳回了，理由是谷歌并没有实质上动用其广告收入赞助"伊斯兰国"，也没有针对它的相关内容进行与任何内容不同的处理，维持了其作为传播渠道，理论上的中立性。

但在 2022 年 10 月，美国最高法院（the Supreme Court）决定接下这起案件，同时一并接受了其他起诉数字平台的案件，可能是最高法院看到了，在算法无处不在的当今时代，需要设定一个非常重要的新判例，作为供未来参考的基准。"230 条款是否适用于这些算法生成的推荐内容，在司法实践中有着重大的意义。交互式计算机服务总在想方设法，以各种形式将这些推荐内容推送给几乎每一个在美国境内使用社交媒体的成人和儿童"，冈萨雷斯的家人在案件的上诉状中提出上述主张。对外提供脸书内部文件，证明公司对其算法推荐造成的损害完全知情的黑幕揭秘人（whistleblower）弗朗西斯·豪根（Frances Haugen），也主张反对 230

条款。"如果我们能够对230条款进行变革，让脸书对他们蓄意为之的排序决策造成的结果承担责任，我认为公司就会放弃以互动为基础的排名机制。"2021年，豪根对美国参议院（Senate）的相关委员会表示。

算法信息流帮助误导信息进行自动化的传播，并可能加速意识形态极端化，向用户灌输某一类别中极端程度不断提升的内容。230条款的问题在于，它最终会造成一种诡异的情况，当前没有人需要为算法推荐造成的后果承担责任。科技巨头本身无法被追究法律责任，推荐系统只接受内部监管，而用户只能自生自灭，缺乏最基本的内容审核机制保护。如果算法信息流对我们误导欺骗，或是造成线上环境变得充满戾气和竭泽而渔，我们作为用户和公民，都很难主张追索赔偿。我们为数不多的选项之一，只有更换平台，但即使是这唯一的选项，也已经受到了垄断问题的极大限制。我们与算法信息流的关系，感觉就像是一种陷阱：我们既不能对其施加影响，也无从逃脱。

推翻230条款，并不是自动解决一切问题的灵丹妙药。从一些角度来看，这条法律还是保护了用户在网上的言论自由，并保障了我们已知形式的数字平台继续存在，避免了伴随着每一条野生推文包含的侮辱或谴责信息产生的诉讼，将这些平台告到灰飞烟灭。但修改这一条款的诉求层出不穷。2021年10月，在豪根揭开脸书内部黑幕之后不久，众议院的立法者们引入了一部称为《针对恶意算法的公正》（Justice Against Malicious Algorithms，简称JAMA）的法案。该法案将会"在线上平台蓄意或不计后果地利用算法或其他技术，推荐会对造成物理伤害或严重精神伤害的后果起到显著推动作用的内容时，移除230条款的免责保护"。它也会在任何符合"基于个体特定信息做出个性化推荐"的情况下，解除230条款的保护作用。法案的管辖范围并不包括用户自主搜索得出的结果，例如谷歌搜索查询，或是作为社交网络技术基础的网站托管及数据储存等服务，这些服务更加中性，也更符合230条款原本的立法目的。

2023年2月，美国最高法院开庭审理了冈萨雷斯诉谷歌案（Gonzalez v. Google）和推特对原告塔姆涅上诉案（Twitter v. Taamneh），后者的案由，是另一起伊斯兰国关联恐怖袭击的受害者家人，以违反《反恐怖主义法》（Anti-Terrorism Act）为由，起诉了推特、谷歌和脸书公司，声称由于这些公司的平台存储并向用户推荐了伊斯兰国的相关内容，因此对恐怖组织构成了实质上的支持。

起初，大法官埃琳娜·卡根（Elena Kagen）对最高法院在数字平台相关问题方面的无知，进行了近乎自嘲的评价。"在座的这九位（美国最高法院大法官共有九名），可算不上是顶尖的互联网专家"，卡根说道，并引来台下的笑声一片。但她同时也反思了算法信息流所起到的支配性作用，"每当有人在互联网上看到任何东西的时候，都有算法的参与"，她说。各位大法官一起探究了算法推荐的用途和能力，并就算法是否能被视为"中立"展开辩论（我的论点是它们不算中立），但大家对话题的整体背景缺乏认知是显而易见的。原告的律师埃里克·施耐普（Eric Schnapper），在描述诸如 YouTube 视频缩略图这类互联网常用概念时，往往磕磕绊绊、力不从心。2023 年 5 月，最高法院做出科技公司并不负有法律责任的判决，从而再一次以最大力度坚持了对 230 条款的解读。[①] 如果对 230 条款进行大幅度修订，那么我们的信息流将会看起来很不一样。社交网络将会被迫对平台上获得算法推荐的每一则内容负起责任。也许平台适应新规则的方式，会是将大部分内容留在推荐系统的触及范围之外，也就意味着用户必须主动地选择关注或搜索特定的主题。仍然获得算法推荐的内容则需要进行预先审核，以确保这些内容完全不会引起反感——例如可爱宠物的滑稽视频或是正能量新闻报道。新型推荐内容的选择标准，将会取决于对哪些新闻能够算作可接受或是中立的集体认知。平台对这些内容仍然会进行过滤，但过滤标准将是单一的。举个例子来说，TikTok 包罗万象的小众推荐，将会变得不再可能。可以想象，一个

[①] 此处作者表述并不准确，最高法院的裁决仅仅说明推特案不适用于《反恐怖主义法》，并将冈萨雷斯案打回下级巡回法庭重审，在判决中刻意回避了 230 条款相关问题。——译者注

所有内容片段都符合《美国最逗家庭自制视频》（America's Funniest Home Videos）这样老少咸宜的电视节目标准的 TikTok 信息流。它仍然会很有意思，但很难具备成瘾性或是操纵观众。内容审核必须变得比现在严格得多。

如果可以限制网络上潜在的有害素材曝光，那么改变目前的内容比例平衡，进一步强调线性的、用户主动选择的内容，而非自动推荐内容，可能会成为一件好事。但这同时也会让互联网变得水至清则无鱼，可能也会因此节奏更加缓慢。问题取决于如何决定哪些内容可以在滤镜世界的机制下快速顺畅地传播，而哪些内容应该被放慢速度甚至完全阻止。

如果 21 世纪见证了主流互联网的出现，而 2010 年前后见证了巨型数字平台的崛起和统治，那么接下来的 10 年可能会再一次拥抱去中心化模式。"自主性"（agency）可能是这个新时代的关键词：个体用户决定他们发布和浏览内容方式的能力。我对一种更类似雅虎地球村模式的互联网心怀期待，在这种新模式下，个性化表达和定制化的机会将随处可见，但同时也拥有让 2020 年前后的互联网变得如此迷人的那些多媒体创新。它像是一个更加凌乱，也更加有趣的空间——更像是一个游乐场或是自由发挥创意的沙坑，而不是当前互联网发展方向让人联想到的无聊办公室隔间。

像长毛象（Mastodon）这样的开源软件提供了关于未来的一点预测，它可以让用户自行创建和托管类似推特的社交网络。但长毛象也展示出了这种不同架构的一些缺陷。在自行托管的平台上，受众规模很小，交互也很困难，你可能无法找到自己想要的内容种类。既不存在病毒式传播带来名气的威胁，实际上也根本不存在一夜成名的可能性。但如果要实现一个更加可持续的整体网络文化环境，这些特点可能是不得不做出的取舍。

给放大效应踩下刹车

就像死于自杀的英国少女莫莉·罗素,在生前经历了如雪崩一般滚滚而来的抑郁症相关内容一样,推荐系统对负面素材的加速效果与正面素材别无二致。虽然系统对所有内容一视同仁,但这些内容造成的后果却可能千差万别。新冠疫情期间网上误导信息的传播,导致了伊维菌素(Ivermectin)的病毒式爆火,而这种药通常只用于给马治病。服用了伊维菌素的患者受到的伤害要远远大于无法确认的疗效,甚至恰恰是服用这种药品才导致了有些患者住院。关于伊维菌素的夸大其词之所以能广泛传播,是因为这些故事能够吸引互动,部分原因也是来自时任总统特朗普和他的政府的言论,让这个问题变得过于政治化了。关于新冠的误导信息反而成了算法公式的最爱,从而创造大量即时交互行为,并进一步引发更多推广。

应对这种问题的通常策略是加强审核,或为保障用户安全而进行的言论审查:有问题的内容应该被完全排除在外,一开始就不允许进入用户的信息流。社交网络的过滤机制一方面通过机器学习分析——例如自动屏蔽特定关键词——另一方面也有人类审核员,人工决定允许哪些内容通过。脸书将其人工审核职能,大部分外包给了一家叫作埃森哲(Accenture)的公司,后者在世界各地雇佣了成千上万名审核员,包括在葡萄牙和马来西亚这样的国家。这些劳工每天都要面对镜头前的死亡、视频录制的虐待行为以及儿童色情内容。他们为所有其他用户保障了信息流的干净,却将自己长期暴露在心理创伤的风险当中,就像位于加纳

（Ghana）和世界其他地方的拾荒者，在倾卸的外国电子垃圾堆中不断翻找时，会暴露在有毒化学品污染中一样。那些有毒的内容素材，并不会因为算法的调节干预而神奇地自行消失。再一次地，人类的劳动被有意忽视了。

然而，总会有一些内容从审核的缝隙中逃脱，而一旦进入了信息流，就再也没有任何力量阻挡这些内容获得进一步推荐了。防止算法越界的方法之一，是对推荐系统能够影响哪些内容进行监管，就像一些针对 230 条款的改革建议指出的那样。在英国，一部叫作《线上安全法案》（Online Safety Bill）的法律正在起草过程中，旨在防止像少女罗素事件这样的悲剧。"所有可能被儿童接触到的服务，都有义务保护儿童免遭有害内容影响"，法案的议会声明是这样表述的。允许出现这类有害内容的平台，也必须对平台如何处理这些内容的审核和推荐机制完全透明。相应的措施可能包括移除或"取消优先化"（deprioritizing）有害内容——更少做出推荐或完全不予推荐。

社交网络必须找到正确方法，来应对一套非常难以排序的优先级目标。我们使用社交平台的部分目的，是直接与彼此进行联系，用作通信工具或跟踪朋友生活动态。但社交平台同时也扮演了创意作品传播者的角色，能够接触到由数百万用户组成的受众。这两种内容都受制于同样的规则和平台影响力，无论他们本身的目的是面向私域还是公域。如今担任微软公司（Microsoft）首席研究员的康奈尔大学科技学者塔勒顿·吉莱斯皮（Tarleton Gillespie）解释了这种差别的意义。

"平台提供给我们的服务本来是为亲密的熟人间的交流准备的，但接下来平台用一种统计学意义上宽泛的、系统化的方式来管理"，吉莱斯皮向我表示。对于任何一则特定的内容来说，都没有太多思考其准确本质的空间，因为它缺乏相应的情境，只是整体算法信息流当中一个原子化的小点。这也意味着我们形成了对于自己发布内容在网络上传播的预期——换句话说，我们往往期待这些内容传播得尽可能远。"人们形成了一种观念，他们不只是能够发言，还对于发出的言论应当去往何方抱有一定的期待"，吉莱斯皮继续对我解释。也就是说，我们已经开始默认算法推广一定要起作用，仿佛那是一种天经地义的权利。

但也许这种预期需要进行调整，而我们需要学习如何在一个没有这么大量自动加速效应的数字世界中生存。接触由大量陌生人组成的广泛受众并不是一种权利；它是一种本不需要对每个用户或每条内容都开放的特权。"放大效应"（amplification）这个词，形容了算法推荐在将内容散播到它本来无力传播到达的更大范围过程中所起到的作用：像一支麦克风一样，它能把正常说话变成高声喊话。放大效应位于滤镜世界带来诸多问题的核心；一种模式获得压倒其他一切的放大效果。通过监管对放大效应进行控制，可以带给整个生态系统更好的平衡。

达芙妮·凯勒（Daphne Keller）是斯坦福大学网络政策中心（Cyber Policy Center）平台监管项目（Program on Platform Regulation）的负责人。2021 年，哥伦比亚大学（Columbia University）发表了凯勒的一篇题为《放大效应与其导致的不满》（"Amplification and its Discontents"）的论文。"具备放大效应的功能有利有弊。"她在文章中写道。合理监管的诀窍在于"充分利用有益的方面"——例如帮助用户发现新的观点或是兴趣——同时"降低随之而来的危害"，例如加速传播可能造成问题的内容。"美国国内大部分关于对算法进行监管的讨论，都集中关注内容。"凯勒告诉我。然而，"关于什么样的内容才能允许向用户展示，根本就不存在可以定义的底线标准"。我们可以抱怨在 Spotify 听到了太多同样的音乐，或在脸书上看到了太多家庭成员的政治观点，但并不存在对所有人都适合的一种完美内容组合，或者一套主题与观点的选择。

类似脸书平台上这样的算法信息流的构成，可以与健康食谱的营养金字塔进行比较。美国农业部（USDA）建议食用很少量的脂肪、油和糖，并食用大量的水果和蔬菜。对放大效应进行监管的方式，也可以是强迫信息流纳入特定比例的各种内容，将一小部分重口味内容与更高比例的内容有益、政治中立或是属于本地区特色的素材加以混合。这样的规则，可以对我们当前在信息流中体验到的无限膨胀加以限制。

类似的法律，已经存在于对儿童电视节目的监管领域。国会在 1990 年通过了《儿童电视法》（The Children's Television Act），并在 1997 年进行了进一步的严格规定。这项法律要求，所有主要的广播电视台，都必须至少每周提供三个小时面向儿童的节目。除了需要"寓教于乐"之外，这些电视节目还需要符合其他规定，例如限制广告，以及不得展示商业网址等。一本 1997 年由媒体教育中心（Center of Media Education）发行的小册子表示，来自这项法律的压力，催生了类似《比克曼科学世界》（Beakman's World）和《比尔教科学》（Bill Nye, the Science Guy）这样的节目制作。

然而，随着电视屏幕的内容从屈指可数的几个基本频道，不断分裂形成了由大量频道组成的有线电视订阅包，并进一步在 2010 年前后发展出了不受传统电视规定约束的流媒体服务，《儿童电视法》的应用变得更加困难。什么样的节目可以满足具备教育意义的标准，也存在一定的模糊性；有一些频道甚至开始利用面向青少年进行市场推广的真人秀，来对教育内容的要求滥竽充数。即使一个电视节目提供了再多有益的信息，它仍然可能成为一个鼓励消费主义的商业项目:《巴尼和朋友们》（Barney & Friends）虽然由免费公共电视台连续播出了很多年，但也同时售出了数以百万计的授权玩具。

哪怕有着种种的缺陷，《儿童电视法》还是坚持了几十年，并证明了它不是任人揉捏的软柿子。2007 年，美国电视频道 Univision 由于违反该法，面临来自联邦通信委员会（FCC）高达 2400 万美元的罚款。这家公司试图将它播放的西班牙语电视连续剧定义成具有教育意义的内容，但美国政府不同意，认为那些连续剧并不满足标准，而 Univision 最终只能重新播放名为《你的星球 U》（Planeta U）的儿童主题节目板块。《儿童电视法》为实质影响面向观众广播的内容种类，创造了一个先例。如果我们接受如今的社交网络，和电视频道这样的媒体生意一样，也在做出同类的编审决定这一事实，那么是否也应该强制社交网络更频繁地展示特定种类的内容，优先提供可能对用户有益的信息——或是最终对全社会有益的信息？

算法推荐会将我们潜意识中产生亲近倾向的内容纳入考虑：包括任何一则我们鼠标光标停留时间足够长的内容，甚至不用真的点击它。我们在滑动跳过一个 TikTok 视频之前有所迟疑时，就会形成一组被纳入考虑的数据。就像垃圾食品和成瘾性药品，人们可能就是因为需要帮助，才能不在消费内容的组合选择方面出现偏差。就像凯勒告诉我的那样："我们点击时使用的是不经思考处理本能的猴子大脑，同样的机制导致我们会在杂货店排队结账的时候，多买一块糖果棒。"算法信息流会加速促成这些最糟糕的冲动，不只是在个人的层面，更是在群体的层面，覆盖一个社交网络上的全体用户。撩人的素材——那些可能暴力十足、充满挑衅或是带来误导的内容——比起更加无趣但更有价值的内容，反而更容易找到。

"这对于我们的信息膳食结构来说，实在算不上什么好的搭建方式，它也会造成社会问题"，凯勒继续表示。她将可能的答案形容为"强迫平台在用户要求的全糖果膳食结构中加入一些绿色蔬菜"。从本质上来讲，我们必须接受算法推荐不能精确地满足我们对内容的愿望，或是给出我们最可能与之互动的内容——就像我们接受新闻主编才是最清楚到底什么消息最值得向听众广播的人。我们也不会期望《纽约时报》的头版能按我们的个人喜好安排内容。这些信息流中的"绿色蔬菜内容"的形式，可以包括来自经过预先审核的高质量出版物清单中的文章，或是更具公共服务通知属性的内容——总之是我们能够集体同意值得一提的一些主题，虽然这样的全社会共识，如今看起来比以往任何时候都更加稀缺。也许关于好莱坞电影的最新消息有足够的中立性，或是穿插着本地正能量报道的全国新闻摘要。当然，这样的内容组合恰恰是传统媒体过去曾经提供的，也处于我们习惯从社交媒体获得信息的对立面。

　　社交媒体的崛起，为文化和娱乐创造了一套新的动态规则。用户对于特定时刻消费什么内容有了更多的选择，而创作者也更容易接触到受众，只需要把创作的内容上传到互联网即可。我们不再需要只是作为单纯的观众，等着节目制作人选择将哪些内容放到有线电视频道上播出。我们开始期望体验个性化服务，无论是由我们自己的行动驱动还是由算法驱动。但这种看上去更加民主，也不那么等级森严的新秩序，也让我们有了一种旧法律和旧监管制度不再适用的感觉，恰恰是因为我们能够自行决定随时收看或收听什么内容，以及随时切换到另一个节目源。我们可能拥有了更多独立性，但最终我们作为消费者受到的保护也减少了。

　　对算法推荐进行监管，很快就变成了一个事关言论自由的问题。就像圣塔克拉拉大学（Santa Clara University）法学教授兼高科技法律研究所主任埃里克·高德曼（Eric Goldman）对我所说，"算法只是对服务商的言论选择进行加密的一种方式"。凯勒对两种令人不快的内容进行了区分，一种是真正有问题的内容——其特征是威胁使用暴力或仇恨言论——而另一种则属于"合法但有挑衅性的言论"。如果用户持续通过点击，表达对这类内容的渴望，法律是否应该阻止用户获取更多相关内容？在莫莉·罗素的案例中，她与抑郁症相关的内容进行了互动，并被算法推荐了更多有关抑郁症的内容。这本可能是一种正面的用户体验，帮助她在网上找到社群和同情支持。但最终的结果也可以是负面的，因为相似的内容推荐得过于频繁，这是算法同质化恶性循环后果的又一个例子。

　　如果要对推荐系统进行监管，那么就不得不基于内容做出特定的判断。"有哪些用户偏好是不可接受的，而必须被法律否决？"凯勒提出了这个问题。"假设平台不再给予用户他们要求索取的内容，那就必须给予他们一些别的内容，到底哪些内容算得上是健康的绿色蔬菜，我们需要在膳食结构中强行添加什么信息，而我们又如何做出这些决定？我也不知道这些问题的答案"，凯勒表示。她建议设立一个"内容中性"的"断电保护开关"（circuit breaker）系统。这种体系不再费力地去判断某则内容到底属于正面还是负面，任何产生病毒式传播的内容——在推荐系统内飞快地加速传播——都会受到限制而不再进一步推广，降低它的传播速度，在接触到大批受众之前，让审核人员有更多时间判断它是否适合进一步推广。断电保护开关也可以带我们回到过去相对不那么全球化的媒体生态环境之中，内容普遍会更牢固地保留原有的背景语境。虽然这种机制可能会阻碍类似搞笑视频这类无害内容的传播，它也意味着像罗素这样的用户，可能也会避免很多对她造成伤害的网络段子的影响。她可能不会收到那封催促她钻向无底洞更深处的 Pinterest "抑郁 Pin 图"邮件。

关于内容的决定归根结底都是要由人类做出的，这既是因为机器学习系统没有能力分辨这种微妙的区别，同时也是因为这些决定的后果会影响到活生生的人。人类的能力并不像软件一样，可以规模化扩展——一个人没有办法为数百万用户提供保障，或是审核每一条经过算法推荐的帖子。同时，能够被认定为危险事物的范畴，例如违禁词汇的列表，也需要随着事物的变化而持续更新，因为文化从来都不是静态的。但是，仍然存在一些解构滤镜世界的其他方式，它们不那么依赖评价内容本身，而是更多地针对 2010 年前后互联网的基础架构。如果我们能改变平台运作的底层方式，那么我们也许能够改变在使用平台的过程中体验到的结果。

欧盟的策略

脸书在整个21世纪头十年，都像一个迷你侦探一样，跟踪着你在互联网上走过的每一步，记录你看过和点击过的所有东西，搜索过的每个词汇，以及与你产生联系的每一个人。它不只是在脸书平台本身对你进行跟踪；在没有征求特别明示准许的前提下，它也在跟踪Cookies（tracking cookies）和点赞按钮的帮助下，尾随着你进入了其他网站。它的目标是收集足够多的数据，从而在自家平台上向你提供个性化推荐并进行高度针对你个人的精准广告投放，将你的注意力卖给正在寻找特定客户的广告商，比如说，可能有广告商正好在寻找任何年龄在40到50岁之间，住在明尼苏达州，近期对购买园艺设备表露过兴趣的人。大部分应用程序工作的原理都是一样的，打造出一个笼罩一切的数字监视网。不管你去哪里，你的轨迹都会防不胜防地被某个实体掌握，收集的数据碎片缓慢合成为详尽的用户形象，让这些收集信息的实体可以从中获取利益。逃脱跟踪的唯一方式是东躲西藏，使用匿名网络浏览器，或是通过虚拟专用网络（virtual private network）伪造你的身份。哪怕在那个时候，数字平台在你没有登录账户之前也会提供缩水版本的较少服务功能——当然，追踪并不会因为未登录就停下来。

2016年4月，欧盟正式通过了一部称为《通用数据保护条例》（General Data Protection Regulation，简称GDPR）的法律。它自从2012年起就开始筹备，其目标是让互联网用户对所有上文提到的网上个人数据，享有更大的自主权，并且在欧盟成员国之间创建一个统一的监管架构。

在 GDPR 中，使用了"数据主体"（data subject）这个术语来描述所有我们这些用户。这个词的定义，涵盖了所有可以通过他们线上数据识别出的人，无论相关数据是名字、地点或是"一个或多个关于该自然人的外形、生理、基因、精神、经济、文化或社会身份等特定因素"。数据主体可能属于法律术语，但它确实是一个能引起记忆联想的词汇。在哲学中，一个"主体"是任何拥有自主性的实体，也代表了独一无二的个人体验。数据则看起来与之截然不同；它是一种非物质的无生命的事物，只用来记录体验——对某件已经发生过的事情的证明。

GDPR 承认，在当今时代，我们就是我们产生的数据——数据一方面记录我们做过的事情，另一方面也会影响我们未来能够做的事情，或是最有可能去做的事情，而算法决策通常是这种影响力的载体。因此，就像我们对自己物理世界中的身体拥有控制和人身权利一样，我们也应该对数据拥有同样的控制和权利。GDPR 给出了数字平台必须依法保护的一系列"数据主体权利"，就像必须保护最基础的人权一样。第一组规定就是对透明度的知情权，迫使公司在用户要求提供相关信息，解释他们的数据是以何种方式以及为了何种目的而加以运用时，必须以"清晰易懂的语言"进行答复。第二组规定则确保了用户可以提出上述要求，给予他们"访问权"（right of access），来获取有关收集了哪些形式的数据、何时发生了跟踪行为、数据的存储时长等信息，当然也有权索取数据本身的副本。

2017 年，受雇于《卫报》（The Guardian）的记者朱迪斯·杜波特尔（Judith Duportail）利用 GDPR 索取了 Tinder（约会配对交友软件）关于她的全部数据——最后加起来有整整 800 页，包括她的脸书点赞，关于她在平台上每次配对和对话的元数据（metadata），以及超过 1700 条信息。她可真是数据主体当中的翘楚。杜波特尔"对自己居然自愿披露了如此大量的信息感到震惊"，她这样写道。但她其实没必要感到震惊：这样丰富的数据正是 Tinder 这样的产品本身正常运转所必需的燃料，而自我披露正是我们为这种自动化的高效率所选择付出的代价。要进行浪漫的配对——另一种算法推荐——必须首先要有对个人隐私的了解。

GDPR 规定的第三组权利关乎对数据本身进行修改的问题。其中的"更正权"（right to rectification）意味着用户有权编辑或改正关于自己的数据，而"擦除权"（right to erasure）保障了如果个人数据"不再具备必要性"、用户撤回许可或是收集过程不合法，那么就会被删除。这一权利也被更有诗意地解读为"被遗忘权"（right to be forgotten），而自 2014 年以来在欧盟内部就存在这项权利，虽然在美国没有同等的制度安排。第四组规定是关于选择不参与数据收集的权利，给予了用户"反对权"（right to object），选择不再接受跟踪。这对于广告来说尤其适用，"在数据主体反对进行数据处理用于直接营销用途的任何情况下，其个人数据都不可再进行处理用于此类用途"，该项法条如此规定。如果你不想成为精准广告投放的目标而被跟踪，那么你就可以说不——虽然广告内容肯定会以其他方式找到你。相关权利还包括"不成为仅基于自动化过程做出的决定作用对象的权利"（the right not to be subject to a decision based solely on automated processing）。换句话说，除非用户明确同意，否则就不必体验任何算法行为带来的相关效果。你可以阻止那个到处尾随你，总在试图搞清楚下一步应该推荐什么内容的脸书的小侦探了。

GDPR 在 2018 年 5 月 25 日正式生效，该法不只管辖总部位于欧洲的公司，还包括任何向欧盟公民提供商品或服务的公司，这就基本上囊括了所有的主流数字平台。从表面上看，似乎没有什么明显的改变。各大网站突然出现了弹窗，在用户首次访问时请求准许跟踪，并提供机会让用户研读详尽的服务条款文件。"Cookies"——这个术语来自 20 世纪 90 年代的计算机世界，形容网站用来跟踪用户的数据包，名字的由来是中餐馆的幸运签小饼干——成了通用术语。然而，实际上，这部法律代表了翻天覆地的变化，使得网站对于恶意收集个人信息负上责任，并需要在执法中承担实际的后果。在一开始的谨慎之后，欧盟国家纷纷开始积极运用新法律的武器，来管理总部位于各自司法辖区的企业，从 2020 年开始引用该法的次数稳步提升。到 2023 年年初，根据 GDPR 判决的罚款已经超过 1300 项，总金额超过了 23 亿欧元。

2022 年 11 月，脸书在一次数据泄露造成超过 5 亿用户个人数据曝光，并在黑客论坛传播的事件之后，因为违反 GDPR 规定而面临 2.75 亿美元罚款。这并不是该公司第一次收到罚单。当年 9 月的一次违法事件已经导致公司支付了 4 亿美元罚金，当时 Instagram 没能充分保护使用服务的未成年人个人数据，而在 2021 年，WhatsApp 由于隐私条款不够清晰，而被处以 2.25 亿欧元罚金。最大的一笔罚单属于亚马逊，平台由于跟踪用户数据且没有提供不接受跟踪的选项，而被罚款 7.46 亿欧元。科技巨头以外的企业，也有可能违反这部法律。2020 年 3 月，荷兰数据保护局（the Dutch Data Protection Authority）对该国网球运动的管理主体——荷兰皇家草地网球协会（Royal Dutch Lawn Tennis Association）处以 52.5 万欧元的罚款，原因是"非法出售个人数据"。网球协会将其 35 万会员的数据卖给了赞助商，用于市场营销目的，却没有事先征得用户的同意——从而违反了 GDPR 关于此类交易必须由用户明确选择同意的规定。

虽然这些罚款的规模，相比科技巨头每年的收入简直不值一提，但它们还是体现了 GDPR 是如何能够在一定程度上促进合规经营的。虽然关于数据权利的法案听起来像是对滤镜世界问题的完美解决方案，但这部法律还是在其他方面令人有些失望。只需要一次点击"接受所有 cookies"按钮，就会让用户和从前一样被一直跟踪。妮可·吉尔（Nicole Gill）是美国游说团体可追责技术（Accountable Tech）的共同创始人，她的观察结论，是让用户以尽量被动和无缝衔接的方式接受继续跟踪，才符合各家公司的最大利益。"线上服务能够找到一种在法律合规的同时，对用户造成摩擦干扰最小的方式"，吉尔表示。无摩擦的流畅性一直是滤镜世界的理想境界——只要你有一刻慢下来，可能就会重新考虑自己正在点击的内容，是否要将自己的个人数据贡献出去。"摩擦停顿可以给人们时间思考他们的行为",吉尔继续表示,而这一观点对于 Spotify 广播或 TikTok 信息流也同样成立。如果你思考得太多,就有可能停下来。

我本人也犯下了这种被动性的错误。当这些 GDPR 通知开始在美国网站上不断跳出来的时候,我通常都是点击确认并献出了自己的数据。如果有一家网站的内容是我喜欢阅读的——例如《吃货》(*Eater*)这份全国美食期刊——我会毫不迟疑地接受跟踪,因为我可能是错误地认为,能够信任这个网站。当我十分欣赏的"左倾"英国报纸《卫报》要求跟踪我的数据时,我也同意了。毕竟,到底又能出什么差错呢?需要专门选择不加入跟踪,感觉像是一种额外的负担。如果我当时正感到正义感过剩,那我当然会愤怒地按下拒绝键。我当然不想接受这种监视!但如果我当时只是感到一种玩世不恭的松弛,就会简单地接受跟踪,因为没准它可以提升我的算法推荐质量,并带来一些有意思的个性化推荐结果。

单纯的懒惰以及界面设计的小伎俩都起到了一定的作用。选择同意跟踪的按钮往往比拒绝按钮颜色更深,更加明显,所以我的大脑会出现片刻空白来试图理解哪个是哪个。但同时也会有一种无能为力的感觉,即我的个人选择并不会改变网站运作的方式,无论是对于我还是其他用户都是如此。"大部分人无论如何都会点击同意的",帕蒂·利尔森(Paddy Leerson)这样表示,她是一位在阿姆斯特丹大学(University of Amsterdam)研究数字平台的学者,之前是斯坦福大学互联网与社会中心(Stanford Center of Internet and Society)的研究员。最终,法律的负担可能更多地由用户而非公司承受。"GDPR 创造的这一整套个人责任类型的机制,并不那么奏效。"利尔森继续解释道。后来的欧盟法规直接针对推荐系统,采取更具体的行动,而非只是针对数据。根据利尔森的说法,那些新法规是"一种指挥与控制的体系,由政府告诉企业该如何行事,而非把选择权留给用户"。

于 2022 年 7 月通过,并将于 2024 年实施的《数字服务法》(The Digital Services Act,简称 DSA),针对推荐系统,提供了类似 GDPR 围绕数据提供的透明度：各平台"应该用容易理解的方式，清晰地展示相关推荐系统的主要参数，以确保收到信息的用户能够理解，为什么这些信息会对他们优先展示"。但法律条文同时也表示，算法信息流必须带有可定制功能，允许用户自主调整变量的平衡，或是选择一种完全不利用个人数据的信息流："不基于对接收者进行用户画像的选项。"

另一条欧盟法律，《数字市场法》（Digital Markets Act，简称 DMA），应对的是垄断问题并鼓励加强竞争，在 2022 年 9 月签署通过。科技巨头们被该法案称为"看门人"（gatekeepers）。法律禁止同一家公司控制下的不同服务，例如 Meta 控制下的脸书和 WhatsApp，在未经用户同意的情况下合并使用数据。法律同时也禁止"自我偏好"（self-preferencing），所指的是谷歌和亚马逊有时将自家产品伪装成中立的自动化推荐结果进行推广的行为，例如在搜索结果中并列显示——这种小把戏，也是加强了当今互联网同质化的因素之一。DMA 的罚款金额可达公司年收入的 10%，对于累犯可以达到 20%，这也使得合规工作更加关键。

随着这些新法律的效果逐渐显现，它们可能会完全改变当前的算法环境，在内容信息流的推荐和设置方面给予用户更多的自主性。随着我们开始探究自己的偏好，并根据各自的品位来重塑数字虚拟生活，原有的被动关系会变得更加主动。算法信息流也不会像现在一样显得铁板一块、油盐不进，而是会变得更像符合它们原本用途的多功能工具。不再有任何理由，让你的信息流与我的信息流按相同的方式运作。由此带来的丰富性，也会进一步扩充网络上文化的多样性。

科技公司也在对新的法律环境做出响应。2023 年 8 月，脸书和 Instagram 的母公司 Meta 表示，两个应用程序都会添加允许用户完全拒绝算法推荐的选项，从而彻底移除自动个性化的可能性。但这个选项只向欧盟用户提供——因为美国在相关立法进程上一直要缓慢得多。当我看到相关新闻标题的时候，不禁感到一阵嫉妒。这就仿佛突然之间，只有欧盟居民可以呼吸到无污染的新鲜空气一样。

美国监管制度

欧盟对数字平台的监管，已经预示着美国各大社交网络也会产生重大变革。虽然这些法律在美国境内并不适用，但它们造成了一种罕见的呼吁变革的压力。2021年4月，苹果宣布了对其iPhone操作系统进行名为"App跟踪透明度"（App Tracking Transparency）的功能更新。所有想要为广告目的跟踪用户数据的应用，都必须通过一个允许用户选择不参与跟踪的弹窗，预先请求用户对跟踪的许可。苹果也增加了一个跟踪菜单，其中有一个关闭所有已下载程序跟踪功能的选项。这可能看起来不算是什么重大的变化，但它带来的结果是立时可见的：早期数据显示，只有16%的用户选择同意继续跟踪，虽然在一年之后这个比例升到了25%。因为我的手机让人感觉比网页浏览器要更加个人化也更私密，我通常选择拒绝跟踪。起码在手机上，这项功能对构成科技公司主要收入的那种精准广告投放，造成了致命的打击。2022年年初，脸书预测公司会因为这项功能失去多达100亿美元的收入，这也导致它的股价狂跌26个百分点——市值损失高达2300亿美元。

苹果的App追踪透明度功能，代表了一项真实世界中的实验，了解了美国用户对于类似GDPR这样的增强数据隐私保护规定，会是怎样的态度。结果显示我们并不很想被跟踪，除非能看到这样做的明确好处。举例来说，有些游戏应用选择接受跟踪的比例就要高得多。苹果通过提供简单的隐私功能，既体现了自己的竞争力区分度，也顺道打击了竞争对手，并展现出也许科技巨头们并不像看起来那么坚不可摧。对数据的访问就是它们的阿喀琉斯之踵（Archilles' heel）；切断它们收集数据的能力，也就打破了滤镜世界对一切的掌控。

根据斯坦福大学法学教授，同时担任斯坦福赛博政策中心（Stanford Cyber Policy Center）及其他研究团队领导职务的纳撒尼尔·派西利（Nathaniel Persily）的说法，欧盟立法与美国立法通常形式不同。他告诉我，包括GDPR和DSA在内的欧盟法律，往往倾向于更加宽泛模糊，要求执行一些也许并不是立刻具备可行性的行动。它们都是"需要在几十年时间内逐渐充实"的法律，但相应的规章制度可以提供一种可行的模板，并为其他国家继续前进指引出路径。"欧洲这条小尾巴，最终一定会摇动美国这条大狗"，派西利表示。GDPR的良好存续也证明了另一项重要的论述：拥有更多的个人数据保护并不会让互联网瘫痪。我们还是可以用大致与从前一样的方式消费内容，只是在自主性和安全性的感受方面更胜一筹。

派西利见证了数字平台与用户和政府之间不断变化的关系。在2018年帮助设立了社会科学一号（Social Science One），这个机构见证了脸书与学术界形成开创性的伙伴关系，并最终允许研究人员深究社交网络的内部数据（该机构位于哈佛大学）。2020年，他们发布了一个累计超过1艾字节（exabyte）的网址共享数据包（也就是大小超过10亿GB），包含有3800万个脸书用户曾经分享或点击过的链接。派西利娓娓道来，监管总是伴随着争议产生。社会科学一号曾经卷入了剑桥分析（Cambridge Analytica）丑闻，当时这家英国咨询公司未经同意收集了数百万脸书用户的数据，并在政治竞选中利用了这些数据，包括唐纳德·特朗普的竞选。对算法平台日渐增加的不满，让更多人对加强监管持开放态度。"人们迫切希望看到一些进展"，派西利表示。

在可行的几项策略当中——包括立法强迫算法透明度、对230条款进行改革、对特定种类内容的放大效应进行监管以及保护数据权利——对于派西利来说，透明度还是最亮的那颗北斗星，统领着事关平台监管的一切。将它看成最重要的一环的原因，是在大多数情况下，如果公司只进行自我申报，我们就会对自己信息流中正在发生的事情毫无头绪。透明的数据，至少要能由研究人员在安全的匿名环境中进行深入分析，才是计划最佳未来监管形式的关键，但与此同时可能还有额外优点，透明度对科技巨头构成日常的压力让它们规范行事，而不需要明确的政策规定。"那会对公司产生影响，一旦他们知道一举一动都在监控之下，做出的决策就会不一样"，派西利说。

让脸书完全配合社会科学一号的工作，一直以来都是一种挑战——公司的律师常以这样的言论作为挡箭牌，即向外界分析人员分享任何数据都会侵犯用户隐私。这种冲突导致派西利开始自行搭建他关于社交媒体联邦立法的概念。未能共享涉及公共利益数据的行为，必须承担相应的法律后果。"能保留一些窥见平台的窗口是至关重要的，若非如此我们就无法理解如今的人类行为，因为大部分人类行为都发生在网上"，他说。派西利开始起草立法语言，并从社会学家和政策律师那里收集反馈意见。弗朗西斯·豪根出版书籍，揭开黑幕的行为给他增添了额外的动力，而就在她出现在参议院听证会的同一天，派西利也完成了他的草稿。

特拉华州（Delaware）参议员克里斯·孔斯（Chris Coons）迅速地与派西利取得了联系，并采纳了他的草稿，作为透明度法案的基础，而一个更大的团队开始积极推进立法相关事宜。派西利的概念设计形成了《平台责任与透明度法案》（Platform Accountability and Transparency Act，简称PATA），在两党的一致支持下，于2021年12月公布。一个学术想法一步一步推进，形成了法律条文。PATA强制社交媒体公司必须响应经过美国国家科学基金会（National Science Foundation，简称NSF）审核的披露要求，向研究人员提供信息，不能遵守该法的公司将会失去230条款的保护，从而为平台上的一切内容负上法律责任。

与PATA同步推进的还有其他可能的立法，比如由两党参议员艾米·克罗布查（Amy Klobuchar）和辛西娅·鲁米斯（Cynthia Lummis）共同提出的 NUDGE 法案［这个精心打造的首字母缩略词的含义是《轻推用户以实现社交媒体上的良好体验方案》（Nudging Users to Drive Good Experiences on Social Media Act）］。在美国，这样的立法尝试并不是终点，而只是起点：我们可能已经意识到了，算法信息流正同时在个体层面和集体层面伤害用户，但我们距离理解如何最好地通过政府层面的努力降低它们的影响，还差得很远。

监管制度为这个往往被视为政治性的问题，提供了一种政治性的解决方案。算法信息流带来的一些最显而易见的问题，确实涉及政治，例如言论自由、性骚扰、科技固化的偏见和产业资本主义。但在滤镜世界当中，信息流也会影响到生活中更加平凡的方面。任何对网上仇恨言论的监管，最终都会影响到我们观看哪些电视剧，或是聆听哪些专辑的选择。算法对我们注意力的垄断，也可能由此不再牢固。

然而每当涉及文化的问题时，监管都不可能是唯一的答案。政府政策很少在文化领域取得成功。一部法律可以强迫平台封禁有问题的内容，但它无法强迫 Spotify 给你推荐一首更加挑战传统审美，或是在创造力层面让人感到有趣的音乐播放列表。因此，我们也必须改变自己的行为，对自己消费吸收文化内容的方式，以及如何抵抗算法信息流的被动文化灌输，都要更加了解，这与我们可能在杂货店，选择购买带着有机标签的食品一样，我们必须主动出击，寻找那些支持非同质化文化的数字虚拟空间，以及那些允许艺术家无视强大的趋同压力，自由表达自我的空间。

我们必须在仔细注意我们关注的信息流的同时，也明确地理解我们的注意力，是如何转化为对创作者的经济支持的。精准广告投放可能是普通创作者最糟糕的可行机制之一。数字世界的景观就像是森林，而脸书和 TikTok 可能是参天巨树，遮挡了大部分的阳光，但如果你仔细寻找，在它们投下的巨大阴影中，仍有其他的可能性在顽强生长。

已经存在一些直接向艺术家付费，并对他们发到网上的创作表达赞赏的途径。Bandcamp（美国在线音乐平台）相当于数字虚拟版的小众唱片店，货架上专门存放独立音乐人的作品；用户可以直接购买数字文件和流媒体访问权，而无须 Spotify 居中促成交易。众筹网站 Patreon 使创作者可以自行选择将哪些内容移至付费购买专区，无论是写作、图像还是声音。它提供一种线性的帖子信息流，客户只有付费才能订阅，比推特加关注形容的纽带要强得多。Substack（美国新闻信息发布平台，用户可以选择付费订阅作者的定期通讯更新）则是提供电子邮件新闻通讯方面的同类服务。

《连线》杂志编辑凯文·凯利（Kevin Kelly）在 2008 年写下了著名的论断，一位创作者只需要找到"1000 名真正的粉丝"，就可以得到足够的资助以维持生计——这 1000 个人需要有为艺术家每人每年支付 100 美元的能力。这与追求受众多多益善的大型数字平台，是完全不同的模型。"积累 1000 名顾客，比起达到 100 万名粉丝来说，是一个可行得多的目标"，凯利写道。然而所有这些稍小的平台在试图不断成长，服务于尽可能多的用户、创作者和消费者的同时，也同样面临着应用更多算法的诱惑。它们也同时持续受到科技巨头的威胁，可能被收购或是消灭。对于这些小平台的非算法运行模式，没有办法保障它们能一成不变。

而威力最强的选择也是最简单的选择：哪个平台利用你的关注过分获利，就关掉哪个平台。这个选项的实现并不意味着我们完全停止使用数字技术，而是只要继续使用那些善待用户公司的服务就好。我们可以回到一种更加强调自己动手（DIY）的古典互联网时代。但是，还存在一种更夸张的选项，完全离开网络，并试图搞清楚如何重新在线下环境维持文化的发展。过去十年的数字虚拟身份危机，让人看不到改变的希望。脸书像亮蓝色数字藤蔓一样不断生长，渐渐绞杀开放的互联网空间。随着平台变得令人无法逃避，我也感觉到自己在失去对它的兴趣，因为同时服务于所有用途，并在各个方面都获得成功，根本就是不可能的事情。如果脸书就是一切，那它就同时什么也不是，只是一大堆无法区分的内容。其他平台也在各自老板的带领下，以同样的方式不断堕落：Instagram 在马克·扎克伯格的领导下堕落，Spotify 在丹尼尔·埃克（Daniel Ek）的领导下堕落，而推特在埃隆·马斯克的领导下堕落。到了 2023 年，社交媒体已经进入了一个新阶段，它的缺陷看起来要比优势更加明显。

如今，我在网络上常常感到自己的声音被压制了，部分原因是我没法像曾经属于个人博客的时代，以及与其他人缓慢开展对话的时代那样，进行大量的自我表达。网上提供的模板都太过局限，而节奏也太快。虽然技术在 20 年前与如今不可同日而语，但实际的体验，或者说生态系统，反而有属于那个时代的优势。我认为能够找到方法，重新捕捉那种充满创意的能量，那种属于低保真度氛围的可能性和自由。虽然监管制度可以提供一些对算法信息流最基础的控制，重建文化则是不同的过程，更像是种植打理一个花园。这个过程需要漫长的时间。首先，我们要找到适合的数字架构，然后我们就要开展每日的辛苦劳作，这将决定一种新的线上生活方式。

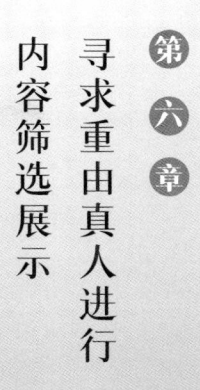

第六章 寻求重由真人进行内容筛选展示

我的算法清除计划

到了 2022 年夏天，我已经被彻底困在滤镜世界当中了。过去两年的疫情，让我需要依赖数字信息流来完成生活中的太多事情：与朋友交流，使用流媒体服务观看电视和电影，以及通过推特了解身边世界发生的实时新闻（从来就没出现过没有新闻的情况）。所有这些媒体和文本内容都是通过数字平台与我产生接触的，而对于其中的过程我基本没什么控制力。我的手机黏在了手上，成为一种在任何两段视觉刺激之间填补那几秒钟空白的工具。信息流确保了我永远能够看到一些新的东西，24 小时不间断，不管我关注的用户近期有没有发布任何内容。TikTok 是对永不停歇的信息流的终极实现。无论我是在凌晨 3 点清醒无法入睡，还是在下午出门遛狗，或是在晚餐时分身处餐馆的卫生间，我总是能够接触到新的内容，这些内容也总能让我感到新鲜。

对于信息流丝滑地渗透进我生活方方面面的程度，简直已经无法用更夸大的方式来描述了。跟随这些信息流，就如同全天不断地像个烟囱一样连续抽烟，一次内容沉迷紧跟着下一次，从早上起床刷推特，看看一夜之间发生了什么新闻，到夜里翻阅奈飞主页，来决定要看什么节目。我对这种情况的不满由来已久，而新冠疫情只是加剧了这一切；作为一名作家以及诸多文化种类的消费者，这些平台，就是我与能够带来新的有趣事物的人们取得联系的地方。我对自己使用推特和 Instagram 平台投入的几年时间，以及在平台上发展的个人与职业关系，始终心存感激。但我同时也开始思考，虽然信息流给我带来了很多我在其他情况下无缘得见或知晓的事物，但我对它们的过度依赖，同时也阻断了我与另一些完全不同的人生体验的关联，而我在过去十年间几乎已经忘记了这另一个世界：去偶遇稀缺性而非无限性，去体会为自己评判和选择特定时刻想要看到事物的过程，而不再附带虚拟世界中滚动到下一页的选项。

如果说，算法焦虑症的一种形式，是感到被算法推荐误解的话，那么另一种形式就是感到被算法推荐绑架，感到即使不断尝试也无法脱身。也许目前有太多事物都依赖这些信息流，而它们的影响力无处不在。迄今为止的监管，效果还非常有限，而信息流带来的体验是如此有吸引力又如此方便，以至于大部分互联网用户都很难割舍。算法推荐会造成用户成瘾，因为推荐内容总能巧妙地证实你已有的文化、政治和社会偏见，将你的周围环境扭曲成一个只反射出你自己形象的镜面，并对所有人都做出同样的事情。这曾经让我深感焦虑，是不是有可能我对自己生活的看法——通过互联网体验到的生活——完全是由信息流构成的假象？我对自己的朋友某一天在做什么，各大城市发生了哪些事件，哪些新闻故事比较重要，甚至包括天气在内的所有这些看法，都是由我在自动化应用上看到的内容所决定的。更过分的是，那些信息流全都变得越来越碎片化，充斥着越来越多的故障，常常把几天前发布的内容当成新鲜内容展示。最终，我对自我的感知，也要依靠从网上看不见的受众处收到的正面反馈，而他们的注意力也是被算法安排的。我不再确定如果没有算法推荐，我将会是一个什么样的人；我也不知道，在数字平台上耗费了多年时光的人当中，还有没有人能够完全确定他们自己是谁。一种恐惧攫住了我的内心：当我被动消费吸收自己感兴趣的内容的同时，是否已经放弃了寻求什么事物才对我真正有价值的自主性？

为了对抗这种不断逼近的徒劳无功感，我做了自己唯一能做的事情。我决定试试看，在没有这些信息流的情况下，我是否还能正常生活，就像有些人在四旬斋（Lent）期间戒糖，在一月份戒酒一样，离开算法信息流生活一段时间。我将会对他们为我着想的诱人提议说不，并尝试自己完成一切生活中的事情。

这听起来像是个不难实现的任务。我需要做的，不过是从手机上删除一些应用程序，并登出那些我在笔记本电脑上太容易走神去观看的网站的账号。但与此同时，我也感到这简直是不可能的任务。我的职业生活都发生在推特上，我的社交生活都发生在 Instagram 上，而我的音乐都在 Spotify 上。我担心会错过一些重要的信息，例如从远方见证朋友的人生大事，一篇最新的喜爱的文章，或是获得只通过网络发送给我的工作机会。"担心错过"（FOMO）这个词甚至有点轻描淡写——我是真的害怕，如果没能像之前一样持续在社交媒体现身，没有一直参与那些公共的信息流，我就会停止存在，虽然事实的证据完全指向反面。如果算法没有发现我，那么我到底有没有真的参与网络上展开的巨型公共对话？在网上发布内容，就像是艺术家河原温（On Kawara）的系列作品《我还活着》（*I Am Still Alive*），作品的呈现形式是他发出几百封电报，重复这个标题，仿佛是为了持续证明自己活着的事实。

然而当我仔细分析自己的焦虑时，我意识到它们其实并不那么重要。如果我没能看见来自友人度假的十几张照片，或是热议小说作品的最新点评，又或者是某个时刻占据了整个推特的病毒式传播观点，我又能有什么真正的损失呢？在我的日常现实生活中，这些内容片段几乎没有任何影响。我担心会失去一些人际联系，但那些联系归根结底也不过是网上生活的一种背景，而我在遛狗时与邻居聊天产生的联系就要直接得多。我猜测一定存在某种让人感到更愉快的中间状态，既不用时刻保持过度紧张，不停追逐算法信息流与更新，也不用陷入完全无知的状态。我到底需要多少数字内容的输入？对断网断联的担忧，可能最后发现不过是对事实的夸大。

我开始将我的实验看作一种算法清除计划，一种在理想情况下可以让我变得更加健康的信息减肥食谱。我也想要了解，在不借用大量推荐的帮助下，跟踪当代文化发展需要付出哪些努力。但我一直在推荐开始这项工作。最终在 2022 年 8 月的一个周末，不断跟踪信息流新进展的前景，成了让人精疲力竭多过激动人心的任务。当时，活蹦乱跳的技术宅之王，通过夺取一家电动汽车公司而成为世界上最大富豪之一的埃隆·马斯克，正在威胁要直接买下推特，将它作为自己的私人游乐场（并最终在 10 月取得了成功）。这让平台上的氛围变得尖酸刻薄，比平时还要更加负面。Instagram 也在变得越来越不稳定，伴随着平台将视频的优先级调整为高于一切——导致了用户的大规模不满——以试图在一场人气大赛中拉近与 TikTok 的距离。

使用 TikTok 本身是一种致人麻木的体验，因为它对用户输入的精准反馈就像是有读心术一般，完全不需要用户进行任何思考。我可以打开手机上的 TikTok 应用，沉浸其中，并从身边的真实世界消失 5 分钟（更可能是 15 分钟），而不会感到任何异样，就像是使用迷幻鼠尾草（salvia trip）产生的幻觉将你短时间内完全带离现存的世界，当然 TikTok 的体验更愉快一些。TikTok 的"推荐"信息流实现了大卫·福斯特·华莱士（David Foster Wallace）的小说《无尽的玩笑》（*Infinite Jest*）当中假想出来的"终极娱乐形式"：一则内容是如此令人无法自拔，没有人能够停止观看。哪怕有着这样强烈的成瘾性，华莱士还是将他虚构的终极娱乐形容成"奇怪的空洞、空虚、没有任何剧情发展的方向感——没有能让它成为一个真实故事的叙事变化"——而这也十分恰当地形容了 TikTok 从完整的信息向碎片化的氛围和感觉漂移的过程。显然，沉迷于这些技术并不能让我变得更加聪明，也无法产生更复杂的思想，而这本来应该是我作为作家的使命。

在我离开社交媒体的时候，并没有表示告别或是在各个信息流上发布通知。公开地承认清除计划反而会破坏它的效果，更不用说这种高调行为也是社交媒体所鼓励的自我膨胀的一个例子。当你停止发推文时，没有人会在乎；算法只会简单地用另一个愿意发推的用户顶替你的位置，因为在滤镜世界当中，所有人都是可以替代的。你的大部分粉丝甚至都不会注意到你的消失，因为至少对于算法来说，你沉睡的账户已经被认定，不值得继续进行任何优先展示了。

于是，在一个 8 月的周五傍晚，我在工作日结束的时候将我自己与这一切断开了。当然，我以前也进行过很多次登出的操作，但这次我知道，我将有一段时间不会回来了——我计划的清除计划周期以月为单位——一切安静下来，而这安静反而震耳欲聋。社交媒体一直是每周 7 天、每天 24 小时连续工作的实时信息接口，而我的手机突然变成了一块静止的砖头。

第一个周末感觉还不赖。周末本来就应该是我们逃离电脑屏幕，拥抱现实生活的时间，虽然当我不得不抽出几小时，完成一些工作的时候，一度对推特上伙伴闲谈的氛围十分怀念，那就像是全班的小孩都在课间困在了教室里。然而，接下来的星期一完全是一种折磨。我感到大拇指想要滑动屏幕而手痒难耐，而我的大脑由于没有受到持续的信息冲击，正在经历戒毒脱瘾期。这些症状与焦虑症的具体表现十分类似：紧张的痉挛，糟糕的脾气，以及总体上的不适。与这样的变化带来放松恰恰相反，社交媒体从生活中的消失让我感到不安。或许我对此的形容有些夸张，但没有社交媒体的生活带来的区别也确实很夸张。我从每天看到几百条甚至几千条独立的信息和多媒体片段，变成了屈指可数的几条。通过戒断算法信息流，我也给自己的数字消费习惯狠狠地踩下了刹车。

为了找回一些刺激，我将几个"抗焦虑应用"（fidget apps）下载到了手机上——这些游戏让你叠加箱子或是拨弄电灯开关，相当于数字世界的解压串珠。其中一个叫作"Antistress"（抗压力）的应用提供了诸如将脏地板用吸尘器吸到令人满意的洁净程度的解压功能。它们减轻了我的坐立不安感，但就像对着虚空发推文一样空洞——这些行为没有任何的意义。我决定换个思路，在笔记本电脑上新建了一个叫作"没有发出的推文"的文件，并在其中写下了我如果还在使用社交网络，就会发布出去的观察内容。回顾这个文件，那些草稿也没有给人带来什么灵感：

"信奉马克思主义的诺拉·艾芙隆（Marxist Nora Ephron）会表示：'一切都是资本。'"[1] "我怀念那些用翻盖手机发短信到244244就可以发出推文的时光。"这些玩笑可能获得零星几个点赞，但它们在离开了推特平台本身之后并无意义。不管怎么说，我的创作能力一直在按照适应平台的方向进化。

就像所有的戒断反应一样，算法清除计划也让我变得脾气暴躁。由于无法再从看不见的受众那里得到诸如点赞和转推这样持续的鼓励式反馈，我向着现实生活中的杰丝倾倒了太多的无聊的琐碎的生活观察，并在她（理所应当地）忽略了其中大部分时感到恼火。我持续地坐立不安和持续地试图寻找外部刺激，变得过于令人抓狂，以致杰丝常常逃离公寓，在时间晚到离谱的夜间，进行时间长到离谱的遛狗活动。

在接下来的几周当中，我发现互联网的设计方式，已经无法在没有算法信息流的条件下运作了。那些信息流就像是大海上的关键航道，确保各种形式的内容都可以到达计划的目标，而不需要创作者或消费者付出很大的努力。创作者无论是个人、品牌还是出版物，都可以发布一些信息，并相信关注者们可以收到信息，虽然并不是100%地高效。消费者可以打开他们的信息流，并看到吸引他们的内容，至少大部分时候是这样。在信息流的猛攻下，承担集聚文章标题并识别热点趋势功能的博客和其他网站，例如原始版本的Gawker.com（美国博客网站，其原始版本在2016年破产），都渐渐遭到了淘汰。因为算法信息流系统的地位是如此稳固，出版物网站甚至也将他们的首页拆解成了屏幕上一次只能显示几条内容的形式，并且使用最大化的图片和最少量的文字。当我浏览这些网站的时候，感觉自己就像是个不速之客，根本就不应该出现在这里。这些网站仿佛在大声高喊：你难道不知道自己应该去脸书和推特吗！？

在清除计划期间，我也发现推荐系统会在无法预料的地方突然出现。

---

[1] 诺拉·艾芙隆是号称美国琼瑶的通俗作家，她的一句名言是："一切都是拷贝。"作者在这里戏仿了这句话。——译者注

我最终选择了《纽约时报》应用程序作为主要的新闻来源，但这个应用也包含了一个"推荐"标签，和 TikTok 相当类似，利用你之前的活动数据，推荐一系列程序认为你可能会点开的文章。它立刻就给我分配了大量艺术与文化内容，中间夹杂着奇怪的房产广告，我并不能说对这种分类有什么不满。然而，这种视角受限的情况恰恰是我想要努力避免的。我不再使用那个推荐标签，但发现还是很难在应用程序的其他地方找到广阔的新闻视角。屏幕仍然仅限于寥寥几篇编辑认为重要的文章，但那并不总是符合我的兴趣。我不得不调整自己对个性化的预期。

2022 年 9 月英国伊丽莎白女王去世当天，我有一段时间没有查看新闻，而杰丝在几小时后提醒了我。最终我出于无聊，用《纽约时报》程序开始朗读来自大卫·布鲁克斯（David Brooks）的评论文章，这种文体——和这位作者——我之前都不感兴趣，而这时杰丝准备出手干预了。我突然理解了那些早期电视连续剧中的场景，某个角色在早餐桌旁折起报纸，复述其中平淡乏味的标题。在没法看到推特上的各种小众戏剧性事件之后，这种报纸标题就是生活中新鲜事的主要来源了。

完全逃脱算法的影响几乎是不可能的。不管怎么说，谷歌搜索仍然是由算法驱动的功能，而每一个电子邮件客户端都会进行某种自动分类——我也不太能够关闭自己的垃圾邮件过滤器。由于我基本上没有任何地理方向感，如果没有谷歌地图推荐的路线，我就会彻底迷路。不过，我还是可以摆脱那些曾经在文化消费过程中极度依赖的主要信息流，这样我拥有的就都是自己主动选择消费吸收的内容了，比如电子邮件时事通讯。这些邮件是手工印制小册子在数字时代的版本，它们提供了一种能与我欣赏的出版物或作者直接产生联系的方式——代表了一种我能信任的声音。时事通讯的形式变得再一次流行，恰恰是为了避免算法信息流的支配性影响力。我很欣赏这种传播形式，因为就像纸质杂志一样，它们由有限的各个部分组成——而与无限的信息流相反。

像自己预期的一样，我开始更频繁地一次坐定读完长篇文章，也在浏览器中只打开更少的标签页，因为我不再需要面对如瀑布般倾泻的替代选项。那种书写狂式的[1]发推欲望在 1 个月后逐渐消退了，或至少转变成了更长篇幅的日记式写作，而不再局限于 280 个字符和言简意赅的玩笑。从我没有发出的推文清单中，我反而观察到，发布在推特上的想法，实际上很少表现出正常的、合乎逻辑的特性，因为它们往往被剥离了情境，而被迫以一种感官氛围的原子化碎片的形式存在。就像老话说的，"推特不是真实生活"。然而最异乎寻常的，还是我与摄影之间关系的转变。我的 iPhone 镜头没有发生任何变化，我还是时刻将它放在自己的口袋里，但由于不再有 Instagram 这个公共展示空间，我不再有那么强烈的欲望常常拍照了。我实际拍下的几张照片，也和以前很不一样：它们都是我想要为自己捕捉的影像，往往与 Instagram 上根深蒂固的审美风格相比，要更怪异或是更丑陋。我在派对上和吃晚餐时拍的照片更少了，却拍了更多的城市街景和家附近遛狗公园的夜晚灯光，那些影像并不会在 Instagram 程序画框中显得好看。然而，给我家狗狗拍的快照并没有减少。

　　从外表上看，我的生活可能并没有因为算法清除计划而产生重大的改变，但我确实获得了一种思维的清晰感，以及相对不那么拥挤的精神世界景观。我意识到，刻意性是给予事物意义过程的一大组成部分：我能够更强烈地欣赏每一篇故事、每一幅照片和每一张专辑，是因为我不得不主动寻找它们。这也同时意味着，放弃了自动化的内容高速公路之后，我需要付出更大的努力去寻找自己想要的内容。到了我实验的第二个月，当我已经调整了自己的习惯之后，我开始有了一种怀旧感。去除了算法的影响，让我回想起在青少年时代是如何与互联网交互的，那时所有的主流社交媒体还都没有诞生。

---

[1] 作者此处的用词是 graphomanic，应为 graphomaniac，指代一种无法克制的写作冲动。——译者注

算法之前的数字文化

1998年，日本画家及作家安倍吉俊（Yoshitoshi Abe）推出了一部叫作《玲音》（*Serial Experiments Lain*）的电视动画片。我在几年后，作为一名身在美国的十几岁青少年，从互联网上发现了这部动漫，而它从此成了我审美感知力的组成部分，同时也成了一种思考方式，让我持续质疑，身处网络之中到底意味着什么。安倍的作品在美国并不出名，尤其是无法与吉卜力工作室的大作相提并论，但它结合了卡夫卡作品的黑暗文学性，以及凡·高绘画的视觉冲击。《玲音》是关于互联网时代生活的寓言故事。在这部动画片中，一位名叫玲音的少女，发现了一个称为"连线"（the Wired）的虚拟世界。这部动画的色调偏暗，但是色彩柔和，能够让人沉浸到夜间点亮卧室的氛围之中，而主角玲音也是在这样的卧室度过了大量的时间。它也让我想起了自家台式电脑所在的地下室，在那里我常常发现自己虽然在物理空间上是独自一人，却沉浸在互联网抽象的一体性之中。

这部动画片能改变观众的思想，就像优秀的艺术作品应该做到的那样。在玲音的世界中，连线是地球上所有通信工具的集合网络：电视、电话和互联网全部连接在一起。如此一来，它们构成了一个完全人造的现实，跨越物理与虚拟空间存在——在这部作品中也认可这样的观念，即发生在线上的一切都会影响到现实世界。通过在连线中的体验，玲音发现了自己在害羞初中生角色之外的真实身份。连线对于她而言，成了能够真正感受独立性的空间，而在其中她可以对自我做出定义。

即使我对算法信息流心存疑虑，我也永远不可能完全放弃互联网，因为在我的人生经历中，互联网带给了我太多的东西。它的积极效应仍然大于它的消极影响。就像连线定义了玲音的人生一样，互联网也定义了我的人生。我正在追问的问题，并不是我们是否应该放弃数字生活，而是我们能够如何改进，如何让数字虚拟生活更有价值。一个全球化的世界看上去永远不可能再次放弃数字网络了。从我父母使用电话拨号，将我童年的家中地下室里那台老旧的台式计算机连上互联网以来，它提供了逃离真实生活的空间，帮助我发现新的文化，结识新的朋友，建立起一种超出我自己直接接触范围的世界观，就像是亚历山大图书馆（古典世界最大的图书馆，被认为几乎包含当时地中海周边文明创造出的一切文字记录）——每天24小时营业，永远充满乐于助人的职员。我的家人鼓励我追求所有的爱好，但他们不可能带我见识我后来在网上找到的那些小说、音乐、游戏和电视节目。当我感觉自己被困在了康涅狄格州的城市近郊，既没有热闹的街头生活，除了几家邋遢的音乐场馆以外也没有什么文化机构，互联网就是我所能接触到的文化的最前沿。

我觉得在千禧一代的美国人当中，会有不少人也有同样的感觉；就像拥有自己的汽车一样，开放的互联网可以即刻带来自己做决定的自由。我们都会采取不同的方式发展对个人品位的自我认知，试图了解什么事物是自己喜欢或不喜欢的。但我们发现自我的路径是相似的，由我们所处的时代和周边能接触到的技术决定。更早的世代曾经拥有舞厅和独立电台，来帮助他们在认知形成的少年时代发现新的音乐，而21世纪的年轻人则拥有TikTok信息流和Spotify自动播放列表，就像20世纪90年代末和21世纪初的千禧一代拥有网上论坛和盗版MP3。与丝滑无摩擦的算法信息流空间相比，通过论坛和MP3搜索寻找和消费吸收自己喜爱的内容，需要付出多得多的劳动。虽然避免这种辛苦可能是一种便利性的进步，但那也使得个人的品位更加脆弱，不如经过辛苦努力得到的成果那样牢固。

在流媒体服务和社交媒体出现之前，文化给人的感觉常常是相对稀缺和有限的。你要么拥有接触到某些内容的渠道，要么没有。我对多媒体最早的记忆之一是这样的：在孩提时代，我和弟弟会在每个工作日清晨早早打开电视，观看一部超级马里奥（Super Mario）卡通片。我们会提前在录像机（VCR）里面装好 VHS（家用录像系统）录像带，因为我们想要在观看的同时将特定的某一集录制下来，就像从电台广播中将某首歌曲录制到磁带上一样。我能回忆起其中的某集特别节目，是关于马里奥从某个可怕的地牢里救出耀西（Yoshi）的故事。第一次观看之后，这集动画在我们心目中就占据了神作的地位，但我们只能通过有线电视节目碰运气，才有可能再次看到它。当时没有谷歌搜索，也不存在线上流媒体服务。我们必须同时交到两重好运才行：当天播出的必须是我们苦苦寻觅的那一集，而且备好的录像带必须成功地把它录下来。录像带并不总是可靠。只有两个条件同时满足，我们才能够完全拥有这期节目，实现超级马里奥动画片自由。

这种体验十分迟缓，而且充满了摩擦阻力。然而获取这一集内容的过程中经历的挑战，也恰恰是它在我心目中形成了如此迷人光环的原因。我为它付出了如此大量的时间和情绪能量，以至于 20 年过后我还能记得它的内容，虽然作为载体的 VHS 录像带本身已经遗落在那间老屋的深处。对于通过信息流推送的任何一则通用数字内容，我都无法讲出同样的故事。我们可能在自己的信息流中发现了一些什么，但必须在它们再次消失在虚空之前，自行努力抓住这些内容并试图深入了解。我们必须有意识地与滤镜世界自带的速度和毫无摩擦的顺滑感对抗。

深入了解曾经是寻找文化过程中的默认任务，尤其是在早期的互联网上。我的动漫初体验，是 20 世纪 90 年代末期在美国有线电视上播放的《龙珠 Z》(Dragonball-Z)，而当我不再满足于龙珠系列无止境的孩子气打打杀杀，并想要寻找更复杂的叙事情节，我便不得不求助于互联网。我找到了一些论坛，有经验更丰富的动漫爱好者在其中辩论他们最爱的作品，不是像在如今的平台上这样追求粉丝数或是将自己的专业知识变现，而是出于纯粹的个人热情。那些论坛都属于"消费社群"（communities of consumption），学术界使用这个术语，来描述在网上聚集起来追求特定共同兴趣的多样化人群，无论是交换产品使用小技巧，还是讨论先锋文学。有一篇论文，将消费社群形容成某种形式的"共同学习"（mutual learning）——用户作为一个集体，共同努力搞清楚我们要寻找的到底是什么，以及要如何找到它。像推特和脸书这样带有变幻莫测的用户界面和操弄人心的算法的平台，对于共同学习起到的作用就很有限。

　　钻入文化无底洞的方法多种多样。算法推荐可以瞬间达到这种效果。凭借 TikTok 信息流，你可以从完全不知道 ASMR（自发性知觉神经反应）挤海绵视频（一种旨在触发令人愉悦的 ASMR 反应的解压视频）这种东西的存在，迅速快进到沉浸在连续十几个这样的视频当中。我在一天早晨亲身体会到了这种加速效应，当我还没起床的时候，TikTok 向我推荐了一串住在丹麦的海外美国人的视频日记，其中炫耀了这个国家慷慨的产假政策和舒适的咖啡馆。有这么一批人存在当然十分合理，但我完全不知道，他们还会专门制作易于理解的一分钟纪录片，来见证他们的生活。我关注了发布其中一些视频的账号，但随着大量内容奔涌而来，它们同时被海量的信息冲淡了，我再也无法找回一开始那个精确的视频类别。并没有某个话题标签明确地在这些视频之间形成联系；算法信息流将这些内容筛选排布到一起，是基于这些内容的互动模式，并与我的用户习惯相匹配。同样的事情也会发生在 Spotify 上的某个音乐流派，或是推特上发生的某次争论这样的情境当中。在某个瞬间，似乎放眼望去都是同样的内容，然而一旦你的注意力稍有转移，它们就会变得无足轻重。

　　更从容和更谨慎的方式，是自行寻找这些像深埋地底的煤层一样的文化宝藏，记录自己的路径，收藏相关账号，与其他感兴趣的同好建立联系并交换意见，就像我在动漫论坛上所做的那样。早期的推特也有类似的特色，但后来它变得过于庞大，再也无从把握了。这是一种更具主动意识，也更具目的性的内容消费模式——在信息流让我们得以轻易地将网上内容消费的选择权外包之前，这种模式也是人人必备的。它让我想起了"鉴赏家"（connoisseur）这个术语。在艺术史语境下，这种表达方式的历史可以追溯至 18 世纪，如果某位业余收藏家，能够通过观看画作就分辨出每幅作品来自哪位画家，他就获得了被称为鉴赏家的资格。鉴赏家们在每幅作品当中，搜寻画家的标志性笔触，他们已经对这些区分各个画家的特色进行了研究和分类。鉴赏家们的专家级认知，主要是通过消费行为获利的。来自德国的约翰·约阿希姆·温克尔曼（Johann Joachim Winckelmann）就是这样一位鉴赏家；他并非出身贵族家庭，最初是一位学校教师，而逐渐成长为古希腊和罗马艺术品最重要的收藏家和学者。他所做的工作，为艺术史这门学科奠定了基础。

在 TikTok 上，成为鉴赏家要困难许多，因为你没什么机会对自己看到的内容形成专业化的理解，或是具备背景知识。你必须持续努力，避开信息流的取巧路线，并逐渐去除干扰你寻求目标的杂音。通过缓慢从容而自我管理的路径去接近文化真知的好处在于，它可能会让你更充分地欣赏体会手头的内容，并有可能带领其他人走上你走过的同样的路径，向他们展示如何更充分地欣赏同样的事物。这种方式更有持续性，也对文化更加尊重，将它视为重要的东西，而非转瞬即逝的用于吸引片刻注意力的饲料。打造任何原创作品，都需要有人付出大量心血，无论本来是出于什么目的。就像我的艺术评论家友人欧丽特·加特（Orit Gat），有一次半开玩笑但也不乏严肃地告诫我的那样，你应该花费画家当初绘制一幅画的时间，来观看这幅画。在不断翻动我们信息流当中如此大量的以彼此毫不相关的方式拼凑起来的内容时，我们没有机会加以消化吸收，去学习并理解，更谈不上将我们所获得的理解传递给其他人。这种对浮于表面的消费行为的鼓励，对于文化在滤镜世界当中整体性的扁平化也起到了作用。

在青少年时代早期，我曾经尝试成为一名动漫鉴赏家，从老套的《龙珠》系列出发，我在论坛推荐的指引下不断升级，直到开始接触那些如今依然算得上令人羞耻的浪漫喜剧动漫作品，例如《纯情房东俏房客》（*Love Hina*）和《人形电脑天使心》（*Chobits*）。这些作品都代表了过度放纵的男性凝视［这种作品流派的另一个名称是"后宫动漫"（harem anime）］，但当时的我只觉得新鲜，其中戏剧化的人际关系和科幻比喻都令我着迷。我身边没有可以倾诉这些发现的对象，我只能在新生的网上社群与人交流。在发现了包括《玲音》在内的安倍吉俊系列作品之后，我意识到成为鉴赏家的道路还很漫长。在《玲音》的内省式赛博朋克风格（cyberpunk）叙事之后，安倍创作了名为《灰羽联盟》（*Haibane Renmei*）的动漫作品，标题的意思是"有着深灰色羽毛的同盟"（Charcoal Feather Federation）。这部作品要比前作更加奇怪。在作品中，一个名叫落下（Rakka）的少女，从一个昆虫式的茧中重生，变成了某种地狱天使般的形象，在背上长出了功能不全、无法飞行的翅膀。就像是从噩梦中苏醒一般，她以这种形象，现身于一个看上去很古老的、田园牧歌式的高墙环绕的小镇。落下非自愿地加入了某种宗教团体，这些被称为灰羽（Haibane）的天使们无法拥有任何非二手物品，不被允许使用金钱，必须从事社群指定的工作，并且禁止离开城墙的范围。

虽然场景看起来有些惨淡，但这部动漫本身还是令人感到宽慰的。如果起初它的设定看上去像是个噩梦，那么随着情节的发展，它变成了一部神话般的寓言。我在14岁第一次观看《灰羽联盟》的时候并不知道"哀婉动人"（elegiac）这个词，但现在我会用这个词来形容这部动漫——既悲伤又温柔得令人难以忘怀，充满着愉悦又惆怅的情绪。这种氛围，又通过动画片制作中采用的潦草线条的沉静而自然的配色，而得到了进一步加强。多年以后我才发现，这部动漫受到了村上春树（Haruki Murakami）最初出版于1985年的小说《世界尽头与冷酷仙境》（*Hard-Boiled Wonderland and the End of the World*）的启发。一件文化作品引导发现另一件，而我也跟踪了这条线索。小说与动漫共享了同样的情绪、同样的词汇和同样的世界观——两部作品当中，都出现了被围墙环绕的城市，某种低保真度蒸汽朋克（steampunk）审美风格，以及通过穿越到另一个世界，来以新的方式理解人生的叙事逻辑，新的世界既可能属于现实世界，也可能完全无关。《灰羽联盟》是第一个让我感到真正属于自己的文化发现——由我默默自行发现的全新事物。我的直觉是，身边大部分人都不会对这部动漫产生足够的兴趣或是理解，但即便如此，它也与我产生了深深的共鸣。它是属于我个人的。

如果没有互联网，我在当时是接触不到这种艺术作品的——不只是因为我是在网上找到的这部动漫，更因为它只能在网上找到。2002 年《灰羽联盟》在日本首播的时候，它并没有被第一时间翻译成英文。动漫狂热爱好者们在网上集合起来，并一起创作了"粉丝字幕"（fansubs）——从日语 DIY 翻译成英语，再转化成配合动漫数字文件播放的字幕。粉丝字幕是自发热情的产物。虽然与完美相差甚远（很多字幕都包含糟糕的拼写和文本错误问题），它们仍然为我们这些不懂日语的网民，提供了能够一睹这些节目的机会，除此之外根本没有别的途径。这也是网上消费社群带来的又一个好处。

反过来说，如果没有盗版文件这一既给早期互联网文化提供了传播机会，又伤害了早期互联网创作者的双刃剑，那么方便下载的粉丝字幕也根本无从谈起。当时没有流媒体服务，但是有 Kazaa（点对点文件共享软件）和 BitTorrent（俗称 BT 下载的文件共享网络协议），它们让用户能够集体上传和下载他们想要的任何媒体文件——不管是 MP3、电影还是 PDF 文件。只要有至少一个人贡献出自己的网络连接，用于上传一个特定的文件，你就可以搜索并下载它，当然文件质量和下载的速度千差万别。上传单个文件的用户数量越多，下载它的速度就会越快，这也形成了一种粗略形式的质量排名，而并不牵涉信息流或算法推荐。BitTorrent 将提供上传的用户称为"做种用户"（seeders），而这些用户越多，相应的文件就越有可能是好东西。有些时候这种质量真的是字面意义上的文件质量，比如高分辨率以及带有字幕。而在其他一些时候，质量是抽象的，是对艺术成就和文化意义的一种衡量标准：有更多的人，认为这件作品值得付出成本和承担风险，来向其他人分享。

我还记得花费长达数天甚至数周的时间，等待音乐专辑或是整季动漫下载完成，绿色的进度条缓缓填满。这是在电脑永远不关机的时代之前的事情；我要想办法保证家里的台式计算机保持唤醒状态，来让BitTorrent的进度条继续缓慢爬行。有时候，在费尽这么多工夫之后，下载完成的文件居然货不对板，无论是出自失误或是恶意，我都只能从头再来一遍。不过，这种彼此分享的网络，还是让我感觉与这些其他粉丝产生了紧密联系。我在生活的其他方面缺失类似的体验，没有与其他人一道全情投入一项令人痴迷的爱好而不用被人指手画脚的机会——实际上，是没有在投入爱好中获得认可的机会。当然，这里面也有一些蓄意反叛的元素，想要刻意显得不同，而不是将自己投入某种寻常事物，例如加入高中田径队，虽然如果努力我也能做到。要说我这一代人是在互联网上成长起来的，基本算得上是一种老生常谈，但我可以说，互联网是第一次让我感觉到自己是个成年人的地方，我在互联网上变成了区别于我周遭情境的独立存在。在这个空间中，我可以利用在此寻得的千姿百态的灵感来源，打造我自己的身份认同。与文化如此亲密地进行互动，几乎要狼吞虎咽地让文化成为自我的一部分，我们可能只有在青少年时期，才最有能力完成这样的行为。

在他1983年出版的《礼物》（*The Gift*）一书中，刘易斯·海德（Lewis Hyde）将艺术品定义为由艺术家通过创意行为免费赋予人类的事物，无论它最终去向何方："一件艺术品包含着艺术家的礼物所代表的精神。"但以某种方式来看，品位也可以成为一件礼物。不需要花费分文，便可以向某人介绍一件你认为他们可能会喜欢的文化作品，而这种行为可能对参与各方都有好处。归根结底，文化并不是一对多的广播系统，而是一种像 BitTorrent 那样的点对点（peer-to-peer）网络，我们需要在其中通过专门分享的方式，集体决定什么内容对我们具有最大的意义。就像海德所写的那样，"礼物的精神，通过持续不断的捐赠而保持鲜活"。

在音乐方面，我也有过一次类似的探索无底洞的体验。我从母亲那里，继承了对大卫·马修斯乐团（Dave Matthews Band，简称 DMB）的欣赏能力，这支乐队代表了 20 世纪 90 年代混乱的不插电即兴演奏风格的顶峰，我无法忽视他们作品中的缺陷，但也无法否认其价值。我从离家一小时车程的一家庞大的博德斯（Borders）连锁书店门店购买 CD 光盘，在同一个地方我也能找到一批新鲜出炉的日本漫画译本。但在网上，我经过一条更加蜿蜒迂回的路线，才发现了自己在音乐方面的品位。

我在网上第一个真正的根据地，是一个大型多人在线角色扮演游戏论坛——你同时与成千上万其他玩家一起，通过互联网共同生活在一个游戏世界当中——而论坛包括一个讨论音乐的话题区。接下来我搬家到了一个专门讨论大卫·马修斯乐团的论坛，叫作"AntsMarching（《行进的蚂蚁》是乐队的著名歌曲之一）.org"（再一次地，这名字真让人感到羞耻）。最后，在 21 世纪早期，我在一个稍微更加博爱的独立音乐论坛安营扎寨，网站的名字叫作"UFCK.org"，用户群体也集中了一些对 DMB 渐生不满的老粉丝——可能是他们的成长也已经超越了欣赏 DMB 的阶段。

就像考古学家轻轻拂去几百年的尘土一样，我如今在网上只能找到 UFCK 曾经存在的些许痕迹，大部分是在这个网站 2006 年关闭之后，在其他论坛上对它表达怀念或是从 UFCK 旧网站转移过来的"难民内容"（refugee）。但在当时，UFCK 是我网上生活的中心，也是我发现其他人推荐的更多乐队和音乐人的地方，这些新的发现如今成了我音乐品位的核心：安德鲁·伯德（Andrew Bird）、十二月党人乐队（the Decemberists）、苏菲洋·斯蒂文斯（Sufjan Stevens）。这样的选择与特立独行没什么关系；对于过度沉迷网络或是过于假扮文青的北美青少年来说，这实际上成了一种通用的音乐品位，算是跨越地理限制的线上同质化现象的早期象征。但在我真实生活的周围环境中，这种音乐品位还算得上是不落俗套，我根本不认识第二个听这些音乐的人。论坛也有着演唱会录音资料库的功能，尤其是 DMB 相关内容。磁带达人们会把录音设备——麦克风、话筒架和磁带录音机——带到演唱会现场，并在网上分享他们的成果。论坛成员们会辩论哪一场 DMB 演唱会，或一首歌的哪一次演出才是最棒的，讨论范围一直延伸到 1991 年乐队成立。这样的集体讨论，在这个音乐欣赏的细分门类当中形成了一种由我们 DIY 自行定义的文化精品标准——这个生态系统之前由感恩至死（the Grateful Dead）乐队和 Phish 乐队创建，而我们为这个门类添加新的内容。

久而久之，我通过文件分享，收集起了自己的演唱会 MP3 数字资料库，按年份排序，就像是嗜酒如命的藏家在酒窖里整齐排列陈年老酒一样。我开始对 20 世纪 90 年代中期的录音产生了最强烈的喜爱，并形成了一种明确的观点，即 1997 年是乐队表现最棒的年份。即使录音充满静音噪声或是并不完整，又或者表演方式异乎寻常也没有关系。不得不主动而带有目的性地收集一套收藏，并仔细思考某个特定的创作者或文化题材最能打动你的元素，意味着你达到了成为鉴赏家的门槛。这个术语多少带点装腔作势的意思，但我们可以成为任何事物的鉴赏家：电视真人秀、噪声音乐（noise music）、苹果派配方。相对于我们从算法信息流中，以接触内容的容易程度形式，获得的任何收获——能够即时接触到范围广阔的素材，并能任意选择——我们也都以失去成为鉴赏家的机会这样的形式，遭受了同等的损失，因为成为鉴赏家需要深度和目的性。归根结底，鉴赏家的身份代表了一种深刻的欣赏与理解，既是为了欣赏艺术家完成的工作，也是为了理解我们自身品位的边界。

从经济角度看，我在青少年时代进行的盗版活动是不道德的，更不用提很多时候是违法的。我知道我是在偷窃这些专辑和电视节目，至少包括那些在美国获得了商业许可的电视节目。艺术家们并没有因为我成为他们的粉丝而受益。这个问题也不是什么新现象；19世纪的小说家就需要面对自己的作品来自外国出版商的盗印版本，就像21世纪的音乐人遭遇Napster（点对点音乐共享服务）的盗版行为一样，历史学家奥兰多·费吉斯（Orlando Figes）在他的著作《创造欧洲人》（*The Europeans*）当中，对此进行了令人印象深刻的描写。但如果从文化传播模式的角度看，按照21世纪的实际情况，我实在想不出来，能有比论坛和文件共享组成的生态系统更好的模式。这个生态系统，就是我的亚历山大图书馆。早期的互联网是一个由用户口口相传而非企业干预占主导的环境，每个人将自己的专业知识过滤之后分享给下一个人，渐渐形成群组和社区，齐心协力构建一种无所不包但仍可理解的文化。

我必须承认，我对这一时期大加赞赏，很大程度上是怀旧情绪驱动的。我们都会在梦中回忆起那些年轻岁月，自我认同相对来说还没有形成，而与艺术的每次遭遇都有着令人难以置信的冲击力。无论他们借助的是怎样的技术工具，十几岁的青少年都会对新体验保持更开放的心态，既更容易沉迷于某种爱好，也拥有更多痴迷于某件事物的时间，从而更有条件成为鉴赏家。但我也意识到，我对于过去的那种线上交互最欣赏的一点，是那种交互以真人对真人进行的推荐为基础，而非自动化的机器。必须有人足够认真地告诉我他们喜欢什么，我也必须足够认真地对待他们的推荐，并加以尝试。这样的文化推荐——就认可的事物交换意见——既是社交行为，也具备道德上的意义。我们告诉彼此自己喜欢什么，就像是蜜蜂通过舞蹈，传递关于某一丛特别饱满花朵的位置信息。正是这样的活动，将人与人之间的距离拉近。

相比之下，推荐系统就是这种信息交换的一个非常抽象的版本。在推荐系统内部，我们的行为总和被某种算法加以统计，接下来经过飞速运算得出某种平均值，再吐出运算结果，用来创建消费模板并强加给其他人。在加速文化传播的伪装之下，它实际上阻碍了文化的自然发展，而相反地优先奖励扁平化和一致化的内容，那些毫无营养的空洞同质才是在数字平台的网络上最容易传播的审美风格。从某种程度上来说，本书在试图从推荐系统手中夺回推荐的权利。我们应该更多地对彼此谈论我们喜爱的事物，共同体验这些事物，并为我们喜爱或不喜爱的事物建立认真挑选的藏品库。这并不是为了精细调整某种算法，而是为了我们集体的满意度。

不管怎么说，推荐某件事物都是一种专业的人类职责。有一群人从事着厘清我们应该接触何种文化以及我们可能会欣赏哪些作品的工作，随着时代的进步不断调整工作的方式，并不断扩大可以被认为是富于品位事物的边界。你可以在精品店、美术馆、广播电台或是艺术影院的幕后找到他们。这些专业从事推荐的人士称为筛选展示人（curators）。他们负责确保只向公众展示值得被展示的事物。他们进行辛勤劳动，为展示出的事物描绘完整的情境，并向我们介绍最新的进展，对我们的审美构成足够的挑战，从而防止陷入同质化的陷阱。他们引领我们的消费习惯，虽然这个词已经在互联网上过于泛滥，但我们真正需要的还是更多的筛选展示——对个人品位的培养和运用。

筛选展示的影响力

筛选展示始于一种责任。英文 curation 在词源学上的祖先——拉丁文 *curatore* 所指的是古罗马"公共官员",根据一本 1875 年词典的描述,这个职位在首位罗马皇帝统治始于公元前 27 年的奥古斯都上台之前就已经存在了。这些 *curatore* 管理着城市运行的方方面面:有的负责台伯河(Tiber River),有的负责采购食材,有的负责给城市供水的引水道(aqueduct),还有的负责主办公共竞技活动。在拉丁文中,*curare* 的意思是给予照料,而 *curatio* 代表了关注和管理。经过许多个世纪的发展,这个词的含义变得远离日常俗务,而更偏向于精神追求,但仍然与照顾、照料的意义相关。到了 14 世纪,作为名词的 *curate* 所指的是提供宗教引导的人。在 1662 年用英语写成的《公祷书》(*Book of Common Prayer*)中,一位 *curate* 指的是教区牧师的副手,引导他的教区民众,并负责他们灵魂的"cure"(治疗)——也是一种照顾。至少从 19 世纪中叶开始,英语当中 *curator* 这个词就是专指博物馆和馆内收藏的管理人员,无论馆藏是艺术品还是历史文物——这个词的含义从照顾人类转化成了照顾物品。

对词源学的探究,暗示了筛选展示的重要意义,它不只是一种事关消费、品位展示或甚至是自我定义的行为,而更是对文化进行照料,一种谨慎严格而长期持续的过程。20 世纪的后半叶见证了明星博物馆管理人员作为筛选展示人的兴起,他们是影响力巨大的品位塑造者,其选择可以影响属于他们时代的集体品位。从 1932 年开始,现代艺术博物馆(Museum of Modern Art)的第一位建筑展览负责人菲利普·约翰逊(Philip

Johnson），成为将现代主义设计向大众进行介绍的主要推手之一（也正是他的家族出资成立了博物馆的建筑部门）。通过在博物馆的空间中，让路德维希·密斯·凡德罗（Ludwig Mies van der Rohe）等人设计的，起初看上去令人震惊的简陋工业风家具大出风头，约翰逊逐渐让现代主义设计为公众普遍接受。在 20 世纪 60 年代，出生于比利时的亨利·盖尔扎勒（Henry Geldzahler）在大都会博物馆（Metropolitan Museum）担任美国艺术展览负责人，并逐渐重视在世的艺术家，这在当时对于一家如此有名望的机构来说，是很罕见的。盖尔扎勒利用自己的职位，支持了一批早期波普（Pop）艺术家，包括（他的两位好朋友）安迪·沃霍尔和大卫·霍克尼（David Hockney），以及像罗伯特·劳森伯格（Robert Rauschenberg）和贾斯珀·琼斯（Jasper Johns）这样的艺术家。身为展览负责人进行的筛选展示工作，一定都会具备某种意义上的人际关系属性，不过盖尔扎勒比起大部分人，在举贤不避亲这方面确实要走得更远一些。波普艺术花哨而庸俗的特征起初也令观众大感震惊，但盖尔扎勒帮助波普艺术作品补充了完整的情境，支持这种艺术风格的重要性，直到波普艺术运动在他 1977 年离开大都会博物馆时，已经受到广泛认可，承认它属于艺术史上文化精品的一部分。

那几十年间也见证了"筛选展示人作为创作者的崛起"，研究博物馆学的学者布鲁斯·阿特舒勒（Bruce Altshuler）在他 1994 年的著作《展览中的前卫》（*The Avant-Garde in Exhibition*）当中是这样表述的。在 20 世纪末和 21 世纪初，我们也看到又一批明星展览管理人员脱颖而出，包括汉斯·乌尔里希·奥布里斯特（Hans Ulrich Obrist）和卡洛琳·克里斯托夫－巴拉捷夫（Carolyn Christov-Bakargiev）。他们纷纷跨国界作业，就像是没有指定分派国家的外交官，他们也跨越各个不同的机构工作，随时在某个博物馆或画廊停下脚步，组织一次展览，来同时体现他们的个人鉴赏力和当下的时代特点。为艺术行业进行策展，作为一项筛选展示工作，已经成为一种在国际尺度上维护和恢复能见度的策略。来自尼日利亚的策展人奥奎·恩威佐（Okwui Enwezor）组织了类似1989年的"地球上的魔术师"[①]以及2002年的卡塞尔文献展（Documenta）这样的大型展览，其中后者是在德国每5年举行一次的现代艺术大展。在这些展览中，恩威佐将来自被忽视的国家和成长背景的艺术家作品，与来自西方艺术界已经成名的艺术家作品并列展示，对当代艺术应当成为一种全球范围思想交流的观点，提出了强烈的主张——来自德国的安塞尔姆·基弗（Anselm Kiefer）的作品，与来自中国的黄永平，以及澳大利亚原住民约翰·马温居尔（John Mawurndjul）的作品一同呈现。

从某种意义上讲，作为个体的明星筛选展示人，正是算法推荐的反面：他们利用自己所有的知识、专业技能和经验，来决定向我们展示哪些内容以及如何展示，并最大限度地体现艺术敏感性以及人性。考虑到他们职业生涯涵盖范围之广——确实是世界上最酷的工作之一——毫不意外地，筛选展示人的形象会成为一种光彩夺目的典型模板和一种其他人想要贴上的标签。哪怕是机器也在试图扮演筛选展示人的角色。

对"经过筛选展示"一词的滥用，从2010年前后开始，贯穿了之后的整个十年，并且直到如今也没有停止的迹象。这个曾经只由专家学者使用的晦涩术语，如今已被肆意地应用于Instagram照片网格、综合彩妆盘以及时尚品牌配饰。以下只是其中几个我观察到的筛选展示滥用情形：一位网红"筛选展示"了她曾为之创作过赞助内容的公司，或是为一项活动筛选展示一份宾客名单。一位餐馆老板筛选展示了酒吧饮品单，或是一家菜市场筛选展示了使用摊位的商家。一家酒店筛选展示了它的房间选项，仿佛每间房都有独一无二的入住体验。一家流媒体服务筛选展示了它提供的内容。根据全国公共广播电台的说法，一位音乐人甚至可以"筛选展示不走寻常路的艺术生涯"。在社交网络时代，从在用户资料页面上选择最能代表我们的内容这种意义上来讲，我们都不得不筛选展

[①] Magiciens de la Terre，在巴黎举行的展览，标题为法文，原文误作半英文拼写的 magicians de la terre。——译者注

示自己的身份。在一场 2012 年的演讲中，互联网艺术家乔纳森·哈里斯（Jonathan Harris）总结了这种变化："筛选展示正在取代创造作品，成为自我表达的方式。"这与其说是词源含义中的那种投入的关怀，倒不如说看起来更像是一种自恋的行为。

这个名词自带的光环是令人向往的，意在给形容的对象赋予一种意义显著、品质突出的感觉，就像干邑白兰地瓶身上的"VS"酒标。[①] 与毫无标识的平常事物相比，你难道不会更想拥有带着"筛选展示"标签的东西吗？近来，这个词仅仅意味着在一组选项当中做出了选择，而做出选择决定的是某个看上去拥有一些专业知识和目的性的人。然而，算法推荐也常常被形容成是在"筛选展示"对应的信息流，即使在算法的背后并没有明确的意识。在我写下这段文字的同时，我的手机主动呈现了一组自动"筛选展示"的照片集，将我拍摄的照片分组排列，形成理论上具有意义并引人注目的一系列精彩亮点。至于具体的数据指标，并没有明确说明。之所以发生这个词的语义饱和现象，是因为无处不在的算法，已经使得在事物之间做出选择，本身就变成了一种新奇事物。当我们没有必要进行筛选时，不管是自己亲自进行这种不必要的活动，还是听说其他人进行了这种不必要的活动，都成了一种奢侈，虽然这种奢侈相当可悲。如果我们从当前的词汇定义进一步外推，那么在信息流的时代之前，所有东西一定都能符合筛选展示的定义，从有线电视播出的节目，到广播电台放送的歌曲。

在词汇滥用当中失落的，是筛选展示人这个形象本身，而正是这个有血有肉的人，担负着做出有理有据选择的责任，也担负着悉心照料眼下素材的责任。如果你在高中时代问我人生的目标，我会表示自己想要成为这样一位筛选展示人。启发我这一愿望的因素，包括讲述现代艺术历史的书籍，以及去曼哈顿参观现代艺术博物馆，我每年都会从康涅狄

[①] VS 即 Very Special，代表所用最年轻的基酒在橡木桶中至少存放了两年。——译者注

格搭乘通勤列车完成几次这样的短途旅行。我在奥尔德里奇当代艺术博物馆（Aldrich Contemporary Art Museum）参与了一个课外项目，馆内的专职策展人员会向同学们介绍，他们正在与哪些艺术家合作，共同组织展览并完成委托创作。

在高中时代我曾经想象过，在某种程度上，像策展人这样的筛选展示人的角色，主要就是负责决定在空白的画廊墙壁上如何布置展品，就像是一种极致的室内装潢。我猜测他们会精确地选择每幅绘画以及相邻作品放置的位置，设计出展览中所有作品的最佳欣赏顺序。我算得上是部分正确——安排艺术品的展出顺序，确实是这份工作的重要组成部分，但这也只是它最为外界所知的方面。本科期间，我在波士顿美术馆的当代艺术部分做暑期实习生的时候，我就意识到从事筛选展示所牵涉的努力要深刻得多。这份工作在幕后是极富学术性的，甚至有一些苦行僧气质，就像神职人员照顾教区信众一样。在每一个展示布置决策的背后，都是数百小时的研究、写作、思考和展品维护。这份工作实际的职责也谈不上多么光彩夺目：实习期间的大部分时间，我都在对照艺术品实物在仓库所处的位置，更新索引卡片上的信息。但这份实习最令我自豪的时刻，出现在多年之后，我发现自己当年为菲利普·加斯顿（Philip Guston）巨幅画作写下的几句说明，已经被美术馆安排在这幅画的旁边，而我能看到充满好奇的观众走向绘画的说明标签，并阅读我写下的文字。我为这种面向公众的筛选展示工作，做出了自己微小的贡献，并担负起了责任，向公众介绍他们需要了解的，关于加斯顿和这幅作品的信息。

互联网上的筛选展示可能已呈泛滥之势，但在对内容的长期管理、组织以及赋予情境的意义上，又还远远不够——所有这些过程都已经被外包给了算法。为了在滤镜世界的算法大塞车中搞清楚筛选展示的角色，我与保拉·安东内利（Paola Antonelli）会面以寻求她的意见，她是一位在1994年加入现代艺术博物馆的策展人，目前担任博物馆建筑与设计部门的高级策展人，兼任研究与发展负责人。安东内利是我们这个时代最富创意的策展人之一，我很幸运已经与她相识超过10年，并能持续展开关于艺术、设计、技术和文化的未来这些主题的漫谈对话。

安东内利生于意大利撒丁岛（Sardinia），并在米兰（Milan）学习了建筑学。在入职现代艺术博物馆之后，她带头致力于扩大馆内从菲利普·约翰逊时代开始收集的设计类藏品库，并囊括了一系列一开始看上去并不应该放在博物馆的离经叛道的物件。在安东内利的主导下，博物馆在2010年将@符号收录到馆藏当中（这样做是免费的，因为该符号处于公共领域），并在2012年收藏了一批14个代表了电子游戏发展历史的游戏作品，包括《俄罗斯方块》（Tetris）、《神秘岛》（Myst）和《模拟人生》（The Sims）。

安东内利的主张是，从街头的消防栓到你打字用的键盘，世界上到处都充满了设计。她的策展实践给这些日常物件重新创造情境，并突出它们创造过程中的天才设计巧思。在她2011年主导的"与我交谈"（Talk to Me）设计展中，她收集了能够体现"人与物之间交流"的各种展品。"物品会对我们说话"，她这样写道。展览的展品范围天马行空，包括可以用来写入代码组成复杂设备的积木组件，为男性模拟痛经体验的装置，还有一部真实可用的1999年款纽约地铁卡（MetroCard）贩卖机。展览的设置方式也不是现代艺术展览通常呈现的极简风格，而几乎像是一个引发购物冲动的百货商店，展品大多陈列在展厅中央鲜艳的橙色展柜模组当中。

我还记得，自己初次走进展厅时，被布展方式展现出的活力能量深深震撼。安东内利在三维空间中布置的展品组合，让人马上联想到当今充斥着交互技术的世界，而这些或数字虚拟或有形实体的技术设备，都在持续不断地干预我们的人际关系。安东内利为筛选出的展品排序的方式既朴实无华又严谨细致，其中蕴含了一套完整的哲学。实际上，算法信息流也可以毫不突兀地融入这次展览，成为其中的一件展品。

在约好见面的日期，我乘坐美铁（Amtrak）列车从华盛顿特区到纽约，并步行穿过曼哈顿中城（Midtown），路过的街区与我少年时期前往现代艺术博物馆的路线别无二致，沿途会经过熟悉的公共雕塑和人行道上的清真快餐车，过去我在抵达博物馆之前，常常在这些快餐车解决午饭问题。这一路对我来说一直是一趟朝圣之旅：我感觉自己就像一个中世纪的佃农，走在去往大教堂的长路上。那里是我初次接触到自己热爱的众多艺术作品的地方，也是让我能够看到曾经在书本上读到过的艺术名作的地方，比如毕加索的激进抽象名画《阿维尼翁少女》（*Les Demoiselles d'Avignon*）随意地挂在展厅。现代艺术博物馆的全部馆藏包括大约 20 万件藏品，而无论实体的场馆能扩展到多大，也不可能将它们全部展示出来。所以馆内的几十位策展人就需要持续地做出抉择，到底要展示哪些作品，以及把它们陈列在哪些位置。

我在博物馆的办公侧楼外面，见到了安东内利。筛选展示人群体的成员通常都是走在潮流尖端的（他们擅长选择事物），不过安东内利把通常的黑色套装，换成了带白色翻领的红色衬衫，搭配同款的裙子。许多年前她曾经总结过，状态最出色的筛选展示人都是"受信任的向导"。"他们对某些事物有绝对专业的认知"，无论是超市中的橄榄油还是 20 世纪 60 年代的美国绘画。更重要的是，筛选展示是一条双行道：筛选展示人必须清醒地了解观众，了解他们的看法、反应甚至情绪状态。"这算得上是一种表演艺术，"安东内利告诉我，"你努力赢得代表成就的星星，赢得信任，赢得声誉，而一旦你通过努力获得了这些东西，你就必须继续努力保住它们。"即使展览开场，策展人的表演也不能算是结束。

策展人也必须尊重观众自行思考的能力。安东内利总会尝试给展览的主题留下一些开放式讨论的空间，"90% 的完成度"。剩余的 10% 把空间留给观众，可以将自己的生活经验代入展品当中，自行补全展览所体现的思想或主张。如果预先确定或是按模板设定的标准答案比例过高，观众会感到展览对他们不友好，因为他们感受不到自主性。"我相信自己的职责并不是告诉别人什么好、什么坏，而是激发他们自身的批判性思维",她继续说道。就像是大厨赠送的开胃小点（amuse-bouche）可以唤醒胃口，让食客更充分地欣赏后续的大餐一样，像策展人这样的筛选展示人所选出的事物也能够刺激我们的感官，让我们得以更充分地思考眼前的一切。这种整体性的感知力，是算法信息流没有能力复制的。

为了解释她的工作方法，安东内利陪我走进了 216 号展厅，在这里设计与建筑相关作品相互交融，也包括一些视觉艺术作品，其中不少都是由安东内利亲手纳入现代艺术博物馆馆藏的。她选中了一件由艺术家及研究人员凯特·克劳福德和弗拉丹·约尔（Vladan Joler）的作品，来为展厅定下基调。这幅作品叫作《人工智能的系统剖析》（Anatomy of an AI System），是一张扩大到覆盖了一整面墙的黑色背景信息图表，记录了为了形成亚马逊智能音箱 Echo 这件智能设备，牵涉各种形式的人类劳动、基础设施以及数据。从这件作品当中，安东内利总结出了"榨取"（extraction）这个主题。在展厅的第一个墙角，刻意安排了相互形成冲突的三件作品：在《人工智能的系统剖析》的旁边，安排了一件像是一头俯卧的牛，但其实可以作为长凳使用的皮质装置，以及一个让人一眼就能认出的谷歌地图位置图标，印制成了大约一个成年人的高度。

那头卧倒的皮牛是茱莉亚·罗曼（Julia Lohmann）的作品《"瓦尔特劳德"牛形长凳》（"Waltarud" Cow-Bench）。它惨遭斩首的身形既吓人又有点可爱，锃亮的棕色真皮是从一头曾经活着的牛身上取下来的，而又被塑造成了牛的形状。"这头牛的存在是一种提醒，几乎可以看成一种背景底色元素"，安东内利讲解道。它代表了榨取来自动物与环境的资源，以制造高档物件。尽管如此，它仍然只是一个物件：孩子们有时会爬上这头牛，而保安必须冲进来制止。谷歌地图的大头钉图标最初由延斯·艾尔斯特鲁普·拉斯穆森（Jens Eilstrup Rasmussen）于 2005 年设计，并在安东内利的请求下，由谷歌捐赠给了现代艺术博物馆。她决定用比屏幕上大得多的尺寸，把图标印制出来，让它圆润的红色泪滴形状几乎要成为一幅抽象绘画作品，作为一种将其陌生化（defamiliarizing）的手法。

这三件作品共同在展厅里形成了一种舞台造型，既具有视觉上的冲击力，也在概念上挑战人们的认知。每一件作品在媒介和主题的意义上都是独特不同的，然而安东内利通过将三件作品靠近摆放，为它们勾勒出了一种共享的风格。也许它们共享的创作手法，是将我们熟悉的环境从表面掰开，实现表里之间的彻底翻转，将熟悉的观念反转到令人不适的地步。三件展品并非互相补足，或是像 Spotify 电台播放列表那样顺滑地并流交融，而是充满了对比与冲突，从而激发我们观察到每件作品新的侧面。展厅在这个角落富于冲击力的并列呈现，让人想到诗人洛特雷阿蒙（原名伊齐多尔·吕西安·迪卡斯，Isidore Lucien Ducasse）标志性的超现实主义诗句："像缝纫机和雨伞在解剖台上邂逅一样美丽。"不同种类物品之间的碰撞，总会带来一种新形式的美。"在对永久陈列藏品的选择，以及各个展厅的筛选展示中，存在一种非算法的品质"，安东内利说。

在她带着权威式的口吻扫过各个展厅的过程中，安东内利注意到了各种布展细节当中的细微缺陷。在一间展厅里，墙上的标签看起来过于破旧，有些卷边。在另一间展厅，一部投影机出现了故障，造成展览标题的拼写不完整。接下来她观察到有一间展厅没有保安——保安在这个展厅尤其重要，因为展品是交互式电子游戏。她在手机上通过短信命令自己的手下解决问题，然后便看到一位助理飞身下楼。为了赢得观众的信任，所有的细节都必须准确无误。

筛选展示的漫长过程，可以反制互联网所代表的情境缺失、走马观花和转瞬即逝的特征。"当你想到社交媒体的时候，脑海中出现的全是白噪声，是死气沉沉的空间"，安东内利说。这对于整个滤镜世界也是准确的形容，没有任何东西足够突出，能被人记住。"正是算法让你的大脑一片空白，因此它成了你的敌人"，她继续表示。算法信息流打乱了经过筛选展示的并列呈现，使得解读广阔范围的文化难上加难，无法厘清哪些主题能让事物归于融合，而哪些方面又会让事物显现区别。我们没能通过积累经验获得有意义的进步，反而在愈发难以分辨的文化泥沼中越陷越深。就像任何经常使用互联网的人都清楚的那样，你很难通过信息流学到东西。学习，从不断增进理解的意义上来看，只能在平台以外发生，只有离开了平台，你才有时间自行整理所有的线索。即使在线下完成了学习过程，回到互联网上整理资料，如同我的好友哈莉·贝特曼所说，还是会像在涨潮的沙滩上建造沙雕城堡一样——你精心整理的收藏几乎无法避免被摧毁的结局，就像Spotify的界面改变将我的收藏搞得一片狼藉一样。

像现代艺术博物馆这样的完备收藏是至关重要的，因为它会成为对我们生活的瞬间永久性的记录。世界上存在太多的物件、内容和艺术品，所以人们无可避免地要做出抉择，哪些用来消费，哪些加以保存。每一位筛选展示人都会带进来各自的视角，而作为一个集体，人类共同建立一套关于什么才是文化当中重要部分的记录，它经常被称为文化精品标准（canon）。文化精品标准可能会放宽或是改变，以包容新的想法，但它的存在是无法避免的，也并不以人气为唯一的基准。"有些策展人会说，我再也不想要任何一套文化精品标准了，"安东内利说，"但猜猜怎么着？我们无法逃脱，所以还不如主动拥抱它。"在众多筛选展示人的帮助下，文化精品标准既可以包含易于理解的美丽和吸引人的事物，也同样可以接受奇怪、惹人反感、令人不安或让人震惊的事物。筛选展示的过程不停督促我们，重新思考一件特定物件或是审美体验的意义。

安东内利回到了她的办公室，而我继续在现代艺术博物馆内闲逛，直到发现了法国超现实主义艺术家梅雷特·奥本海姆（Meret Oppenheim）的回顾展，她生于1913年，逝世于1985年。她的一件著名雕塑，是由覆盖着羚羊毛的茶杯、碟子和勺子组成的《物件》（Object），诞生于1936年，有时名称也会被加上"皮毛早餐"（Breakfast in Fur）这个后缀，而除此之外，我对奥本海姆的了解并不多。①这件作品是超现实主义的象征之一，皮毛将日常生活中熟悉的物品变成了某种既怪异又迷人的东西。但在回顾展中按严格的时间顺序排列，并延续了好几个展厅的其他作品，从年轻时代焦虑但有趣的卡通式绘画，到描绘异教自然神祇的独立雕塑，确实全部出乎我的意料。走过整个展览就像是吸入一口新鲜空气，因为它完整地捕捉了一位艺术家贯穿一生的创意实践和其中所有的复杂性。虽然奥本海姆生活在一个与我们不同的时代，但在展厅当中，通过耗时费力的筛选展示工作，观众可以直观地感受到她的存在和她的视角。

在 Instagram 上，我可能会从推荐页看到奥本海姆的茶杯，或许还有艺术家迷人的黑白肖像。她的艺术风格恰恰是会在平台上取得成功的那种——第一眼看上去就具备令人惊奇又愉悦的视觉感受。这些图像从信息流中一闪而过的时候，会给人带来灵感，但我不太可能了解到关于奥本海姆的其他信息，比如她与时尚品牌的合作，以及她在 20 世纪中叶作为女性艺术家获得的罕见高关注度，更不可能有机会看到她早期的涂鸦作品。"没有人会白给你自由；你必须自己争取"，她在 1974 年的一次演讲中这样说。我所说的重点，并不是我们只能通过博物馆展览才能收集到对艺术足够深入的了解；而是我们从算法信息流中获得的文化视角常常太过狭隘，几乎起不到任何作用。平台不鼓励我们越过这种狭隘的文化视角，也不给予我们足够多的文化背景信息，因为这样做就无法给应用程序的广告收入提供足够多的养料。由真人进行的内容筛选展示才能提供广阔而深刻的视野，而最终也会给人带来更多满足感。

不管我们在多大程度上依赖算法信息流，或是将多少现象归咎于算法信息流，它们的核心功能只是把一则内容放到另一则旁边，无论在奈飞、Spotify、脸书还是 TikTok，都是这样。推荐系统决定哪些内容同属一类，并指定你接触这些内容的路径，并会在你的脑海中形成一种无法避

---

① 梅雷特·奥本海姆是生于德国的瑞士人，在瑞士度过一生中的大部分时间，虽然在法国出道但可能不应视为法国艺术家，可见作者确实了解不多。——译者注

免的固定叙事。我对安东内利和其他人从事的那种筛选展示工作的看法是，将一件事物与另一件事物并列摆放的举动，具有非比寻常的重要性，这份职责应该留给对相关主题有着深刻认识或是极大热情的人类——那些对相邻状态的意义感到在乎的人类。他们是我们眼中"受信任的向导"，借用安东内利的原话来形容。这种为排序展示的操作本身，甚至就可能成为一种艺术形式。

DJ 作为筛选展示人

虽然进行筛选展示是重要的活动，既是关乎感觉也是关乎智力的决定，但那也并不意味着它是某种稀罕物。我们可以从很多不同的来源发现它的踪迹，而且也很容易忽视它的存在，或是将人们为它付出的辛苦劳动视为理所应当。我在一趟特别艰苦的公路旅行中，被再一次提醒了，相比于自动化信息流，由人类对内容进行筛选展示是多么重要。

在 2022 年感恩节之后的周末，随着大部分美国人民纷纷动身上路各回各家，杰丝和我也正开车从过节探亲的康涅狄格州出发，行驶在返回我们华盛顿特区公寓的路上。这实在不是理想的出行时间：纽约周边的道路全都拥挤不堪。在交通拥堵中，唯一的亮点是我们无意间碰到的一个广播电台上的节目。电台的频率是 FM 调频 90.7，它的名字叫 WFUV，始创于 1947 年，从位于布朗克斯区（Bronx）的福特汉姆大学（Fordham University）对外广播。当晚 8 点到 11 点，一位名叫保罗·卡瓦孔蒂（Paul Cavalconte）的 DJ 正在主持他每周一次的《卡瓦大队》（*Cavalcade*）节目。

我当时还对卡瓦孔蒂一无所知。但我们在车里听到的是他平稳流畅、令人愉悦而声调很少起伏的嗓音，就像台球桌上的绿色台面，为我们在挡风玻璃之外的遥远前方打开了一条隧道，通往他自己的音乐世界。在那一周，他围绕着"残羹冷炙"（Leftovers）的主题来打造他的节目，呼应了感恩节大餐的情境。他创建了一个由翻唱和 B 面歌曲[①]组成的播放

[①] 来自黑胶唱片时代的说法，通常 A 面为一张音乐专辑的主打歌曲，而 B 面是其他歌曲，后来也指在专辑制作过程中未被收录进初始发行版本的作品。——译者注

列表,这一类录音可能无法反映音乐人的整体作品风格,但可能是其中更有意思的部分,可以算是对一些深挖内容的汇编。但随着我们继续行驶,而 DJ 也继续喋喋不休,我们开始注意到一种更深层的结构。卡瓦孔蒂组成了一种环环相扣的"菊花链"(daisy chain),由一位歌手翻唱下一位歌手的作品:首先播放俏妞的死亡计程车(Death Cab for Cutie)乐队翻唱猫女魔力(Cat Power)的《金属心》(*Metal Heart*),接着是猫女魔力翻唱鲍勃·迪伦(Bob Dylan)的《又一次和孟菲斯蓝调一起被困在莫比尔》(*Stuck Inside of Mobile with the Memphis Blues Again*),再然后是鲍勃·迪伦翻唱琼尼·米歇尔(Joni Mitchell)的《大黄出租车》(*Big Yellow Taxi*)。这种对翻唱歌曲的并列呈现方式,揭示出了在创作型歌手群体当中的影响力链条。每一位艺术家都是另一位艺术家的仰慕者,并在翻唱的过程中,为原曲的具体特色,加上了一层来自翻唱者自身的音乐情感处理,例如猫女魔力用她自己烟熏般的,带着一丝揶揄的嗓音,凸显了鲍勃·迪伦演唱方式中被低估的旋律和推进能力。尤其是我在算法清除计划的过程当中,对于推荐极度渴望,这个电台节目给我留下了深刻的印象。

就像保拉·安东内利在现代艺术博物馆的展厅里安排艺术品的顺序一样,卡瓦孔蒂排列这些歌曲的方式,向听众传达了关于这些歌曲的附加信息,有助于建立对文化的更宏观认识。DJ 也是筛选展示人——在播放列表的背后,我们可以感觉到组成播放列表所需的深刻专业知识和审美敏感度。我在 Spotify 转入它的自动电台模式时会感到相当失望,因为在平台自动组合起来的每首歌曲之间,除了流派或是音效的一致性,并没有什么东西能把它们联系到一起。相比之下,收听卡瓦孔蒂的节目期间,我可以一直感受到背后的人类智慧,这让节目的引人入胜程度无限提升。就像一次展览中每个展品上都有标签一样,卡瓦孔蒂也会定时暂停播放歌曲,来插播一段音乐历史,或是他自己对一套特定歌曲的看法。虽然如今这个角色可能已经不像过去那么引人注目(部分也是因为算法的入侵），DJ 也还是在为他们的听众贡献价值，在听众发现新文化的关键过程中提供帮助。

在我写这本书的时候，独立电台 DJ 的形象在我的脑海中十分突出，我把他们看成是非算法文化传播的理想形式。哪怕在互联网时代之前，广播电台也在不断发送全天候流动的音乐和信息，全部经过手工筛选。通过电波传送的节目，也是根植于特定的地理区域的（电波不可能在地表传播无限远）实时内容，反映的也是一种与听众共享的情境——无论是天气、时间，还是地方口音。按这种描述方式，它听起来几乎是世外桃源式的完美，但实际上它同时也是平凡世俗的：人们通过扩音器对我们讲话的奇迹，已经变得稀松平常，虽然它曾经也像数字信息流或是机器排序的内容一样不同凡响。但是每当一位我们信任的电台 DJ 播放任何内容的时候，我们还是会倾向于更认真地倾听，比起我们能够瞬间跳转到下一个推荐的情况，集中更久的注意力。

就像艺术展一样，广播电台可以挑战我们对于可能性边界的感知。这在我高中最后一年的一天夜里，曾经发生在我身上。我的方向感差到离谱，所以经常在家乡附近没有路灯的蜿蜒山间小道上迷路。每次在深夜时分从朋友家开车返回时，我都会收听本地电台 WPKN，一个最初始创于布里奇波特大学（University of Bridgeport）的非商业电台，员工由志愿者 DJ 组成。《纽约客》杂志曾经只是半开玩笑地将它称为"世界上最棒的广播电台"；我很幸运，自己从小就成长在它的收听范围之内。在 2005 年前后的每周六晚间，由一位女士主持一个爵士乐和布鲁斯音乐节目；我不知道她的名字，但我渐渐熟悉了她的声音，单薄又沙哑，并经常逐渐变弱至消失回归沉默，同时伴随着符合独立电台特色的随意打岔。我并不能算是一个特别喜欢爵士乐或布鲁斯音乐的听众，而且此后很多年也没有养成对这两种音乐的欣赏习惯，但 WPKN 的信号总是很清晰，并且播放的音乐要比商业电台有意思得多。

那天晚上，一首爵士乐以一系列重重敲击的钢琴和弦开场，伴随着强节奏的鼓点和立式贝斯打击乐般的敲击声。接下来一段圆号旋律像一颗流星或是一只盘旋在晴朗天空的飞鸟一般覆盖了背景的音符。虽然从形式上讲它还是标准的爵士四重奏，但它和我听过的任何曲目都不一样。这首乐曲在我驾车的同时持续展开，在我每次以为它可能要结束的时候，又再发起下一次的冲刺，从相对平静的节奏进入不和谐的圆号独奏，只是偶尔才能听出可辨认的旋律。曲子持续了 13 分钟，我听着它一路开回了家门口的车道。当它最终演奏完成的时候，电台主持人女士的声音介绍了这首乐曲，它是约翰·柯川（John Coltrane）在 1961 年录制的《我最喜欢的事物》（*My Favorite Things*）原版录音，是完整版本而非作为单曲走红的，相比之下短了许多的电台编辑版本。我甚至没有听说过由罗杰斯和汉默斯坦（Rodgers and Hammerstein）于 1959 年创作的原曲。在这首完整乐曲中，柯川演奏的是一支迈尔斯·戴维斯（Miles Davis）在前一年为他购置的高音萨克斯管（Soprano Saxophone），对于当时的爵士乐来说，这是一种很不寻常的乐器。给出了这项简短而富含信息量的资料之后，DJ 继续手头的工作，开始播放下一组曲目。而我还坐在驾驶座上，还没有从刚刚的震惊中完全恢复过来。

从此以后，那段录音一直是我最喜欢的音乐之一。每个人都有一段类似的故事，一件艺术作品——绘画、音乐、电影——令人猝不及防地出现，只用一瞬间就给他们带来了难以言喻的改变。但如果没有筛选展示人的推波助澜，以及像广播电台这样的备受认可的文化传播渠道为作品提供情境，我们获得这种奇遇的机会就会少很多。

如果 Spotify 自动播放到同一首柯川作品，我可能会仅仅在字面意义上听到某种音乐，而不会像在电台播放那样认真聆听每一个音符。Spotify 的推荐系统从来没有建议过我去听这么长的曲目，可能是因为这样长的时间投入大概率会导致用户跳过曲目，按算法的标准是一种负面指标。不妨回忆一下流媒体时代越来越短的歌曲时长。在平台自动播放模式下听音乐，也不会让我有机会了解到，任何关于柯川或他带给音乐界影响的知识。Spotify 确实会发布艺术家的长篇人物小传，也会创建由员工手工挑选的播放列表，但使用它的应用界面查阅特定专辑的相关信息过于烦琐，哪怕是再版专辑的原始发布日期都很难直接查到，更不要说哪位音乐家演奏了哪些乐器，还不如直接跳出使用程序利用谷歌进行搜索。与透明 CD 盒或是黑胶唱片折叠插页不同，在 Spotify 看不到能够体现艺术家的审美感知力的唱片封套内容简介。

用算法来代替人类 DJ 的实际效果相当糟糕。也许 Spotify 已经意识到了这一点；2023 年，平台推出了人工智能 DJ，可以在算法播放列表的歌曲之间告诉听众歌曲名称，但这一功能与其说是让人印象深刻的创新，还不如说是有点侮辱智商。创造力仍然是不可或缺的。在杰丝和我于感恩节后驱车回家的旅程中，我们完整收听了保罗·卡瓦孔蒂在 WFUV 主持的全部三个小时的节目。随着我们一路向南，在经过新泽西州（New Jersey）某个位置的时候丢失了广播信号，我们就改用手机接入电台网站，通过流媒体继续收听。在接下来的几周，我与卡瓦孔蒂约定了一次访谈，想要在对话中了解，那个平凡奇迹式的播放列表是如何形成的，以及他如何看待在算法信息流的时代，自己作为 DJ 角色的发展。

卡瓦孔蒂已经做了 30 多年的 DJ，而他的外表就像你可能想象的那样：有一点学究气，一圈头发在额头上高高隆起，大大的眼睛和大大的微笑，散发出极具感染力的热情。他的住处离 WFUV 的直播间只有 10 分钟车程，是他从小住到大的家族老宅，而他最终把房子的地下室改造成了自己的录音棚，四周摆放了数千张唱片的书架。他是家中的独生子，而父母生下他时年龄已经很大，所以他最早接触到的音乐形式是父母的古典乐和爵士乐收藏，而在他上学之后这种收听组合发酵成了摇滚乐。20 世纪 80 年代早期他在福特汉姆大学上学，并在广播电台做志愿者，当时电台还是完全由学生志愿者负责运营的。在他成长的年代，FM 调频电台正处于发展巅峰期，而电台 DJ"就像是某种做出决断的文化权威"，他用与广播中同样温润的嗓音对我表示，带着一点我在广播中听到的纽约口音。

卡瓦孔蒂在 WLIR 电台得到了他第一份广播行业兼职工作，那是一个颇具影响力的前卫摇滚电台，位于长岛（Long Island）。这家电台以自由度闻名，允许 DJ 在广播中更加随性发挥，播放更多鲜为人知的专辑曲目，而非只是电台打榜单曲。WLIR 电台很早就接纳了后来在 20 世纪 80 年代流行的新音乐风格，包括作为 70 年代朋克风格后继，比前辈稍微多些旋律性，以 B-52s 乐队为代表的后朋克（post-punk）风格，以及从纽约艺术圈发展出的，以吵闹、无调性为主要特色的无浪潮（No Wave）音乐运动。电台当年播放的音乐，如今仍然对主流品位构成挑战。它的目就是保持在文化潮流尖端，为听众提供一个经过筛选展示的收听渠道；电台甚至打造了自有的供应链，用来收取从英国当天送达的最新唱片。在 WLIR 之后，卡瓦孔蒂的职业生涯在各大纽约电台间来回移动：WNEW-AM、WNCN、Q104.3、CD101.9、WRXP，所有这些电台都有它们自己的格式、性格和我们今天会称为品牌形象的特色。

卡瓦孔蒂也担任过古典和爵士乐节目的 DJ，无论当时的职位要求他负责哪种音乐风格都可以。他在 2013 年回到了 WFUV 电台，并在 2015 年开始主持《卡瓦大队》节目。在 2017 年，他还接手了 WNYC 电台的周六晚间和周日午后时段，这些时段本来由 DJ 乔纳森·施瓦茨（Jonathan Schwartz）主持以 20 世纪《美国歌曲伟大作品集》（*Great American Songbook*）为线索的漫谈式节目，但他因为骚扰丑闻离开了电台。在标志性的时间段，当市民们在新的一周开始前，准备出门或休息的时候，向着整个纽约广播，打造一种实时的氛围——确实是不容小觑的筛选展示重任。

DJ 选出特定的歌曲，并用曲目之间的插科打诨将歌曲连成一体，再加上他们每个人的声音——就好像是"很酷的老师"，卡瓦孔蒂说——"能将你拉近一点点，以将几个脚趾浸入深潭中试一试水"的方式接触到反传统文化。"这从某种程度上来说是在灌输一种信条；对主流文化很有颠覆性"，他说。当我们聊到这里时，卡瓦孔蒂的声音自然滑动到了完全的播音模式，减慢语速清楚地念出每一个词。这不禁让我脖子后面的汗毛都竖了起来。"在我成长的过程中，"他说，"DJ 们都有着响亮的嗓音；他们听起来真的很性感。我想要亲身抵达他或她的声音所代表的地方——那个光线昏暗，烟灰缸里盛着半熄香烟的世界。你会想象这种电台播音室在节目播放之后的氛围，而只需要某个人的声音就可以让你身临其境。"他又继续补充道："DJ 就是如今网红团体的前辈之一，大家纷纷眼红这批人，居然可以拿着薪水干这么一份工作——穿着像个废柴，喝着免费的啤酒，听着免费的音乐。"

像博物馆策展人一样，DJ 也会培育一种充满信任的氛围，让消费者能够从中吸收新的文化。"如果这个声音动听的家伙引诱你进入了一个圆圈，也许就会有一些神奇的事情发生，人们就是需要这种伙伴关系"，卡瓦孔蒂说。"筛选展示现在成了一种伙伴关系。"这份宣言让我不禁思考，算法信息流作为伙伴是如何缺位的：它们只是浮出水面带来一则内容，就留下你独自面对这则内容，直到你失去耐心，决定跳转到下一首歌或下一段视频。

独立广播电台的一个 DJ 播放列表，代表了一种由另一个人为你提前设计的完整沉浸，一次体现筛选展示人的品位和知识的聆听体验。按卡瓦孔蒂的说法，对音乐的选择会形成一种"更全面的叙事概念"。当然，更多的商业电台不得不遵从大企业音乐清单的指示和严格的曲目名额限制，但在他每周的 WFUV 节目中，卡瓦孔蒂都只会单纯地探索他自己跨越时代与流派的音乐品位——美式经典、民间音乐、爵士乐、摇滚乐、流行乐、嘻哈音乐——体现出他几十年的研究和从业经验。"品位是一种更广阔的参照系；它是你一直以来下意识或无意识做出的，一系列错综复杂的价值判断"，他说。推荐系统是筛选展示人的一个对手，就像民间传说中的约翰·亨利（John Henry）和与他竞赛建造铁道隧道的蒸汽动力机器一样。[①] 如今的事实是有件"东西"——算法——"成了你的朋友，

[①] 通常的传说内容，是一位名叫约翰·亨利的铁路建设工人，负责将铁钎锤入岩石，打出埋炸药所需的孔洞，后来他在与蒸汽动力钻机的比赛中拼尽全力胜出，但随即力竭身亡。——译者注

你对品位的裁判，这实在让人恶心。我不想和这件事有任何关系；我想要的是一个真实的人，能够投射情感的人"，卡瓦孔蒂说。

不过，数字化的过滤机器也包含着对现实的特定隐喻。"我完成工作的方式也遵循着某种算法公式，但它是从我自己的思维和专业知识框架当中产生的。"卡瓦孔蒂解释道，"我尝试尽可能多地进行自由联想，假装自己躺在心理医生咨询室的长沙发上，来玩这个游戏。如果某个主意听起来很蠢，那就照这么办吧。"在他的感恩节歌曲组合当中，这种自由联想的结果是加入了几首泰勒·斯威夫特（Taylor Swift）的歌曲。卡瓦孔蒂表示，选中这位当代流行歌星，是为了在那些更加经典的音乐人和翻唱歌曲当中，加入"讽刺的一笔"。试试要求 Spotify 算法提供一些讽刺或幽默吧。

人类之间的推荐活动，是一种双向的交换：筛选展示人必须认真思考他们传递事物的价值，而消费者必须保持开放的心态，并放弃在面前作品没能一下子显示出吸引力的情况下，直接跳转到下一个作品的选项。"你必须让人们接受，他们无法控制一切这个观念。实际上，一切的关键就在于你要默认会失去那种控制。"卡瓦孔蒂说。

个性化算法推荐会重视熟悉和容易辨识的内容，将总体组合剪裁成最不惹人反感的选项，而 DJ 的工作是突出那些不熟悉和不寻常的内容。没有人能保证你会喜欢 DJ 播出的内容，但期望的情形是它们起码能激起你的兴趣。这种区别，在文化的整体意义上，也是很重要的。人们很有可能对某样事物产生兴趣但并不喜欢，例如某个难以理解的音乐曲目或是某幅抽象的绘画。一件艺术作品可以激发你的情感，让你感到困惑或焦虑，但你依然被它吸引。也许在滤镜世界当中更常见的情况是，你可以同时喜欢一件事情但并不觉得它有趣，例如奈飞的《艾米丽在巴黎》：观看这部剧能给人带来足够的愉悦，但每当播放结束，这种体验就会像气泡冒出苏打水一样，即刻从你的脑海中消失。真正引人感兴趣的东西，需要存在一些真实的质感，而不能全是可以忽略的氛围。筛选展示是不断向前的进程，而不是无止境地反复原地打转。"这是一个向某人展示其本来无从知晓的事物的问题，"卡瓦孔蒂说，"在你已经得到它之前，你并不知道自己想要的到底是什么。"

没有了筛选展示过程带来的额外摩擦，文化就会倾向于变得越来越普通。卡瓦孔蒂在算法信息流时代的音乐中，已经观察到了这个现象——他对新音乐作品的关注既出于职业习惯，也出于个人爱好。"科技让人们能够以即时的方式接触到音乐，并可以连珠炮般地连续尝试曲目，而不再有足够的自制力坐下来认真倾听一张专辑，体验随着每一首歌的情绪推进，像散文或小说一样徐徐展开的专辑核心主旨。"单独的单曲的重要性已经取代了专辑整体，而专辑也成了臃肿不堪的多余信息集合，不再是简洁的声明，而只是蔓延融入情绪背景之中。与黑胶唱片或磁带不同，流媒体的传播形式不会施加任何专辑时长限制；曲目数量越多，喂进算法推荐的养料就能传播得越广，根据流媒体播放次数收到的版税也就越高。

下面以泰勒·斯威夫特的创作产出，作为一个例子进行分析。她在 2020 年到 2022 年之间，发行了 3 张新专辑，同时也发行了 2 张重新录制的早期专辑，满足了 Spotify 首席执行官丹尼尔·埃克对当代音乐人必须持续发行新作的要求。2020 年，埃克表示艺术家们仅仅几年发表一张专辑是不够的；他们必须创造一种"与自家粉丝持续不断的互动"。哪怕早在 2014 年，斯威夫特就从 Spotify 移除了她的音乐，因为当时她觉得平台低估了她的作品的价值，但她最终还是拥抱了永无止境的内容播放流。3 张原创专辑当中的 2 张，《民间故事》（*folklore*）和《永恒故事》（*evermore*），是一对近乎令人无法区分的，氛围消沉的民谣姊妹唱片。2022 年的《午夜》（*Midnights*）则是一张由沉稳而富于自我反思，并大量使用合成器的曲目组成的专辑，还包括了 7 首类似的 B 面曲目。听众得到了更多的音乐，但也只是更多相同的内容。同为世界最出名的明星之一的德雷克（Drake），也在这几年间发行了一系列流媒体混音带式专辑，包括 2022 年的《说真的，无所谓》（*Honestly, Nevermind*）。在这张专辑中，这位饶舌歌手喋喋不休的往日风格，退化为浮在氛围化合成器音效冲刷的背景之上，零星几句不断重复的自恋焦虑。

就像极简室内装修体现的通用 Instagram 设计审美风格一样，音乐也在算法信息流的压力之下，习惯于体现同一种通用风格。"所有曲目听起来都像是在循环，只有一个维度的音效。相比旋律，节奏反而成了更具支配性的特点"，卡瓦孔蒂在提到比莉·艾利什（Billie Eilish）的"卧室流行音乐"时这样表示，她是完全在滤镜世界的时代成长起来的明星之一。TikTok 视频短暂而可以瞬间跳过的特性，将音乐艺术压缩到了以秒为单位的独立片段，一个"声音"如果要抓住用户的注意力，也只有这几秒钟的时间。用几分钟的时间慢慢展开，已经不再是一个可行的选项。

"变调在当代音乐中，已经几乎不复存在了，因为作为一种吸引听众的记忆点，它已经不再奏效了。"卡瓦孔蒂说。他哼唱了几句惠特妮·休斯顿（Whitney Houston）的《我想和某人跳舞》（*I Wanna Dance with Somebody*），包括这首歌高潮部分的变调。实现这种技巧需要一种建立旋律对比的音乐叙事，有着鲜明的前后对照。它没有办法被压缩到一个片段当中。"那种构筑悬念的方式——如今什么也构筑不了。一切都必须发生在最初的 30 秒钟之内"，他说。

这种观察不只是这位 DJ 的直觉。一位研究人员发现，20 世纪 60 年代到 90 年代，有四分之一的"公告牌百强单曲榜"（Billboard Hot 100）歌曲都包含了变调，而在 2010 年前后只有一首歌曲包含变调。与 20 世纪 90 年代有着像声名狼藉先生（Biggie）的 *Juicy*（讲述歌手人生经历的自传体说唱歌曲）和蒂姆·麦格罗（Tim McGraw）的 *Something Like That*（讲述初恋故事的乡村风格歌曲）这样的长篇叙事歌曲，或是 the Streets（英国说唱歌手麦克·斯金纳的艺名）的 2004 年概念专辑《得到一千英镑不会毫无代价》（*A Grand Don't Come For Free*）相比，近年来的流行音乐当中，任何叙事性元素都已经被整体的气氛和情绪所取代。歌词都在努力避免要求听众付出太多注意力。

流媒体时代的歌曲也往往是简短的——格莱姆斯（Grimes）为她2020年专辑《人类世小姐》（*Miss Anthropocene*）的精装版，推出了几首"算法版本"（Algorithm Mix）的歌曲剪辑，缩短了播放时长，让内容更加浓缩，更能直接吸引听众，更适合通过算法传播。这与过去歌曲的"电台版本"倒是不无相似之处。平均来看，热门歌曲在过去的20年当中变得更短了，从1995年的4分30秒到2019年的3分42秒，缩短了超过半分钟。加利福尼亚大学洛杉矶分校（UCLA）的数据科学家团队计算出，2020年在Spotify发布的新歌平均时长仅为3分17秒，而且还有进一步缩短的趋势。音乐学者内特·斯隆（Nate Sloan）的观点是，集体缩短时长的行为是流媒体平台的激励机制导致的——以Spotify为例，该平台将30秒的收听算作一次"播放"并根据这个指标支付版税。曲目超过这个时长，并不会带来任何额外的财务收益。

这并不是说如今的音乐水平不如过去几十年，或是艺术家们不够努力。作为一名氛围音乐的忠实粉丝，从个人角度我能够理解拥抱气氛感特质的创作趋势。但非常清晰的是，文化的默认形式如今既是由艺术家的个人创意感知决定的，也是由平台的要求决定的。寻求重新由真人筛选展示人来决定内容，而非盲从信息流指向的方向，可以帮助我们打破这种不断自我加强的循环。筛选展示人的工作不只是让我们接触到新的事物，而且要帮助我们以一种不同的，可能更加正宗的方式体验文化。

"这就是我的专长——让节目内容更加不同凡响，更加有趣"，卡瓦孔蒂表示。他举出了桑德罗·波提切利（Sandro Botticelli）的例子，就是那位15世纪的佛罗伦萨画家。波提切利在1480年绘制了作品《维纳斯的诞生》（*The Birth of Venus*），画面中这位女神从海中升起。如今它是艺术史上最著名的画作之一，但在当时它让人感到震惊又古怪，属于一幅你不会在Instagram上"点赞"的图像。品位是一种对想象力的练习，它注定应该是让人不那么舒适的。

在网上复活筛选展示

筛选展示是一种模拟过程（analog process），无法以社交网络信息流的方式进行完全自动化改造或是急剧扩大规模。它最终取决于人类对事物的认可、选择以及安排。但这也不是说筛选展示无法像它存在于博物馆展览或电台节目那样，存在于网络空间。鉴于我们已经在 2010 年前后看到了算法信息流的支配地位所带来的文化扁平效应，创业者和设计师们都在试图建立新的数字平台，把筛选展示放在首位，降低自动推荐的重要性。这些新的平台要比脸书和 Spotify 这样的巨头小得多，既是蓄意为之，也是维持这种模式的必要前提。

标准收藏（The Criterion Collection）是一家成立于 1984 年的公司，其目标是收集起一批来自世界各地，符合文化精品标准的重要当代电影，接下来再利用多样化的格式进行授权和发行：录像带、CD-ROM 光盘和 DVD 光盘。标准收藏成了电影筛选展示领域最知名和最重要的企业之一，某种电影界的米其林餐厅指南（Michelin Guide），而且可以让消费者在家享用。它建立起一个包含超过 1000 部作品的资料库，收藏了热门独立电影和艺术电影，以及跨越一个世纪的素材，来自从让·科克托（Jean Cocteau）到黑泽明（Akira Kurosawa），以及斯派克·李（Spike Lee）和阿方索·卡隆（Alfonso Cuarón）这些著名导演。在几十年间，它从一种媒体格式转移到下一种，在这个过程中保存了一批本有可能被技术变革大潮冲刷得无影无踪的艺术精品。

从 2008 年起，标准公司开始将内容搬运到网络上，最初是通过一家名叫 Mubi 的流媒体服务，之后依次使用了 Hulu（美国流媒体公司，名称创意来自中文"宝葫芦"）和 FilmStruck，后者是一家由特纳经典电影频道（Turner Classic Movies）创立的订阅制流媒体服务。标准公司的内容在 Kanopy 上也可访问，这家公司的服务供用户在图书馆和其他类似机构使用。但在 2018 年，FilmStruck 被其从属于华纳媒体集团（Warner Media）旗下的股东关停了。《纽约时报》将这一消息形容为"灾难性的"，同时不断有影片列表出现，建议人们在服务关停之前再次观看平台上最精彩的影片。这一事件，促使标准公司推出了自己的数字流媒体服务，称为标准频道（Criterion Channel）。如今，任何有互联网的地方都可以访问标准公司的服务，它相当于一个经过了超精细筛选展示的奈飞。影片库包含了丰富的观影指南、历史上的导演访谈、批评家的视频影评，还有及时更新的电影作品。这些量身定制的推荐和补全情境的素材，让它与奈飞的算法主页展现出天壤之别。

我与佩内洛普·巴特莱特（Penelope Bartlett）展开了交流，她在 2022 年之前担任标准频道的节目主管。巴特莱特起初在 2016 年成为标准公司的一名节目编排人员——负责选择将哪些影片进行专题放送的人，也是筛选展示人的一种——在从事过电影节和制作人相关工作之后。这份工作"与艺术影院节目编排人员所做的事情十分类似：选择主题节目的内容，把电影汇集到一起，形成有趣、吸引人的观影组合"，她这样说。编排的形式可以是特定导演或特定演员的作品回顾，跟踪他们的演艺人生进程，或是设立特别值得一提的双重主题。

"这是由标准收藏的员工悉心筛选展示的内容，与某种算法推荐之间的竞争"，巴特莱特表示。即使是在算法推荐的协助之下，网络上可以观看的内容范围之广，也会造成某种决策瘫痪的现象。"用户常常在流媒体空间中众多的选项面前感到不知所措，需要耗费几个小时才能下定决心到底要观看什么"，巴特莱特继续阐述道。标准收藏的节目编排"只是在尝试帮助人们，既可以通过激动人心的方式享受和发现电影，又感到一切尚可控制，能够在一个晚上的时间之内全部完成"。

巴特莱特形容她的角色，是在尝试"握住人们的手"。"有时候人们会对这些已经制作了 30 部电影的大导演感到有点畏惧，你不太清楚到底要从哪一部作品开始；于是最终你一部也没有看，因为你无法确定切入点在哪里"，她说。以某部电影观看次数最高为依据做出的算法推荐，可能并不是最佳选择。标准公司的目的，要远远超出流于表面的推荐："问题并不只是我应该看什么电影，而是我为什么要看某部作品，我在观看某部作品的同时，还可以看哪些其他作品。"标准公司的作用，类似某种盖在内容上表达认可的印章，并不受观众数量或是票房数字的影响，而是纯粹的艺术品质，由公司的专职筛选展示人员决定。

标准公司帮助我发现了自己的电影鉴赏偏好。中国香港导演王家卫成了我最喜爱的电影人之一，原因包括他烛火般散发出柔光的视觉审美风格和从容、怀旧、浪漫的叙事特点。我第一次接触他的作品，是十几岁时在本地的百视达（Blockbuster）出租门店，看到了摆在外国电影货架上，于 2000 年拍摄的《花样年华》，DVD 盒子的封面上有标准公司的标签。电影对 20 世纪中叶位于香港的两对夫妇令人心痛的刻画，以及主角错失的爱情（更不要说他们的外带汤面食谱）都给我留下了难忘的印象。我能看到王家卫的作品，完全要归功于标准公司，以及一位我不知道名字但心存感激的百视达员工。以《花样年华》作为起点，我又找到了他更早的作品《重庆森林》，一部关于蹩脚警察生活的，带有喜剧色彩的黑色电影（noir）以及《2046》，一部相对不为人知的，有一点科幻小说味道的《花样年华》续集。

如果没有在百视达的那次偶然发现，我可能在自己人生的塑造时期完全错过王家卫的作品，因为我缺乏接触电影节或是知识宝库式的艺术影院的渠道——但是如今所有这些影片，都可以在网上看到了。提供流媒体服务的标准频道，将互联网实时而不受地理条件限制的方便访问特性，与像图书馆或博物馆一样深刻而负责任的筛选展示结合起来——结合了两个世界的优点，却没有无限的信息流一刻不停地试图分散观众的注意力。这展现了一种可能的互联网运作方式前景，如果我们能够决定事情应该向着这个方向发展的话。

为线上文化内容付费

如果要将包含更多筛选展示成分的互联网作为目标，我们可以踏出的另一步，是对驱动我们所用平台的商业模式进行更加仔细的思考。存在这样一条有关互联网的公理，它可能源自 2010 年发表在 MetaFilter 论坛上的一则评论："如果你没有付费，那你就不是顾客；你只是被出卖的商品。"当数字平台全部免费供人使用，而通过广告赚取收入的时候，内容就会被简化为一种吸引注意力的方式。然而，当你直接为内容本身付费时，内容就会在经济层面变得更加可持续，从而往往会有更多资源投入制作，这对创作者和消费者都有好处。在奈飞和 Spotify 这样的流媒体服务上，用户支付订阅费用以访问内容，但这笔资金需要一定程度上对平台所有内容雨露均沾——而随着这两家公司的新订户数量减少，它们都在进一步转向广告以提高收入。

小型流媒体服务提供了一种替代性生态系统，在这里你可以订阅一组特定的经过筛选展示的内容，并更好地支持其创作者。标准公司是流媒体视频的一个选项，不过还有其他类似服务聚焦于英国电视节目、惊悚电影或是动漫这些不同的内容领域。Idagio 是一家仅提供古典音乐的流媒体服务，它创立于 2015 年，试图打造一种"公平贸易流媒体"（fair-trade streaming）模式，如同创始人蒂尔·扬克楚科维奇（Till Janczukowicz）告诉我的那样——就像那些许诺会向农民提供没有剥削成分的公平合同的咖啡公司一样。与 Spotify 按收听超过 30 秒的次数向艺术家和唱片公司支付费用不同，平台存储内容的平均时长远远超过通常流行歌曲的 Idagio，是根据用户收听特定唱片公司的时长比例，来向各家唱片公司支付费用的，这个统计可以精确到秒。举例来说，如果一位用户花了 30% 的时间收听来自德意志留声机公司（Deutsche Grammophon）的录音，那么这家德国唱片行业的百年老店就会收到那位用户订阅费用的 30%。作为一种凭经验估计的判断，平台越是能够直接并按公平比例向内容创作者支付费用，可持续性也就越强。

过去数十年的互联网，很大程度上都以最大限度地提供免费可访问内容作为前提。20 世纪 90 年代和 21 世纪初期，网站看起来像是各家公司无足轻重的次要开销，而不是主流产品。接下来，随着谷歌搜索和 AdSense 广告服务的崛起，广告成了互联网的主要业务模式。由于更多的流量意味着更多的钱，限制访问是不合常理的。随着社交网络的出现，像脸书、推特和 YouTube 这样的公司，通过利用算法信息流吸引用户的注意力和自行销售广告，获取了更高比例的广告收入，迫使创作者和发行商们努力研究平台规则的弱点，并试图加以利用。直到最近几年我们才开始意识到，与其让用户出卖注意力，还不如直接让创作者和发行商销售内容本身，避开信息流的干预，因为前一种模式可能是更困难且更不可持续的。直到 2011 年 3 月，任何人都可以在网上随意阅读《纽约时报》。报社实施严格的付费制度，要求读者付费阅读线上内容，被视为风险巨大和打破常规的决策。但如今，由于它早早采用了付费制度，报社成了全球最成功的新闻媒体之一，拥有超过 900 万数字订阅用户。虽然直接付费使得网上的文化内容看起来更加商品化了，但实际上，文化才应该是商品，就像 Idagio 平台上的古典音乐一样，而你的注意力不应该被当作商品出卖。

扬克楚科维奇从古典音乐界转战数字技术领域，就是因为他看到自己心爱的文化在互联网的时代落后了。作为一位德国音乐经理人，扬克楚科维奇从 5 岁开始弹钢琴，但逐渐转向了从事古典音乐相关写作、组织工作坊、发行唱片以及为著名音乐家和指挥家担当经纪人。他曾经合作的音乐界名人包括中国钢琴家郎朗、日本指挥家小泽征尔（Seiji Ozawa）以及芬兰指挥家尤卡－佩卡·萨拉斯泰（Jukka-Pekka Saraste）。在他为音乐家们的职业生涯保驾护航的同时，他也注意到客户们的作品没能得到应有的广泛传播。"如果在数字空间中无法接触到这些名家名作，古典音乐就会失去影响力"，扬克楚科维奇这样告诉我。他总结了 Idagio 的目标："我们不是来创建一家流媒体服务商的。主要的驱动力，背后的使命，是我们要如何运用技术，来保留一种文化。""保留文化"恰恰是滤镜世界没能做到的，它只在意加速竞赛寻找最大公约数。

　　Spotify 的算法会不可避免地驱赶用户，去收听最流行的流行音乐，而扬克楚科维奇主张，Idagio 的创立是为了支持更小众的艺术家创作活动。这个平台的服务是"内容完备"（content complete）的，这意味着 Idagio 安排了超过 200 万个曲目的授权协议，尽最大努力接近囊括了有史以来发行过的所有古典音乐唱片，包括 2500 个交响乐团和 6000 个指挥家的作品。平台的服务类似于提供了一个完美的数字音乐图书馆——一个可以收听的维基百科，而费用是每个月 10 美元。你可以在平台上找到你想要寻找的任何古典音乐唱片，并进一步在任何唱片详细信息的基础上继续探索。当然，相比更宽泛的文化领域，这样的全面收集对于像古典音乐这样内容有限的流派来说，会比较容易完成。但与很多科技公司不同的是，Idagio 并不会不惜一切代价追求规模；它不需要无限扩张，并涉及所有的流派。就像来自标准公司的巴特莱特对我说的："我们不需要达到那些巨型流媒体服务的规模水平。如果我们拥有忠实而专注的观众，我们应该可以在继续经营所必需的规模水平上达到收支平衡。"在技术之外，资本家不惜代价扩张业务的心态，也是滤镜世界造成的文化扁平化现象的罪魁祸首。

　　"我并不相信你能简单地通过按下一个按钮，就获得完整的音乐体验，这种便利性是片面的。"扬克楚科维奇这样表示，他的话让人联想到 Spotify 的界面。虽然用户也能随时通过流媒体技术收听 Idagio 平台的任何内容，"我同时也很在意，是否能给音乐提供完整的情境"。举例来说，一位听众可能在欣赏了柴可夫斯基（Tchaikovsky）的作品音乐会之后，想要发现更多来自这位俄国作曲家的交响乐作品，或是寻找由同一个交响乐团演奏的贝多芬（Beethoven）交响乐作品。Spotify 的用户界面几乎无法实现这样的颗粒度。但 Idagio 的界面让这种情境关联变得非常容易，它的特点是迪特·拉姆斯（Dieter Rams）风格的简洁图形设计，并着重展示文本而非图片。用户可以按作曲家、演出者、曲目或时间顺序进行浏览，对每个不同的演出者都有具体的标记，而现场演出和录音棚录制也有明确的区分。印刷版专辑说明小册子的 PDF 版本只需通过一次点击就可以查阅。这样的模式是富有启示性的意外发现，对于保拉·安东内利提出的，数字平台是毫无差别的"死气沉沉的空间"这一批评，可以看成是一种解决方案。你无法意识到在大部分平台上，为了给算法推荐让路，用户错失了多少信息和引导，直到这些情境元素重新出现在你眼前。

在我订阅了 Idagio 服务之后，非常欣喜地在曲库中发现了自己最喜欢的法国作曲家埃里克·萨蒂（Erik Satie）的作品，创作于 1888 年的《裸体歌舞第一号》（*Gymnopédie No.1*）。曲中轻柔而曲折，音符稀疏零落的钢琴独奏旋律，就像是在雨天漫无目的地散步，在 TikTok 上获得了超高的人气，平台上有超过 15 万个视频采用了这段旋律作为背景音乐，从拍摄水母游动到个人恋爱故事不一而足。我立刻在 Idagio 平台上，用这首作品的几十个不同的演出版本组成了一个播放列表，由世界各地的音乐家演奏，时间横跨过去的半个世纪。其中包括一个由杰罗恩·范·维恩（Jeroen van Veen）演奏的，尤其缓慢浑厚的版本，一次由小川典子（Noriko Ogawa）在一架生产于 1890 年的钢琴上进行的演奏，还有一次在 1951 年由弗朗西斯·普朗克（Francis Poulenc）带来的，风格更加轻快的演出，当时这首曲子还远不如今天这样闻名于世。萨蒂原本给出的提示，只是这首曲目应该"缓慢而悲伤地"进行演奏；而每个演出录音，都给我带来了一些关于音乐本身，以及它是如何随时代发展被不断重新诠释的不同观感。在 Idagio，平台的架构针对它的特定内容品类进行了调整，提升了欣赏文化的体验。形成对照的是，在 TikTok 上，使用最频繁的《裸体歌舞》录音片段甚至没有提到萨蒂的名字，而在 Spotify 上，专辑分类方式的不同，使得演出者和演出日期信息的呈现方式乱七八糟。

随着我越来越多地使用 Idagio，我发现自己能够以一种自然的方式在古典音乐的海洋中徜徉，关注像赵在赫（Jae-hyuck Cho）这样具体的钢琴家，或是深入钻研肖邦（Chopin）的各种夜曲，聆听很多不同的音乐家和作品，而如果没有这个平台，我无法获得这样的体验。我对古典音乐所知甚少，但 Idagio 这个产品让我十分享受古典音乐带来的体验，也不会由于自己的无知而感到畏惧，甚至比收听古典音乐广播的体验还要好。即使没有算法信息流的帮助，在网上呈现大量的文化内容也是非常可行的；毕竟，文化本身也自带了类似算法的逻辑，每位艺术家都会影响和启发他人，互为参照并共同在历史基础上添砖加瓦。保罗·卡瓦孔蒂在自己的电台节目播放列表中构建的，正是这样的联系。我想到扬克楚科维奇所形容的，"保留一种文化"的需求。我们并不只是需要让人们能在网上听到音乐；而是音乐必须以一种连贯有序的方式加以展示，能够让听众不只是被动地消费内容，更有机会在理解收听情境的基础上，收获一些教育意义。同样的道理对于任何的文化门类都适用。如果你对一件事物乐在其中，为何不去试图了解更多，进一步深潜探索？

在我与各路筛选展示人的对话中，我总能感受到一种关心和照顾的语气，这在大型数字平台上是完全不存在的，平台只会将一切文化视为内容，毫无差别地大量塞入自动化推荐系统，并会诱导消费者一直停留在肤浅的表面。对于 YouTube 来说，任何视频和下一个都没有区别；唯一重要的是用户会不会点击，从而接触到更多广告。但恰恰是一方面重视观众，另一方面也重视自己经手的文化，那种出色的关怀意识——确保以正确的方式展示一件艺术品、一张专辑或一部电影——让我们与文化的接触变得更加美好。而这对于艺术家来说，同样也是更理想的情形，有助于观众更好地理解和欣赏他们尝试表达的内容，这往往也是艺术的目标。

  我们从艺术中寻求与精神世界的主动连接，而算法信息流给予我们的只有纯粹的被动消费。真正的连接所需要的从容节奏必须足够缓慢，缓慢到脱离信息流节奏的掌控。当你在仔细阅读一张 CD 附带的小册子的说明时，将无法继续沉迷于算法信息流的状态中。

重返信息流

我在进行算法清除计划的最初几周有些艰难，但接下来我就适应了新的生活方式，时间过得很快。我并没有强烈的欲望回到数字世界的那个特定角落。不过在连贯戒断了三个月之后，我还是决定回到信息流当中，一大原因是那里的新闻更新周期要快一些。作为一名覆盖科技行业的记者，我不得不去了解网上正在发生的大新闻，而在2022年年底的那个时候，因为埃隆·马斯克争议不断的推特收购案，最主要的大新闻就是社交媒体本身。

我也非常怀念那种在背景氛围中了解自己朋友们近况的感觉。虽然我对于不必接受科莫湖（Lake Como）豪华假期Instagram照片的连环轰炸表示欢迎，但我同时也错过了朋友们的读书推荐，他们自己烹饪的美食，以及他们可爱的宠物快照，所有这些都是我的算法会确保推送的内容。我不情愿地重新登录了网站，并在手机上重新安装了软件。我的拇指也迅速地找回了它们的肌肉记忆。

但我也惊讶地发现，哪怕只是离开了社交媒体相对很短的一段时间，自己大脑的化学反应也发生了一些变化。逃离算法信息流就像是决定改吃素食之后看到了一块多汁的牛排——曾经可能是深具吸引力的事物如今却变得令人反感。我的消费节奏慢了下来，在选择阅读、聆听和观看的内容时会更加深思熟虑。当我重返信息流，这里看起来太快太嘈杂，离时间顺序太远。

随着我的容忍度再次提升，我逐渐重新适应了这一切，但那种反感的情绪并没有消退。离开信息流的这段时间使我更加发自肺腑地理解了推特信息流上的每一出吃瓜大戏和线下的日常生活相比都微不足道。我需要习得这个教训本身，就说明了我之前的上瘾有多严重。由于我不再花费大量时间使用这些看重点赞数和粉丝数意义的平台，像打游戏一样追求帖子点赞数也就失去了意义。我询问杰丝自己的举止和态度在清除计划期间有什么变化；她表示我最初的焦躁不安逐渐让位于整体的平静，以及"不再对掌握网上动态显得那么缺乏安全感"。然而，她确实对我没能在 Instagram 贴出任何她的美照表达了不满。我发现自己可以更经常地注意到朋友们在聚会中刷手机，恰恰是因为我自己的手机上已经没有那么多能引起我兴趣的内容了。

就像烟草公司生产低焦油卷烟一样，算法信息流在营销中标榜自己正在解决的问题，本身就是由其创造的。我们不需要每天接触几千条按我们可能感兴趣的程度排序的数字信息更新。哪怕我们不能完全离开这一切，按时间排序的信息流和鼓励发布更少而非更多内容的激励机制，可能会让我们的生活更美好，也对文化发展更有利。

利用这段远离算法的时光，我研究了自己感兴趣的事物，并厘清了自己在网上闲逛时真正在寻找的东西，而不再只是漂浮在事物的表面。在完成这次算法戒断之后，我更能满足于只是聚焦某几个文化创作者的作品。在我收到概括了自己 2022 年音乐品位的 Spotify 年度总回顾（Spotify Wrapped）报告时，它告知我，在这一年我是比尔·埃文斯（Bill Evans）收听时间最长的前 0.01% 的忠实听众，他是一位开创性的爵士乐钢琴家，职业生涯顶峰出现在 20 世纪 60 年代。虽然这个数字看上去有点极端，几乎让人有些不好意思，但我能理解我是如何成为这一排行榜上前万分之一的。我一直以来的写作伴奏曲目，都是比尔·埃文斯三重奏乐队 1961 年在先锋村酒吧（Village Vanguard）举行的音乐会，长达 3 张光盘的全场完整录音。我能够记下整张专辑的每一秒钟，从第一次演奏 *Gloria's Step* 那次无法避免的磁带故障，到音乐会尾声背靠背连续演奏

的两首 *Jade Visions*。*Jade Visions* 是一首哀婉动人又似冥想般的简单曲目，由节奏分明的贝斯和弦一路引领，作曲是三重奏的贝斯手斯科特·拉法罗（Scott LaFaro），他之后在同一年死于车祸，年仅 25 岁。每次聆听这张专辑，它都会给我带来更多收获，仿佛它就是我乐曲收藏中唯一的作品一样。我一直坚持听了很多很多遍，而如果让任何算法推荐来做决定的话，一定会早早将我扫开，改为播放别的音乐人的专辑。

我发现对抗通用平庸的方法，就是寻求具体精确，不管你喜欢的主题是什么。你不需要先成为一名持有证书或从事相关职业的专家，才能做一名鉴赏家。你不需要先将你的网红影响力商业化变现，才能确认这种影响力存在。算法许诺可以取代你的品位抉择并将其外包，像一条机器人假肢一样，但形成自己独到品位的代价无非只是思考、目的性和足够在意。筛选展示是人类行为的自然侧面：就像我们选择吃什么食物和搭配什么颜色的衣服一样，我们会自主有机地形成观点，知道哪些文化对我们有吸引力，而哪些没有。

像 Spotify 电台和 TikTok"推荐"信息流的技术所鼓励的，那种让用户放松靠在椅背上的消费行为，确实也有合适的时机和场景，但我担心的是它本质上的被动性，会让整体的文化创新失去价值，同时也会让我们对艺术的欣赏降级。文化建立在个人化的推荐之上，不是自动化推荐，而是我们对喜爱的事物加以分享、解读和反馈的过程。这个由人类执行的推荐过程，实际做起来很容易，例如给朋友发送一个链接，并加上几行字，来解释为什么链接指向的事物可能会令他们感兴趣——如此一来，就可以为你们双方开启一段有关文化意义的对话。

我的推荐

用一些个人推荐来为这一章收尾，看起来是很恰当的，这里要介绍的是我最初在算法信息流中发现的一件东西，而后来它逐渐感觉像是我个人品位和个人身份不可或缺的一部分。它是一张由日本音乐人佐藤博（Hiroshi Sato）于1982年发行的专辑《觉醒》（*Awakening*），而除了是——按我个人意见——历史上最佳专辑之一，它也完美地展现了本书记录的种种塑造滤镜世界的推动力量。我对佐藤作品的初次接触，来自YouTube的算法推荐。我碰到了《觉醒》专辑中的一首歌曲《说再见》（*Say Goodbye*），但在YouTube上是由一个叫作Boogie80（大意为"20世纪80年代动感流行音乐"）的频道上传的，属于《这个男孩》（*This Boy*）专辑的重新发行版本。上传的歌曲没有提供什么附加信息，但展现一个肤色晒黑的男子在海中游泳的动人封面图片，以及歌曲开场由模块化合成器演奏的空灵琶音（arpeggio），当场就抓住了我的心。

我后来几十次调出了这个YouTube链接，惊叹于这首歌完美的流行简洁风格和如泣如诉的英语歌词，哀叹着一次分手——"希望你不要孤单"——然后才终于决定花点工夫，进一步探索佐藤的其他作品。即使在YouTube上已经形成了200万次播放纪录，这首歌曲仍然仿佛是存在于真空之中。当我开始聆听完整的《觉醒》专辑的时候，《说再见》在一段时间内，仍然是唯一一首给我留下突出印象的歌曲。不过，在这种音乐风格当中，存在着一些让我十分感兴趣的元素。它不完全是慢摇滚（soft rock），但也不是我认知当中那种属于80年代美国音乐的浮夸曲调。在包括《只是一桩情事》(Only a Love Affair) 在内的几首歌曲中，加拿大裔澳大利亚伤感女歌手温蒂·马修斯（Wendy Matthews）友情演出，她高亢的嗓音，让曲子的氛围听起来像是一家霓虹灯闪耀的典型夜店。

佐藤的专辑成了我准备晚餐时会播放的那种音乐——它在新冠疫情期间每天都能完整播放一遍——而杰丝和我每次都会在厨房里在它的伴奏下翩翩起舞，尽情享受被艺术的魔力瞬移到完全不同地方的美妙时刻。《觉醒》包括了一首叫作《忧郁而情绪化的音乐》(Blue and Moody Music) 的歌曲的两个版本，歌词描绘了一个从夜晚练钢琴直到天明，在乐器中获得宽慰的场景。第一个版本是佐藤独自录制的，节奏缓慢而突出键盘的音色。让人很容易想象音乐家坐在巨大的钢琴前，俯瞰着某个城市闪亮的天际线。但第二个版本将歌曲提升到了一个玄奥的层次，驱动旋律的合成器颤音几乎体现出了热带风情，背景由电吉他持续进行反复即兴演奏，而马修斯充分发挥歌剧式的唱腔，像划过夜空的流星，而佐藤更加粗粝的声音负责和声，形成了互补的对比。这首歌在进入尾声的部分反而更加亢进；它没有停止，而是以全面爆发的状态逐渐淡出，仿佛会永远唱下去一样。它是天才的作品，这一首单独的乐曲既完全体现了时代特色，又是完全不会随时间褪色的经典。然而 Spotify 的播放次数向我表明，《忧郁而情绪化的音乐（温蒂版本）》（上文提到的第二个双人合唱版本）是专辑中人气较低的曲目，与超过 300 万次收听的 YouTube 热歌《说再见》相比，它只累积了 28 万次收听。

这样一首杰作是如何一路来到我面前的？为了满足自己的执念，我开始研究这首歌的起源。佐藤在 2012 年去世前的几十年间，一直是日本著名的钢琴家、制作人和创作歌手。但美国听众之所以能接触到他，还是主要归功于算法。2010 年前后，YouTube 的推荐系统开始将视线投向一种叫作"城市流行"（City Pop）的日本音乐流派，那是一项始于 20 世纪 70 年代末及 80 年代初的朦胧音乐运动。起初的代表乐队包括 Happy End 乐队，一个来自东京影响力巨大的团体，是最早用日语歌词创作摇滚和迷幻民谣风格作品的音乐团队。Happy End 作为一个团队并没有持续很多年，但它的成员包括细野晴臣（Haruomi Hosono），他之后与包括佐藤在内的很多其他音乐人展开合作，并作为更加前卫的乐队黄色魔术交响乐团（Yellow Magic Orchestra）成员进行了合成器音效实验。细野此后为第一家无印良品（Muji）商店创作了氛围电子音乐风格的背景音乐，这种审美风格与滤镜世界堪称绝配。

佐藤、细野和其他音乐人开始将来自美国，以海滩男孩（Beach Boys）等乐队为代表的冲浪摇滚和游艇摇滚的声音，与他们更强调科技的审美感知融合到一起。批评家远野清和（Tōno Kiyokazu）在 1977 年被学者莫里茨·索梅特（Moritz Sommet）在 2020 年的权威论文中引用，将"城市音乐"（City Music）描述为具有"都市风情"的音乐。虽然，这位批评家也同时指出，这个术语"并没有任何特别深刻的含义"。它属于"那种看上去让你以为自己已经了解，但其实并不了解的事物"。换句话说，某种程度的模糊性可能就是它本质的一部分。它闪烁回避，镜面般地反射你向它投射的一切。山下达郎（Tatsuro Yamashita）1978 年与细野晴臣合作的专辑 *Pacific*，是一个明显的例子：专辑毫不避讳其受到的夏威夷风格影响，包括夏威夷松弦吉他（slack-key guitar）和海浪氛围声音采样。它几乎是一种迎合低级趣味的媚俗之作。但在这张看上去似乎要全部由热带曲风组成的专辑的最后一曲，出现了完全由合成器演奏的不和谐的机器人式的声音景观，仿佛由前面曲目铺垫出的整个热带岛屿，实际都是一个全机械化的科幻反乌托邦世界。媚俗的表面可能带有欺骗性。

城市流行也受到了另一项技术革新的影响：1979 年索尼 Walkman 随身听的发明。这个设备之所以被创造出来，是因为一位索尼公司的前高管[①] 井深大（Masaru Ibuka）想要能够在国际航班上收听长段的古典音乐

[①] 实际上井深大是与盛田昭夫并列的索尼公司创始人，两人的兄弟情谊传为佳话，而他主要负责技术研发相关工作。——译者注

录音。于是他要求公司为他制作一台便携的音乐收听设备，而工程师们通过改造一台便携式磁带录音机，实现了这一目标。井深非常喜欢这台设备，并把它转交给了公司社长盛田昭夫（Akio Morita），而后者决定将它进行批量生产。这是一个出于直觉的决定，而不是市场预测，因为这台设备本身完全没有类似的先例。索尼很快卖出了几十万台设备。突然之间，音乐可以伴随听众去到任何地方，无论他们选择的是怎样的音乐类型。就像算法信息流一样，Walkman 随身听也是一种极富戏剧化形式的个性化体验。1984 年，《流行音乐》(*Popular Music*) 期刊上刊登了一篇题为《Walkman 效应》("The Walkman Effect")的文章，其中，日本音乐学者细川周平（Shuhei Hosokawa）表示"收听者似乎与他实际生存的外部世界切断了听觉上的联系：关注于寻觅他'个人的'完美收听场域"。拥有了 Walkman 之后，现实物理世界便要顺从收听者的心情，与推荐系统按用户的喜好扭曲虚拟数字空间的方式一样。

新设备创造了新需求，需要新的作品，作为生活中可移动的、可以多半忽略的背景音效。汽车是经济繁荣带来的另一样好东西，人数不断增长的日本中产上班族，会在周末开着车子离开东京去海滩冲浪，而车厢也提供了另一个收听氛围背景音乐的机会。城市流行是为行走和闲逛、商场购物、乘坐列车而存在的音乐。城市流行音乐人出售或创作广告歌曲，参与到爆炸式发展的资本主义消费主义大潮之中，通过他们叮当作响的吉他和管弦乐队式的号声，给这股潮流带来阳光又浪漫的气氛。

原本出现在 20 世纪 80 年代的城市流行热潮在几年之内就消退了，但这一流派以落灰的黑胶唱片这一物理形式保存了下来。之后在 21 世纪，在唱片店旧货堆里淘宝的日本 DJ 们重新发现了这个流派，并开始让它再次进入流通环节。鉴于数字文件和储存它们的平台都具有相对短命的特征，这样的复兴运动在未来可能要困难得多。这次复兴运动通过小众论坛和博客波及海外，启发西方 DJ 们纷纷计划各自的东京之旅，以自己购买唱片。接下来，城市流行便在 YouTube 走红，并在全球范围内打入了主流。

出于某些原因，像佐藤作品这样的音乐，为算法推荐提供了完美的解决方案。有一首曲目的成绩尤其突出：竹内玛利亚（Mariya Takeuchi）活力十足的 1984 年作品《塑料般的爱情》（Plastic Love），是一首带有来回摇摆的 R&B（节奏蓝调）节拍和轻柔合成器键盘音效的洗脑神曲。这是一首纯粹的流行音乐糖水歌。竹内清晰的嗓音升到节奏部之上，歌唱着从一次心碎中复原的过程——"恋爱不过是个游戏 / 我只需要玩得尽兴就好"——中间散布着用英文写成的歌词片段："我知道那不过是塑料般的爱情。"（I know that's plastic love）这首歌曲的一个版本在 2017 年由一个名叫 Plastic Lover（塑料般的爱人）的账号上传到了 YouTube 并总共收获了超过 6300 万次观看，对于如此一首不为人知的曲目来说，只有通过算法信息流的推广，才有可能达到这样的数量。实际上，那个匿名的上传者也是通过信息流，才第一次接触到这首歌的。就像在 2021 年接受 Pitchfork 杂志撰稿人凯特·张（Cat Zhang）采访时，上传者所说："人们告诉我他们在各自的推荐列表当中没完没了地收到这首歌。这也曾经发生在我身上——我并不是第一个上传这首歌的人。起初我对它也没那么感兴趣，但它一直在我的推荐列表里阴魂不散。"是算法本身带来了这首歌的高人气。

对于城市流行在网络上轻而易举的成功，人们提出了许多不同的解释。有些作者将这种现象与 YouTube 上低保真放松音乐媒体流的人气联系在一起，就是前面章节提到过的那种提供学习或工作氛围背景声的轻松电子音乐频道。这些音乐媒体流吸引了成百上千万的听众，于是他们也可能被继续推向另一个充满合成器音效、毫不突兀、中等节奏音乐的供应源。"算法会直接把听众从'低保真节奏'视频引导到《塑料般的爱情》。"张在 Pitchfork 2021 年的另一篇调查当中发现，在过去的几年中，城市流行流派成了平台本身的同义词。在音乐打分网站 Rate Your Music（简称 RYM）上，一位用户甚至将它分类为"日式 YouTube 推荐核心音乐"（Japanese YouTube Recommendations Core），并收集了超过 10 万次播放的城市流行音乐 YouTube 视频。就《塑料般的爱情》这首歌的具体情况而言，它可能也得到了作为其 YouTube 视频封面的，那张表情幸福的歌手黑白照片的助力——那是一幅动人的影像，显示出完全的自由和无所顾忌的幸福，竹内在微笑的同时睁大了双眼，还有一些动态造成的模糊。"在这首歌与这样的照片之间存在着一种完美的命定缘分。"照片的拍摄者艾伦·莱文森（Alen Levensen）告诉张。就像 Instagram 上面一只色彩鲜艳的陶瓷花瓶反衬白色背景一样，这幅图片作为 YouTube 推荐的缩略图标，对于传播来说也已经是最优化的风格。

在任何算法推广的作用以外，同样不容忽视的事实是，这些作品本来就是优秀的歌曲，由才华横溢的音乐人在他们创意的高峰期创作出来，虽然它们最初问世的时候并不一定是热门金曲。与 21 世纪的潮人信条相反，某些事物人气很高，并不意味着它就一定是烂俗的糟糕事物，而鲜为人知也并不能证明某样东西事实上足够好。这些歌曲的优秀，并不是瞎猫碰见死耗子的意外；它们被创作出来的目的就是接触听众，虽然最终接触到听众的规模在当年无法预计。

也许就像达蒙·克鲁科夫斯基所属的银河五百乐队随意写就的，那首在 Spotify 上突然爆红，并甩开了乐队所有其他作品的曲目《奇怪》一样，城市流行拥有最标准、最宜人、最平均的流行音乐特征，以至于没有人能够点击关闭。这个流派曾经不为人知，但它是所有用户在一个国际平台上能够访问的各种音乐风格的平均值。城市流行的听觉审美风格有部分东方式元素，这来自它的日本创作者们；同时也有部分西方元素，这来自它的灵感源头；其中包括了怀旧的元素，这来自从 2010 年前后的视角回望 20 世纪 80 年代的审美感知；但也不乏未来元素，因为它拥抱了当年最新的音乐科技，例如合成器和电子鼓机。城市流行拥有一种垃圾食品般的诱人原材料密度。高亢的人声、浓厚的合成器音效、R&B 乐器以及鼓点惯性的组合是不可抵挡的，而未经充分开发的日本源头故事，又让它具备足够的异域风情，对西方的线上听众有着恰到好处的陌生感。

名字本身可能也起到了作用："城市流行"非常模糊，可以与任何城市、任何地方产生联系，就像我从爱彼迎客房设计中注意到的虚浮空间审美风格一样，只是换到了音乐领域。在为音乐杂志 *Spin* 撰写的文章中，安迪·卡什（Andy Cush）对于类似的，在 YouTube 上流行开来的日式氛围音乐专辑，得出了如下的观察结论："如果音乐没那么好，就会感觉落入了钓鱼陷阱。"当然，这就是滤镜世界本身的陷阱。算法信息流塑造了一种足够吸引人，但又彻底剥离了情境且传播极为广泛的文化形式，以至于它变得空洞而毫无意义，提供了众多的审美风格但没有实质的内容。

从某些角度来看，这种空洞化的过程已经在城市流行身上发生了。一篇《日本时报》（*Japan Times*）发表于 2015 年的文章，观察到这一流派已经是"一种简化的独立音乐行话，用来引起精致、时髦和怀旧的联想"。而随着城市流行让它的潜在受众逐渐饱和，反过来逐渐令他们感到乏味，算法推荐将不得不寻找能装入数字消费巨型磨盘的新养料。我最近遇到了提及"印度尼西亚城市流行"的内容，那是一种来自同一时期另一个亚洲地区的音乐。一组上传于 2020 年 12 月的 YouTube 视频收集了几十首甜蜜而旋律感十足的，由合成音效驱动的慢摇滚曲目，收获了差不多 200 万次播放。它的标题是《雅加达夜车——80 年代印度尼西亚流行创意/城市流行/爵士乐超级组合》（*Jakarta Night Drive—80s Indonesian Pop Kreatif/City Pop/Jazz Megamix*，以下简称《雅加达夜车》）——一串为搜索算法优化设计的主题关键词。作为音乐背景播放的视频是一组无限循环的动漫城市夜景，看起来跟日本的关系要比跟印度尼西亚的关系大得多。

在《雅加达夜车》视频中，一种特定的文化已经被简化为一种蒸汽般毫无实质的情绪，等待着人们以尽可能快的速度和尽可能远的距离，在网络上接受、复制并传播，吸引肤浅的互动，并反过来为创作者和平台推高广告收入。视频下面的一则评论做出了总结："算法将我从韩国带到了这里。"一路经由信息流的推荐引导，全球的用户群体集体向着一套特定的文化主题聚拢，就像是在墨西哥，大量的帝王斑蝶（monarch butterflies）凭借直觉，集体朝向某棵特定的冷杉树迁徙一般。

这些主题可能是人类文化中最基础的共性，都是我们无法克制自己不喜欢的事物：简短的歌曲、持续的节拍、夸张的视觉清晰度、鲜艳的颜色、抖包袱的幽默以及引起争议的主张。但更可能的情况是，滤镜世界的视觉焦点是由如今流经的那些数字平台的结构决定的，而由有限的几种审美风格导致普遍性的无聊乏味，正是平台全球化和垄断化带来的后果。滤镜世界包含着一个基础性的、无可避免的事实：在人类历史上，从来没有什么多人共同体验同样的事物，那些经由信息流瞬间传递到我们各自屏幕的一模一样的内容。所有后果都是从这个事实引发的。

在YouTube上看到《雅加达夜车》既不是一件好事，也不是一件坏事。实际上，它还算是一件蛮酷的作品，能够令我一瞥某种国际文化遗产的一角，而若是没有平台，就绝对无从得见。但更重要的是，作为一个用户的你，在看完视频，这段音乐存留在你脑海之后，会去做些什么。你可以让它匆匆漂走，并相信算法推荐某一天会再将它带回来，而不管那一天何时到来，你都能再次享受刚刚的感觉。或者你可以找到组合这些内容的DJ，并打赏一点小费感谢他们完成的文化筛选展示工作。或许你还可以买下其中一首歌的数字拷贝，或是其中包含的专辑。又或者你可以搜索印度尼西亚流行音乐的历史，并自行标记出它在独裁者苏哈托（Suharto）统治下，是如何跟随国际资本主义在这个国家的影响力增长而成长的路径。后面这些选项当中的任何一个，比起仅仅允许信息流用这种审美风格的气场将你冲刷一遍，都会对文化持续的存活和保留的力度更有帮助，也会让作为文化消费者的你，拥有更高的满意度。

为了反抗滤镜世界，我们必须再一次成为自己的筛选展示人，并对我们消费的内容负起责任。重新获得那种控制权并没有那么困难。你只需要做出个人的选择，开始有目的性地寻觅自己的文化无底洞，这个选择就会带给你新的方向，带来更多的独立决策。这些步骤经年累月不断叠加，就会形成对品位的认知，从而最终形成对自我的认知。

结语

1939年，瓦尔特·本雅明完成了他的论文《机械复制时代的艺术作品》（"The Work of Art in the Age of Mechanical Reproduction"）的一个修订版本。他在论文中讨论的技术是摄影，而当时这项技术已经存在了超过一个世纪。第一张包含人类形象的照片是1838年由路易·达盖尔（Louis Daguerre）拍摄的，他记录了从工作室窗口看到的一条巴黎大街——一个极其普通的场景，然而将它冻结成一幅影像，是一项前所未有的成就。摄影技术随着时间推移，变得越来越常见，而到了本雅明的时代，它已经是一种主流商品。任何人都可以拍摄自己的头像，或是购买一张令人身临其境的风景明信片，并寄给友人，从而让他们也能看到相同的风景。在他的论文中，这位文化批评家试图论证摄影技术对文化产生的影响，以及在我们看待一件艺术作品时，对其独有的稀缺性的感知所构成的挑战。像摄影技术和留声机这样的复制技术，"能让原作缩短与受众的距离，与受众相向而行，在中途相遇"，本雅明写道。"大教堂可以离开它的地盘，出现在艺术爱好者的工作室里供受众欣赏。"虽然某种特定的原始真实性在摄影的时代有所丧失——复制品与原作并不一致；明信片只是真实大教堂的一个剪影——但可以让更多的受众有机会欣赏到艺术。本雅明珍视的那种稀缺的高雅艺术，变成了一种大众化的体验——"群众艺术"，是他在其他场合提及这一现象所用的词汇。

"就像人类集体的生活方式在漫长历史的各个时期不断变化一样，他们感知事物的模式也在不断变化"，本雅明写道。技术会同时改变我们生产的文化类型，以及我们对文化产物的感知，即我们理解围绕身边的这个人为创造世界的方式。两种改变会同时发生。本雅明主张，摄影技术作为一种新的感知模式快速扩散，对视觉艺术造成了危机，并最终将视觉艺术从记录现实的桎梏中解脱出来——这个任务更适合留给照片——并启发"纯粹的"艺术创意。即一种不必考虑代表任何事物或承担任何社会功能的艺术，"为艺术而艺术"，就像19世纪的审美运动口号所讲的那样。

摄影技术同时也在某种意义上，"通过让市场上充斥数不清的，原本可能要么完全无法取得，要么只能以个别大客户专属绘画作品形式存在的，描绘人物、风景和事件的图像"，将整个世界商品化了，本雅明在1935年的文章《巴黎，19世纪的首都》("Paris, the Capital of the Nineteenth Century")当中进行了如上观察。摄影技术对文化施加了压力，让作品不得不更加适合作为拍摄对象，以照片的方式流通，而文化也不可避免地适应了这种压力。"复制完成的作品成了对一件基于可复制性而设计的作品，进行进一步复制的成果"，他这样写道。

我再次提到本雅明，是为了指出技术力量塑造文化的现象一直在发生，而那种力量是中立的，并非本质上就是负面的。不管摄影技术在多大程度上打破了某一件艺术作品的审美光环，今天也没有人会要求放弃复制图像，或是建议我们抛弃音乐录音，而只听现场演奏。本雅明的文章与其说是对摄影技术的批判，还不如说是对它的称颂。更重要的是，要对一项技术对文化模式的影响下定论，可能需要几十年甚至几百年的时间。艺术家们会将新技术融入创作过程中，而消费者会逐渐开始习以为常；只有当一种新工具变得平平无奇的时候，才能判断它造成的影响。我们在这个时代，也看到了数字平台和算法信息流的全球化，带来同样的变化过程，这一对不可分割的技术改变了我们的感知模式，就像当年摄影技术的发明改变了人类的感知模式一样。

文化不得不跟随特定年代的主流感知模式。20世纪的建筑可能是为适应摄影技术而设计的,而21世纪的艺术作品则可能会"基于可复制性而设计成"适合通过算法信息流传播的形式,例如帕特里克·贾奈尔在Instagram上发布的告尔多咖啡美图,或是奈吉尔·卡布维纳在TikTok上发布的烹饪视频。他们都符合一种通用的、扁平的、可复制的审美风格,并不断为其添砖加瓦。因此人们才会普遍陷入一种倦怠和枯竭的状态,感到未来不会再出现新鲜的事物。

哪怕它们崛起的时间并不长,算法推荐也已经扭曲了一切事物,从视觉艺术到产品设计,再到歌曲创作、编舞艺术、城市建设、美食和时尚。所有种类的文化体验,都被简化为数字内容的同质化分类,并被迫遵守由互动指标评判一切的规则,因为那是算法考虑的主要参数。任何一则内容,无论是图像、视频、声音还是文字,都必须引起观众即刻的反应,虽然那种反应往往流于表面。内容必须促使观众按下点赞或分享按钮,或至少阻止他们点击停止或跳过,防止他们做出任何干扰信息流继续运行的行为。

创作者引发互动和防止疏远观众的双重压力,意味着有太多的文化形式已经变得一方面即刻就能展现魅力,另一方面却也转瞬就会被抛诸脑后,能让人留下印象的除了一种模糊的氛围以外,别无他物。这种不断加强的朝生暮死感,以及情境的非永久性,将当代文化的内涵掏空。如果没有这些压力,本来文化可能会更具实验性,也更有力量。

各种算法推荐作为新的文化仲裁者,之所以能变得如此具有影响力,是因为它们无处不在,而且突然与我们作为消费者的日常习惯产生了密切的联系。智能手机屏幕让我们能够随时携带整个互联网,而各大数字平台的信息流负责将整个互联网进行拆分发送。在这个过程当中,它们将一切压缩成驱动平台运转的内容格式。就像自来水流入水壶一样,创作的冲动会被重塑成适应我们承载它容器的形状,而如今最常见的容器,就是脸书、Instagram、推特、Spotify、YouTube和TikTok平台上的信息流。

作为让文化与我们产生接触的途径,算法推荐替代了由真人担任的新闻编辑、精品零售店买手、画廊策展人、电台 DJ——那些我们依赖其品位,来识别不寻常和开创性事物的人类。发生这种替代之后,我们改由科技巨头决定推荐的优先级,而其偏好服从于通过广告产生利润的需求。在滤镜世界中,最具人气的文化内容也是脱水最严重的。文化内容不断经历简化和计算平均的过程,直到它变得像一颗维生素药片一样,可能包含了必需的成分,但缺乏任何意义上的光彩或生命力。这一过程不是像在模具中冲压金属那样强制发生的,而是通过服从,以追求更多算法曝光和接触更多受众为动机,让创作者们自愿地重塑他们的作品。这并不是在指责创作者们见利忘义;他们并没有什么其他选项,因为在 21 世纪早期互联网上的文化产业中,获得一份生计最可靠的方式,就是在数字平台上获得尽可能多的关注。我们在加速作用中获得的任何好处——更多的内容、更高的刷新频率——都会在个性化表达和质感方面造成损失,而恰恰是这些品质让艺术佳作引人入胜。

留给我们的是被广泛接受,但没有根基与没有意义的数字化全球化文明的象征:地铁瓷砖上墙的通用化极简主义室内装修;陶瓷杯当中盛放的一杯浓缩咖啡,表面覆盖一层扁平的牛奶蒸汽云朵;以人工膨大的嘴唇和高颧骨为特征的 Instagram 整容脸;编程鼓点和令人放松的合成器音效伴奏下,无限循环的浅吟低唱;等待被智能手机捕捉,在小屏幕上复制的、抽象的彩色粉笔色块。就像人类在不同大陆板块上定居一样,这些象征会随着时间对时尚潮流和个人品位的改变而改变,只要人们还在参照个人品位做出选择。但它们的同质化属性会原地不动,直到有外力让这种平台生态系统解体,无论是通过法律,还是通过有足够用户做出不再参与算法推荐的集体决定。与此同时,在资本主义的指挥下,滤镜世界需要持续成长。进入增长平台期或是缩小规模,都是一种失败。

算法信息流与其他不断迭代的技术创新不同,因为它们不只是像相机胶片或电视屏幕那样,给我们提供了一种值得考虑的新内容格式。它们同时也在个性化推荐当中,利用新出现的数据监视和机器学习工具,试图为我们每个人预测各自的文化渴望。算法信息流挡在人类创作者和人类消费者之间，针对文化做出无穷无尽的一系列决定。创新技术从来没有受到如此广泛的应用，并由用户如此一刻不停地持续体验，而且受到影响的还是生活中如此私密的方面。如果摄影技术复制了艺术作品，那么算法推荐系统可能就是在试图复制对艺术的渴望本身，在贬低和削弱那种对创意充满好奇的感觉，让这种好奇心只是借助很平庸的事物，就能轻易获得满足。信息流导致的变化不只停留在审美风格层面，更隐匿在心理层面，既干预被消费的内容，也干预进行消费的抉择本身。

如果对于打破滤镜世界存在一个简单的答案，那可能会像是另一个版本的，从20世纪90年代开始流行的慢食运动（slow food movement），只是将对象从食物改成文化。慢食运动是对工业化农业主导地位的反制尝试：它主张对食物的来源和制作方式更加深思熟虑，不只是将最终产品纳入考虑，而更要考虑食物抵达消费者手中之前，经历的完整过程。这项运动奖励那些追求小规模的农场主，以长期可持续方式成长的食品企业，以及了解和看重自己所用食材来源的厨师。消费者们也逐渐学会看重这些特征。虽然来源地具体和小众冷门的特征，有时候会成为消费者自身的极端化癖好。我们需要在各自消费和支持网上文化的方式上，同样引入对可持续性和具体性的理解。

抵抗算法带来丝滑体验的诱惑，需要出于意志力的行动，自主选择换一个方式在数字世界中遨游。但这种行动也并不一定特别夸张。

在华盛顿特区的一天午后，我剪完了头发，并又一次注意到我住在这座城市几年来，曾经几百次走过的一家咖啡馆。它被称作Jolt n' Bolt（字面大意是受到惊吓突然跑开），这个媚俗的老店名，来自一个人们更多因为咖啡因而迷恋咖啡，不太在意口感或单品（single origin）咖啡来源地的时代。它开业于1994年，与第一家星巴克在华盛顿开业的时间相去不远，而当时连锁巨头也只在东海岸开了那一家店。眼前的这家咖啡馆，我从来没有进去过；它的名字、剪贴画艺术风格的商标、昏暗的内部装饰都让我缺乏兴趣,这家店没有什么形成 Instagram 美图的潜力。但在那一天,我决定进门。店内装修果然是直接从 20 世纪 90 年代一路继承下来的,可以看到深色哑光油漆,以及挂在柜台上方作为菜单的招牌。小桌子的台面由仿木质层压板制成,搭配带坐垫的金属椅子。由本地艺术家完成的各种作品,以画廊风格挂满了墙壁。店内滴滤咖啡的烘焙程度很深,几乎要出现一种焦煳味。这也是一种可以辨认的风格,属于有些蹩脚的本地咖啡馆,它们在相对较小、节奏更慢的,诸如波特兰、波士顿和华盛顿这样的城市,还能存活。

对于这样的咖啡馆居然成了罕见的体验,变得像是参观博物馆一样,我感到既困惑又伤感。我们的手机和信息流吸走了我们太多的注意力,支配了我们太多的偏好,从而使得踏出它们预先确定的舒适路径,选择一种不能即刻引人上钩的体验,居然令人感到有些过于激进。这对于穿着哪些时装、享受哪些美食、观看哪些电视节目、阅读哪些书籍、购置哪些家具和去哪些地方旅行,都同样适用。如果我们将各自的优先级从算法驱动的数字平台空间移开,再一次回到现实世界,我们有可能会发现自己不只是在建立更好的文化,也在建设更好的社区、更好的人际关系和更好的政治环境,因为在现实世界,不必以互动为指标,对一切进行即时评判。人类学家大卫·格雷伯(David Graeber)曾经写下这样一段文字:"关于这个世界最终极的隐藏真相,在于它是由我们创造的,而我们也可以同样轻松地创造一个不同的世界。"同样的道理,对于互联网也是成立的。

并不存在某种发生在技术影响波及范围之外的纯粹形式的文化,也不存在单一最佳的文化消费方式。哪怕我们想这样做,我们也无法简单地让自己摆脱算法的影响,因为这种技术已经不可阻挡地塑造了我们的时代。但是,逃离算法控制的第一步,还是承认这种控制的存在。通过远离被动消费的心态,并对后算法时代的数字生态系统多加思考,我们能够开始建立那种替代方案,从而证明算法的影响力既不是不可避免的,也不是永恒的。最终，带有它自己一套固定风格的滤镜世界本身，也会被证明是文化的一个有限阶段，而这正是因为，它自身不断自我参考的特点，会让它烧尽燃料，坠毁在地。地平线上已经出现了新的事物；无论是由人工智能机器生成的，更加汹涌的人造内容洪流，还是人类自我表达的复兴，都取决于我们自己的选择。就像本雅明曾经写下的那样："实际上，所有的历史时代，不但都在梦想着下一个时代，而且，在梦想的过程中，也在加速下一个时代的到来。每一个时代本身就蕴含了这个时代的终结。"

致谢

如果没有我不可思议的优秀编辑,来自道布尔戴出版社(Doubleday)的托马斯·吉布雷梅辛(Thomas Gebremedhin),《滤镜世界》就不可能存在,是他在第一时间就看到了这本书讨论话题的价值。没有任何一位作者能够指望在码字过程中艰难跋涉时,找到比他更好的顾问和伙伴了。任何对线上文化筛选展示的必要性心存疑虑的人,都应该看看他的 Instagram 故事。乔安娜·茨维尔纳(Johanna Zwirner)、诺拉·雷查德(Nora Reichard)、艾蕾娜·赫舍(Elena Hershey)、安妮·雅科内特(Anne Jaconette)以及道尔布戴的全体员工,在比尔·托马斯(Bill Thomas)的领导下,让这本书从签约到出版的整个历程,都令人发自内心地感到快乐。我对奥利弗·蒙戴(Oliver Munday)在封面设计过程中付出的不知疲倦的劳动和清晰展现本书主题的最终成果,感到无比感激。我的经纪人和好朋友卡罗琳·埃森曼(Caroline Eisenmann)像她一直以来一样,通过她无与伦比、永不言弃的工作方式,将这些思想的种子塑成了一个整体。

在构思和写作一本书的过程当中,会发生太多的人生事件,有太多东西没有包含在书本身的内容当中,但像它的影子一样持续存在。在我创作《滤镜世界》的过程当中,我与杰丝·比德古德喜结连理,除了我此生所爱以外,我找不到其他形容她的方式。在那之前,我们养了一只名叫鲁巴布(Rhubarb)的狗,它也是我的挚爱。我想要在此纪念那些在这段时间辞别这个世界的亲朋,尤其是我亲爱的祖父母,阿方索和玛丽·德·萨尔维奥,他们亲身向我做出了太多追求个人愿景的示范。

感谢我的朋友们，包括德莉亚·蔡（Delia Cai），感谢你持续不断地对我的写作提供精神支持，并一起在2010年前后互联网的废墟之中徘徊；感谢尼克·柯（Nick Quah），感谢你分享媒体行业的种种不易；感谢塔蒂亚娜·伯格（Tatiana Berg）、格里高利·格恩特尔特（Gregory Gentert）和埃里克·海曼（Eric Hyman）在门罗街（Monroe Street）的热情款待；还要感谢我们群聊的伙伴们，以及一趟时间恰到好处的普罗旺斯（Provence）之旅。我对与凯蒂·瓦尔德曼（Katy Waldman）和内特·加兰特（Nate Gallant）之间进行的大量对话，也同样心存感激。

我的研究助理恩娜·阿尔瓦拉多（Ena Alvarado）提供的帮助是不可或缺的。同样也要感谢多年来出版过我的作品的各位编辑，他们多年来的教诲和支持充实了这本书的内容，包括迈克尔·泽连科（Michael Zelenko）、威廉·斯坦利（William Stanley）和朱莉娅·鲁宾（Julia Rubin）。我在《纽约客》杂志的编辑蕾切尔·亚伦斯（Rachel Arons），在我们一起试图报道互联网的种种荒诞期间，一直是稳定感、灵感和大量欢笑的来源。感谢迈克尔·罗（Michael Luo）和大卫·雷姆尼克（David Remnick）在杂志社支持和鼓励我的作品。

我在位于华盛顿特区的自家公寓街角的Line酒店（一个由大教堂改造而来的，有着高耸天花板的空间）的大堂咖啡厅，写成了这本书的绝大部分，有体贴的咖啡师迪杰（DJ）和米耶莎（Myesha）与我做伴。要写成一本好书，必须有像那家店那样好的气场。